PONS

Bildwörterbuch

Chinesisch

Deutsch

PONS GmbH
Stuttgart

INHALT

内容

nèiróng

LEICHTER LERNEN MIT BILDERN – WARUM IST DAS SO?

Liebe Leserin, lieber Leser,

wie wichtig die Bedeutung von Bildern ist, wenn es um das Merken von Begriffen geht, wissen wir seit Jahren aus der Lernpsychologie. Kennen Sie das? Wenn Sie ein Bild zu einem Wort sehen, bleibt das Wort viel schneller im Gedächtnis haften, als wenn es nur geschrieben dasteht. Und wenn es darum geht, in einer fremden Sprache Wortschatz nicht nur nachzuschlagen, sondern auch zu verstehen und ihn sich zu merken, unterstützen die Bilder Sie dabei, sich die Wörter schneller und besser einzuprägen. Das hat ganz einfache Gründe:

→ ***Bilder wirken schneller und direkter als reiner Text.*** *Schon als kleine Kinder denken wir in Bildern und können sie ganz intuitiv entschlüsseln, interpretieren und aufnehmen. Sind Bilder mit Wörtern verknüpft, bilden sie eine Einheit, die unser Gehirn mit hoher Effizienz verarbeitet und abspeichert.*

→ ***Bilder erleichtern und unterstützen das Verständnis.*** *Sie vermitteln Zusammenhänge und liefern uns deutlich mehr Informationen als nur Text alleine.*

→ ***Bilder sind emotional.*** *Sie wecken unser Interesse, steigern unsere Motivation und bleiben besser im Gedächtnis haften als einzelne Wörter.*

→ ***Bilder machen Freude.*** *Wo viel Text abschreckt, sorgen Bilder dafür, dass uns das Lernen Spaß macht, und wir bleiben länger bei der Sache.*

Gesehen, verstanden und schon gemerkt – so leicht kann das visuelle Lernen sein. Überzeugen Sie sich selbst!

Ihre

PONS-Redaktion

图片助力轻松学习——谜团揭秘

亲爱的读者朋友：

多年来，我们一直在从学习心理学的角度进行探究，了解图片对于概念记忆的重要性。你是否已经深有体会，当一个单词附有图片时，能够比单纯的文字更快地刻印在大脑里。在学习外语的过程中，不仅需要查找词汇，而且还要理解和记忆；在这样的情况下，图片可帮助更快、更好地记住词汇。其中的原因非常简单：

→ **图片比与纯文本产生效果更快、更直接。**我们从小就在各种图片中进行思维，而且能够完全凭直觉揭示、解释和领会图片。图片与词汇关联构成一个整体，可被大脑高效加工和存储。

→ **图片帮助记忆，减轻精神压力。**图片便于建立关联，与纯文本相比，可提供明显更多的信息。

→ **图片是有情绪的。**图片激发阅读兴趣，提高学习主动性，而且比纯文本更牢固地刻印在记忆中。

→ **图片带来乐趣。**大量文字令人望而生畏，图片让学习充满乐趣，学习者可更持久地集中精力。

观察、理解，然后记忆。视觉学习就是这么简单。亲自来试试吧！

PONS编辑部

SO ARBEITEN SIE EFFIZIENT MIT DEM BILDWÖRTERBUCH

die Erdbeere
草莓
cǎoméi

die Himbeere
树莓
shùméi

die Brombeere
黑莓
hēiméi

die Heidelbeere
蓝莓
lánméi

Ganz gleich, ob Sie erst anfangen, eine Fremdsprache zu erlernen, oder ob Sie bereits über gute Sprachkenntnisse verfügen: Dieses Wörterbuch ist Ihr idealer Begleiter. Für jede Sprache decken rund 8.000 Begriffe alle Bereiche des Alltags ab und die Kombination von Wort und Bild ermöglicht Ihnen, Wörter schnell nachzuschlagen, zu übersetzen und sich mühelos einzuprägen. Hier die wichtigsten Tipps, wie Sie den größten Nutzen aus diesem Wörterbuch ziehen:

无论你刚开始学习一门外语，还是已经掌握了良好的语言知识，本词典都是你的理想选择。每种语言版本涵盖日常生活所有方面，收录约8000个相关概念词组。文字和图片结合有助于快速查找、翻译以及轻松记忆词汇。注意以下重要提示，充分利用本词典。

1. Wörter im Zusammenhang lernen

Wörter werden schneller gemerkt, wenn man sie im Kontext lernt. Aus diesem Grund ist dieses Wörterbuch nach Themenfeldern aus dem Alltagsleben gegliedert. Ganz gleich, in welches Thema Sie eintauchen – ob Einkaufen, Kleidung, Lebensmittel oder Familie – betrachten Sie beim Lernen das Thema als Ganzes und versuchen Sie, möglichst viele Wörter aus dem Themenbereich aufzunehmen. Sie werden erstaunt sein, wie viel Wortschatz Sie sich in kürzester Zeit merken können.

1. 情境学习

情境学习可加快记忆速度。基于该原因，本词典根据日常生活的不同主题进行了分类。无论想要沉浸式学习哪一个方面，购物、服装、食物或家庭，将一个主题作为整体进行学习，并且尽可能多地收纳同一主题词汇。你会惊讶地发现，自己竟然能用最短的时间记住如此多的词汇。

利用图解词典高效工作

lìyòng tújiěcídiǎn gāoxiào gōnzuò

Herzlichen Glückwunsch!	恭喜！ gōngxǐ!
Alles Gute zum Geburtstag!	生日快乐！ shēngrì kuàilè!
Wie viel Uhr ist es?	请问现在几点呢？ qǐngwèn, xiànzài jǐdiǎn ne?
Es ist zwei Uhr.	现在两点了。xiànzài liǎng diǎn le.
Guten Appetit!	多吃点儿！ duō chī diǎn'r!
Zum Wohl!	干杯！ gānbēi!

① ②

2. Die wichtigsten Schlüsselsätze auf einen Blick

Ob in der Fremdsprache nach der Uhrzeit fragen, oder zum Geburtstag gratulieren: In den 13 thematisch sortierten Kapiteln finden Sie neben der reinen Wort-Bild Zuordnung die wichtigsten Sätze für die häufigsten Situationen ①. Prägen Sie sich diese Schlüsselsätze gut ein und schon haben Sie den Grundstein für eine erfolgreiche Kommunikation gelegt.

2. 关键语句

13个主题分类章节不仅包含词汇配搭图片编排，而且涵盖最常见情景中的最重要语句。无论用外语询问时间，还是祝贺生日快乐，都可以从这里找到答案①。好好牢记这些关键语句，即可为顺畅沟通打下基础。

3. Richtig aussprechen

Damit Sie jedes Wort richtig aussprechen, haben wir allen Wörtern und Sätzen die offizielle Pinyin Umschrift beigefügt ②. Eine Übersicht über die verwendeten diakritischen Zeichen zur richtigen Betonung finden Sie bequem auf der letzten Seite des Buches.

3. 正确发音

在本词典中，所有的单字和语句均附有官方拼音，以便于学习掌握每一个字的正确读音②。关于所采用的正确声调符号，可参见本词典最后一页内的一览表。

③

glutenfrei
无面筋的
wúmiànjīnde

laktosefrei
无乳糖的
wúrǔtángde

④

4. Schnell übersetzen

Wenn es einfach schnell gehen muss, schlagen Sie im Anhang im Stichwortverzeichnis die richtige Übersetzung nach ③. Dort ist jedes Stichwort in Deutsch und Pinyin in alphabetischer Reihenfolge aufgeführt und im Nu gefunden.

4. 快速翻译

如果必须快速翻译，可通过附录关键词索引查找正确译文③。在相应附录中，每个德语关键单词和每个汉语关键词组均按字母顺序排列，以便即刻查找到结果。

5. Für den Notfall

Bilder sind eine universelle Sprache, die von allen Kulturen verstanden wird. Sollten Ihnen doch mal die Worte fehlen, zeigen Sie einfach auf das entsprechende Bild ④. Ob im Hotel, Restaurant oder auf der Straße – so können Sie sich überall auf der Welt ganz ohne Sprache verständigen.

5. 燃眉之急

图片是适用于所有文化背景的通用语言。如果一时找不到合适的词语，那么干脆将相应的图片展示给对方 ④。无论在酒店或饭店，还是在大街上，走遍全世界，完全无需语言，图片沟通毫无障碍。

6. Noch mehr Sprache

Für die ersten Schritte in der fremden Sprache liefern Ihnen die Extras im Anhang des Bildwörterbuchs praktische Unterstützung: Mit den wichtigsten Sätzen auf Deutsch und auf Chinesisch sind Sie für den gelungenen Einstieg in die Fremdsprache gewappnet. Und wenn es darum geht, eigene Sätze zu bilden, hilft Ihnen unsere ausführliche Verbliste, wo Sie auch abstrakte Verben, die sich nicht abbilden lassen, nachschlagen können.

6. 更多语言

本图解词典附录包含附加内容，为新语言的初始学习提供实际帮助。这些德语和汉语表达语句非常重要，可引领学习者轻松入门一种新语言。如果需要自己组织语句，详细的动词表可提供帮助。从动词表中还可查找无法用图片展示的抽象动词。

die Bankkauffrau
银行职员
yínháng zhíyuán

der Lehrer
教师
jiàoshī

die Ingenieurin
工程师
gōngchéngshī

der Kellner
服务员
fúwùyuán

Das sollten Sie noch wissen

Die Stichwörter in diesem Wörterbuch stehen immer in der Einzahl, es sei denn sie werden in der Regel nur in der Pluralform verwendet.

Es war uns wichtig, bei Funktions- und Berufsbezeichnungen Männer und Frauen gleichermaßen und gleichberechtigt zu berücksichtigen.
Da es im Chinesischen jedoch kein grammatikalisches Geschlecht gibt, sind auch die Bezeichnungen für Männer und Frauen identisch. Wenn Sie jedoch unmissverständlich einen Mann oder eine Frau bezeichnen möchten, können Sie der Bezeichnung jederzeit ein 男 (nán) *für den Mann bzw. ein* 女 (nü) *für die Frau voranstellen.*

补充说明

除通常只以复数形式使用的情形之外，本词典中的关键词汇始终为单数。

我们十分重视职位和职业名称体现男女平等。但是，由于本词典篇幅有限，我们无法始终同时展示男性和女性图片，因此我们决定只展示一种性别的形象。相应词汇的性别始终以所展示图片中的性别为基准。
但是，因为中文没有语法性别，男性和女性的职称相同。然而，如果你想明确的指定男人或女人，你可以任意加"男"或者"女"s在职称之前。

MENSCHEN

人

rén

DIE FAMILIE – 家族 jiāzú

Der Stammbaum – 家谱 jiāpǔ

der Schwiegervater
公公
gōnggong/yuèfù

die Schwiegermutter
婆婆
pópo/yuèmǔ

die Schwägerin
嫂子/弟媳
sǎozi/dìxí

der Schwager
姐夫/妹夫
jiěfu/mèifu

der Ehemann
丈夫
zhàngfu

die Ehefrau
妻子
qīzi

der Schwiegersohn
女婿
nǚxu

die Tochter
女儿
nǚ'ér

der Sohn
儿子
érzi

der Enkel
孙子/外孙
sūnzǐ/wàisūn

die Enkelin
孙女儿/外孙女
sūnnǚ'ér/wàisūnnǚ

DIE FAMILIE – 家族 jiāzú

Der Stammbaum – 家谱 jiāpǔ

der Großvater
祖父/外祖父
zǔfù/wàizǔfù

die Großmutter
祖母/外祖母
zǔmǔ/wàizǔmǔ

die Mutter
母亲
mǔqīn

der Vater
父亲
fùqīn

die Tante
姑姑/阿姨
gūgu/āyí

der Onkel
伯父/舅舅
bófù/jiùjiu

die Schwester
姐姐/妹妹
jiějie/mèimei

der Bruder
哥哥/弟弟
gēge/dìdi

die Cousine
堂姐妹/表姐妹
tángjiěmèi/biǎojiěmèi

die Nichte
侄女/外甥女
zhínǚ/wàishēngnǚ

der Neffe
侄子/外甥
zhízi/wàishēng

der/die Verwandte	亲戚 qīnqi
die Großeltern	祖父母/外祖父母 zǔfùmǔ/wàizǔfùmǔ
die Eltern	父母 fùmǔ
das Ehepaar	夫妇 fūfù
der Vorfahre	祖先 zǔxiān
ledig	单身的 dānshēnde
verheiratet	已婚的 yǐhūnde
geschieden	离婚的 líhūnde
verlobt	订了婚的 dìnglehūnde
verwitwet	丧偶的 sàng'ǒude
verwandt	有亲属关系的 yǒu qīnshǔ guānxìde

BEZIEHUNGEN – 人际关系 rénjì guānxì

Familie und Lebensphasen – 家庭与人生阶段 jiātíng yǔ rénshēng jiēduàn

das Baby
婴儿
yīng'ér

das Kind
小孩
xiǎohái

Herr …
…先生
…xiānsheng

der Mann
男人
nánrén

die Frau
女人
nǚrén

Frau …
…夫人/女士/小姐
…fūrén/nǚshì/xiǎojiě

die Jugendliche
青少年
qīngshàonián

die Zwillinge
双胞胎
shuāngbāotāi

der/die Bekannte
熟人
shúrén

der Junge
男孩
nánhái

das Mädchen
女孩
nǚhái

die Freunde
朋友
péngyou

das Paar
情侣
qínglǚ

die Freundin
女友
nǚyǒu

der Freund
男友
nányǒu

der Erwachsene	成人 chéngrén
die Geschwister	兄弟姐妹 xiōng-dì-jiě-mèi
der Patenonkel	教父 jiàofù
die Patentante	教母 jiàomǔ
der Stiefvater	继父 jìfù
die Stiefmutter	继母 jìmǔ
der Stiefbruder	继兄弟 jìxiōngdì
die Stiefschwester	继姐妹 jìjiěmèi
der Nachbar	邻居 línjū
die Nachbarin	邻居 línjū

BEZIEHUNGEN – 人际关系 rénjì guānxì

Begrüßen und verabschieden – 迎接 yíngjiē yǔ gàobié

jemanden vorstellen
介绍…
jièshào…

jemanden begrüßen
欢迎…
huānyíng…

sich die Hand geben
握手
wòshǒu

sich verbeugen
鞠躬
jūgōng

sich umarmen
拥抱
yōngbào

lachen
大笑
dàxiào

weinen
哭
kū

sich verabschieden
告别
gàobié

einen Knicks machen
行礼
xínglǐ

winken
挥手
huīshǒu

jemandem einen Kuss geben
吻…
wěn…

jemanden anrufen
给…打电话
gěi … dădiànhuà

Hallo!	嗨! hei!
Guten Tag!	您/你/你们好! nǐ/nín/nǐmen hǎo!
Guten Morgen!	早上好! zǎoshang hǎo!
Guten Abend!	晚上好! wǎnshang hǎo!
Wie heißt du?	你叫什么名字? nǐ jiào shénme míngzi?
Wie heißen Sie?	您贵姓? nín guì xìng?
Ich heiße …	我叫/姓… wǒ jiào/xìng…
Herzlich willkommen!	欢迎! huānyíng!
Tschüss!	回见! huíjiàn!
Auf Wiedersehen!	再见! zàijiàn!

das kleine Geschenk
小礼物
xiǎo lǐwù

BEZIEHUNGEN – 人际关系 rénjì guānxì

Feste – 节庆 jiéqìng

die Hochzeit
婚礼
hūnlǐ

der Geburtstag
生日
shēngrì

das Weihnachten
圣诞节
shèngdànjié

der Valentinstag
情人节
qíngrénjié

das Thanksgiving
感恩节
gǎn'ēnjié

das Halloween
万圣节
wànshèngjié

der/das Silvester
新年前夜
xīnnián qiányè

das Ostern
复活节
fùhuójié

die Hanukkah
光明节
guāngmíngjié

das Wesakfest
卫舍迦节
wèishějiājié

das Ramadanfest
开斋节
kāizhāijié

das chinesische Neujahr
春节
chūnjié

der Karneval
狂欢节
kuánghuānjié

das Diwalifest	排灯节 páidēngjié
das Passah	逾越节 yúyuèjié
die Feier	庆祝 qìngzhù
der Hochzeitstag	结婚纪念日 jiéhūn jìniànrì
der Feiertag	公共假日 gōnggòng jiàrì
der Muttertag	母亲节 mǔqīnjié
der Vatertag	父亲节 fùqīnjié
die Taufe	洗礼 xǐlǐ
Herzlichen Glückwunsch!	恭喜！ gōngxǐ!
Alles Gute zum Geburtstag!	生日快乐！ shēngrì kuàilè!

EREIGNISSE IM LEBEN – 人生大事 rénshēng dàshì

Wendepunkte – 转折点 zhuǎnzhédiǎn

die Geburt
出生
chūshēng

der Kindergarten
幼儿园
yòu'éryuán

die Einschulung
入学
rùxué

der Schulabschlussball
毕业舞会
bìyè wǔhuì

der Studienabschluss
毕业
bìyè

der Berufseinstieg
毕业后第一次工作就业
bǐyèhòu dìyīcì gōngzuò

sich verlieben
恋爱
liàn'ài

sich verloben
订婚
dìnghūn

heiraten
结婚
jiéhūn

die Schwangerschaft
怀孕
huáiyùn

umziehen
搬家
bānjiā

in Rente gehen
退休
tuìxiū

die Beerdigung
葬礼
zànglǐ

volljährig werden	成年 chéngnián
jemandem einen Heiratsantrag machen	向 … 求婚 xiàng … qiúhūn
das Brautkleid	婚纱 hūnshā
die Braut	新娘 xīnniáng
der Bräutigam	新郎 xīnláng
eine Familie gründen	成家 chéngjiā
die Scheidung	离婚 líhūn
sich scheiden lassen	离婚 líhūn
sterben	去世 qùshì

MENSCHEN BESCHREIBEN – 描述人 miáoshù rén

Das Gesicht – 脸部 liǎnbù

eine Grimasse schneiden
做鬼脸
zuò guǐliǎn

die Haut	皮肤 pífū
die Falte	皱纹 zhòuwén
das Muttermal	胎记 tāijì
das Grübchen	酒窝 jiǔwō
die Sommersprossen	雀斑 quèbān
die Pore	毛孔 máokǒng
der Pickel	痘 dòu

MENSCHEN BESCHREIBEN – 描述人 miáoshù rén

Das Haar – 头发 tóufa

rothaarig
红头发的
hóngtóufade

gewellt
波形的
bōxíngde

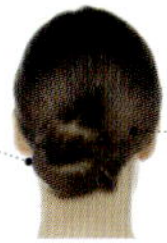

der Dutt
圆髻
yuánjì

brünett
深褐色的
shēnhèsède

grau meliert
花白的
huābáide

der Kurzhaarschnitt
短发型
duǎn fàxíng

die Perücke
假发
jiǎfà

der Stufenschnitt
分层发型
fēncéng fàxíng

der Pony
刘海
liúhǎi

die Strähnchen
挑染
tiǎorǎn

die Bobfrisur
波波头
bōbōtóu

glatt
直的
zhíde

blond
金发的
jīnfàde

dunkel
深色头发的
shēnsètóufàde

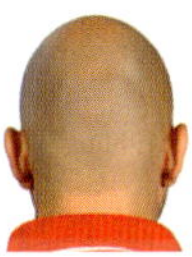

die Glatze
秃头
tūtóu

der Pferdeschwanz
马尾辫
mǎwěibiàn

lockig
卷曲的
juǎnqūde

der Zopf
辫子
biànzi

MENSCHEN BESCHREIBEN – 描述人 miáoshù rén

Die äußere Erscheinung – 外貌 wàimào

der Bart
胡子
húzi

der Schnurrbart
小胡子
xiǎohúzi

jung
年轻的
niánqīngde

alt
年老的
niánlǎode

muskulös
肌肉发达的
jīròu fādáde

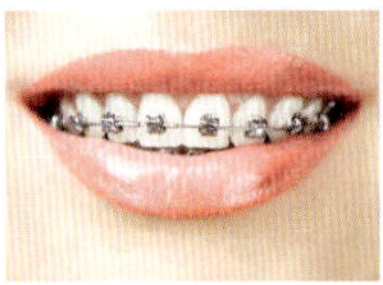

die Zahnspange
牙箍
yágū

blass
苍白的
cāngbáide

sonnengebräunt
晒黑的
shàihēide

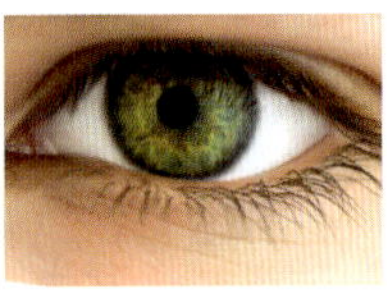

die grünen Augen
绿眼睛
lǜ yǎnjing

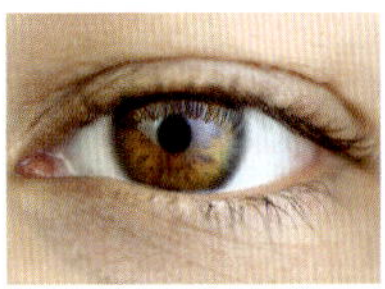

die braunen Augen
棕色眼睛
zōngsè yǎnjing

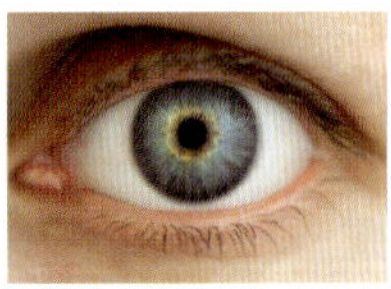

die grauen Augen
灰眼睛
huī yǎnjing

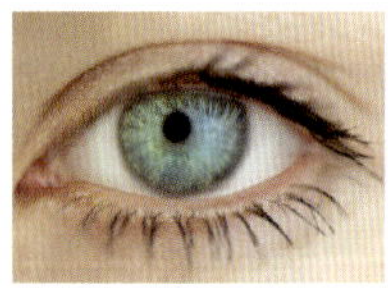

die blauen Augen
蓝眼睛
lán yǎnjing

attraktiv	英俊的 yīngjùnde
hübsch	漂亮的 piàoliangde
hässlich	难看的 nánkànde
schön	美丽的 měilìde
jemanden nach dem Äußeren beurteilen	以貌取人 yǐmào qǔrén
schlank	苗条的 miáotiaode
dick	肥胖的 féipàngde
groß	高的 gāode
klein	矮的 ǎide
die Narbe	疤 bā

MENSCHEN BESCHREIBEN – 描述人 miáoshù rén

Gefühle und Persönlichkeit – 情感与个性 qínggǎn yu rénxing

glücklich
开心的
kāixīnde

stolz
得意
déyì

überrascht
吃惊的
chījīngde

aufgeregt
激动的
jīdòngde

verlegen
难为情的
nán wéi qíngde

verwirrt
糊涂的
hútúde

schüchtern
害羞的
hàixiūde

nachdenklich
沉思的
chénsīde

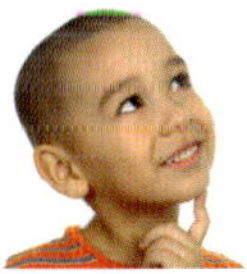

neugierig
好奇的
hàoqíde

niedlich
可爱的
kě'àide

verliebt
相爱的
xiāng'àide

selbstbewusst
自信的
zìxìnde

offen	坦率的 tǎnshuàide
tolerant	宽容 kuānróng
geduldig	耐心的 nàixīnde
freundlich	友好的 yǒuhǎode
sympathisch	可亲的 kěqīnde
nett	客气的 kèqide
lächeln	微笑 wēixiào
Ich bin verärgert/froh/traurig.	我觉得恼火/开心/难过。 wǒ juéde nǎohuǒ/kāixīn/nánguò.

MENSCHEN BESCHREIBEN – 描述人 miáoshù rén

Gefühle und Persönlichkeit – 情感与个性 qínggǎn yu rénxing

traurig
难过的
nánguòde

gestresst
紧张不安的
jǐnzhāng-bù'ānde

verärgert
恼怒的
nǎonùde

wütend
怒火冲天的
nùhuǒ-chōngtiānde

eifersüchtig
嫉妒的
jídùde

verängstigt
恐惧的
kǒngjùde

nervös
紧张的
jǐnzhāngde

müde
疲累的
pílèide

angeekelt
厌恶的
yànwùde

dickköpfig
固执的
gùzhide

gelangweilt
厌倦的
yànjuànde

sauer
生气的
shēngqìde

die Stirn runzeln	皱眉 zhòuméi
bestürzt	心烦的 xīnfánde
unsympathisch	不可亲的 bukěqīnde
verzweifelt	绝望的 juéwàngde
neidisch	忌妒的 jìdùde
ungeduldig	无耐心的 wúnàixīnde
arrogant	傲慢的 àomànde
intolerant	不容忍的 bùróngrěnde
sensibel	敏感 mǐn'gǎn

DIE KLEIDUNG – 服装 fúzhuāng

Babysachen – 婴儿用品 yíng'ér yòngpǐn

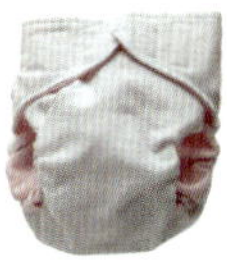

die Stoffwindel
尿布
niàobù

die Wegwerfwindel
一次性尿布
yīcìxìng niàobù

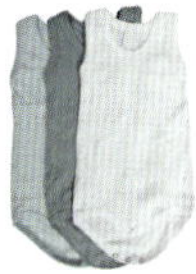

der Body
连体内衣
liántǐ nèiyī

der Schneeanzug
儿童风雪服
értóng fēngxuěfú

der Babyschlafsack
婴儿睡袋
yīng'ér shuìdài

die Rassel
摇铃
yáolíng

der Strampler
婴儿连身衣
yīng'ér liánshēnyī

der Babyfäustling
婴儿连指手套
yīng'ér liánzhǐ shǒutào

die Mütze
帽子
màozi

das Babyschühchen
婴儿鞋
yīng'érxié

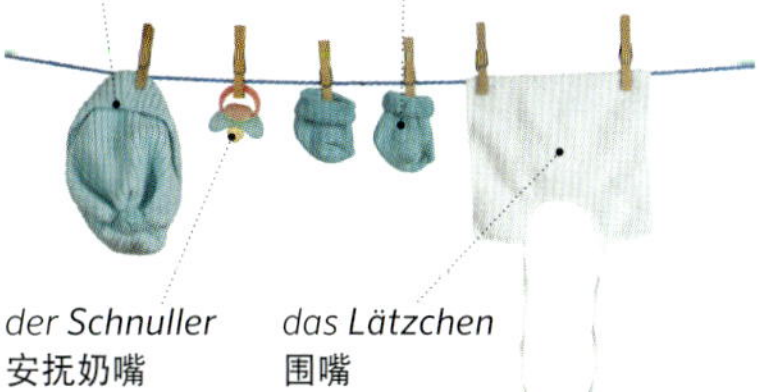

der Schnuller
安抚奶嘴
ānfǔ nǎizuǐ

das Lätzchen
围嘴
wéizuǐ

der Sonnenhut
遮阳帽
zhēyángmào

das Söckchen
短袜
duǎnwà

das Latzhöschen
背带裤
bēidàikù

die Babydecke
婴儿包毯
yīng'ér bāotǎo

das Babyfläschchen	奶瓶 nǎipíng
die Biobaumwolle	有机棉 yǒujīmián
aus Kunstfaser	由合成纤维制成的 yóu héchéng xiānwéi zhìchéngde

DIE KLEIDUNG – 服装 fúzhuāng

Unisex-Kleidung – 中性服装 zhōngxìng fúzhuāng

der Trainingsanzug
运动服
yùndòngfú

der Kapuzenpullover
连帽运动衫
liánmào yùndòngshān

der Turnschuh
运动鞋
yùndòngxié

der Schlafanzug
睡衣
shuìyī

der Hausschuh
拖鞋
tuōxié

der Bademantel
浴袍
yùpáo

der Wintermantel
冬季长大衣
dōngjì chángdàyī

die Regenjacke
雨衣
yǔyī

die Schneehose
滑雪裤
huáxuěkù

Könnte ich das mal anprobieren?	可以试穿一下这个吗? kěyǐ shìchuān yīxià zhège ma?
Haben Sie das auch eine Nummer größer/kleiner?	这个有没有大一点/小一点的尺寸? zhège yǒuméiyǒu dàyīdiǎn/xiǎoyīdiǎn de chǐcùn?
eng/weit	紧/松的 jǐn/sōngde
kurz/lang	短/长的 duǎn/chángde
klein/groß	小/大的 xiǎo/dàde
Das passt gut, ich nehme es.	这件很合身,我要了。 zhè jiàn hěn héshēn,wǒ yàole.
mit kurzen/langen Ärmeln	短/长袖的 duǎn/chángxiùde
der Knopf	纽扣 niǔkòu
der Druckknopf	按扣 ànkòu
das Knopfloch	扣眼 kòuyǎn

DIE KLEIDUNG – 服装 fúzhuāng

Herrenkleidung – 男装 nánzhuāng

das T-Shirt
T恤
t-xù

das Polohemd
马球衫
mǎqiúshān

der Rollkragenpullover
高领毛衣
gāolǐng máoyī

die Weste
棉背心
miánbēixīn

der Pullunder
男式无袖毛衣
nánshì wúxiù máoyī

die Fliege
领结
lǐngjié

der Anzug
套装
tàozhuāng

der Kragen
衣领
yīlǐng

die Krawatte
领带
lǐngdài

das Hemd
衬衫
chènshān

der/das Sakko
休闲西服
xiūxián xīfú

die Hose
长裤
chángkù

die kurze Hose
短裤
duǎnkù

die Boxershorts
（男式）平角内裤
(nánshì) píngjiǎo nèikù

die Unterhose
（男式）三角内裤
(nánshì) sānjiǎo nèikù

die Badehose
（男式）泳裤
(nánshì) yǒngkù

DIE KLEIDUNG – 服装 fúzhuāng

Damenkleidung – 女装 nǚzhuāng

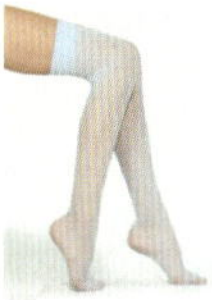

der Strumpf
长筒袜
chángtǒngwà

die Strumpfhose
连裤袜
liánkùwà

die Leggings
弹力紧身裤
tánlì jǐnshēnkù

der Slip
（女式）三角裤
(nǚshì) sānjiǎokù

der Bikini
比基尼
bǐjīní

der Badeanzug
（女式）连体泳衣
(nǚshì) liántǐ yǒngyī

der Sport-BH
运动文胸
yùndòng wénxiōng

der Büstenhalter/der BH
文胸
wénxiōng

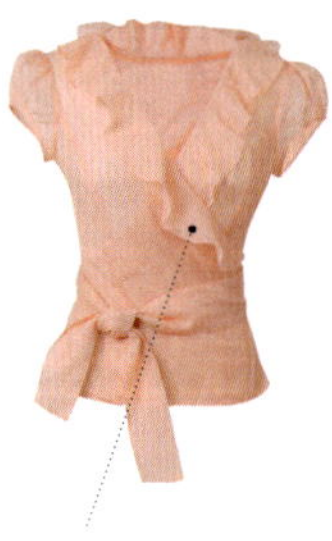

die Rüsche
荷叶边
héyèbiān

die Umstandsmode	孕妇装 yùnfùzhuāng
die Naht	接缝 jiēfèng
der Ärmel	袖子 xiùzi
der Saum	褶边 zhěbiān
die Seide	丝绸 sīchóu
die Spitze	蕾丝 lěisī
die Größe	尺寸 chǐcùn
der Ausschnitt	领口 lǐngkǒu
trägerlos	无肩带的 wújiāndàide
tailliert	束腰的 shùyāode
leger	休闲的 xiūxiánde
schick	帅性的 shuàixìngde
bequem	舒适的 shūshìde
mit Stretchanteil	含伸展部分 hán shēnzhǎnbùfèn
modisch	时髦的 shímáode

DIE KLEIDUNG – 服装 fúzhuāng

Damenkleidung – 女装 nǚzhuāng

die Schleife
蝴蝶结
húdiéjié

das Kleid
连衣裙
liányīqún

das Trägertop
吊带衫
diàodàishān

die Bluse
女式衬衣
nǚshì chènyī

die Strickjacke
针织开衫
zhēnzhī kāishān

der Rock
裙子
qúnzi

das Schulterpolster
垫肩
diànjiān

der Blazer
轻便上衣
qīngbiàn shàngyī

das Oberteil
(女式) 上衣
(nǚshì) shàngyī

die Jeans
牛仔裤
niúzǎikù

die Stiefelette
短靴
duǎnxuē

die Shorts
短裤
duǎnkù

die Röhrenhose
烟管裤
yānguǎnkù

die Schlaghose
喇叭裤
lǎbakù

die leicht ausgestellte Hose
小喇叭裤
xiǎolǎbakù

DIE KLEIDUNG – 服装 fúzhuāng

Accessoires – 配饰 pèishì

der Sonnenhut
遮阳帽
zhēyángmào

der Hut
有檐帽
yǒuyánmào

die Brille
眼镜
yǎnjìng

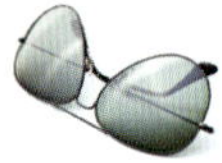

die Sonnenbrille
太阳镜
tàiyángjìng

der Rucksack
背包
bēibāo

die Krawattennadel
领带夹
lǐngdàijiān

der Regenschirm
雨伞
yǔsǎn

die Uhr
手表
shǒubiǎo

die Hosenträger
背带
bēidài

der Ring
戒指
jièzhǐ

der Handschuh
手套
shǒutào

die Mütze
帽子
màozi

der Schal
围巾
wéijīn

der Ohrring
耳饰
ěrshì

die Halskette
项链
xiàngliàn

der Manschettenknopf
袖扣
xiùkòu

der Reißverschluss	拉链 lāliàn
der Klettverschluss	魔术贴 móshùtiē
die Handytasche	手机套 shǒujītào
die Reisetasche	旅行包 lǚxíngbāo
der Koffer	手提箱 shǒutíxiāng

DIE KLEIDUNG – 服装 fúzhuāng

Schuhe und Lederwaren – 鞋与皮具 xié yǔ píjù

der Pumps
高跟鞋
gāogēnxié

die Sandale
凉鞋
liángxié

der Ballerina
芭蕾平底女鞋
bālěi píngdǐ nǚxié

der Gummistiefel
橡胶防水靴
xiàngjiāo fángshuǐxuē

der Flip-Flop®
人字拖
rénzìtuō

der hohe Stiefel
长筒靴
chángtǒngxuē

die Handtasche
手袋
shǒudài

das Portemonnaie
女式钱包
nǚshì qiánbāo

die Brieftasche
男式钱包
nánshì qiánbāo

die Aktentasche
公文包
gōngwénbāo

der Gürtel
皮带
pídài

die Lederjacke
皮夹克
píjiākè

der Schnürschuh
系带鞋
jìdàixié

der Wanderstiefel
步行靴
bùxíngxuē

die Socke
短袜
duǎnwà

der Schnürsenkel	鞋带 xiédài
die Gürtelschlaufe	裤袢 kupàn
der Keilabsatz	楔形后跟 xiēxíng hòugēn
der Absatz	鞋跟 xiégēn
die Sohle	鞋底 xiédǐ
der Riemen	搭扣式绑带 dākòushì bǎngdài
die Schnalle	皮带扣 pídàikòu

die Trekkingsandale
徒步凉鞋
túbù liángxié

der Turnschuh
胶底帆布鞋
jiāodǐ fānbùxié

DIE KÖRPERPFLEGE – 个人卫生 gèrén wèishēng

die Zahnpasta
牙膏
yágāo

das Parfüm
香水
xiāngshuǐ

das Deo
除臭剂
chúchòujì

die Gesichtscreme
面霜
miànshuāng

der Kamm
梳子
shūzi

das Duschgel
沐浴露
mùyùlù

das Shampoo
洗发水
xǐfàshuǐ

die Spülung
护发素
hùfàsù

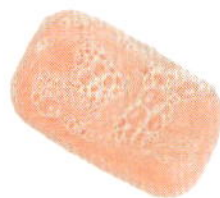

die Seife
香皂
xiāngzào

die Haarbürste
发刷
fàshuā

die Sonnencreme
防晒霜
fángshàishuāng

der Kulturbeutel
化妆包
huàzhuāngbāo

die Pinzette
镊子
nièzi

die Nagelschere
指甲剪
zhǐjiǎjiǎn

die Nagelfeile
指甲锉
zhǐjiǎcuò

die Haarspange
发夹
fàjiā

die Feuchtigkeitscreme	保湿霜 bǎoshīshuāng
sich die Augenbrauen zupfen	拔眉毛 báméimao
die Enthaarung	脱毛 tuōmáo
der Nagellackentferner	洗甲水 xǐjiǎshuǐ
das Haarprodukt	美发护发品 měifà-hùfà pǐn
sich die Haare föhnen	吹干头发 chuīgān tóufa
sich die Haare glätten	拉直头发 lāzhí tóufà
der/das Haargummi	束发带 shùfàdài

SCHMINKSACHEN – 化妆品 huàzhuāngpǐn

der Pinsel	毛刷 máoshuā
der Kajalstift	眼线笔 yǎnxiànbǐ
der/das Lipgloss	唇彩 chúncǎi
die Wimpernzange	睫毛夹 jiémáojiā

ZU HAUSE

在家里

zài jiālǐ

DIE WOHNUNG – 住宅 zhùzhái

der Hausschlüssel
大门钥匙
dàmén yàoshi

die Sprechanlage
对讲系统
duìjiǎng xìtǒng

die Hausnummer
门牌号
ménpáihào

die Türklingel
门铃
ménlíng

das Türschloss
门锁
ménsuǒ

der Fußabtreter
擦鞋垫
cāxiédiàn

der Briefkasten
信箱
xìnxiāng

das Einfamilienhaus
独栋住宅
dúdòng zhùzhái

das Doppelhaus
双联式住宅
shuāngliánshì zhùzhái

das Reihenhaus
联排式住宅
liánpáishì zhùzhái

das Mehrfamilienhaus
公寓楼
gōngyùlóu

der Bungalow
平房
píngfáng

der Schirmständer
伞架
sǎnjià

die Eigentumswohnung	私有住房 sīyǒu zhùfáng
die Mietwohnung	租用住房 zūyòngzhùfáng
der Hof	庭院 tíngyuàn
das Eigentum	房产 fángchǎn
das Grundstück	地块 dìkuài
der Umbau	房屋改建 fángwū gǎijiàn
der Anbau	房屋扩建 fángwū kuòjiàn
zu verkaufen	这…出售！ zhè…chūshòu!

DIE WOHNUNG – 住宅 zhùzhái

der Dachboden
阁楼
gélóu

der Keller
地下室
dìxiàshì

der Flur
走廊
zǒuláng

der Aufzug
电梯
diàntī

der Grundriss
建筑平面图
jiànzhù píngmiàntú

die Garage
车库
chēkù

der Carport
车棚
chēpéng

der Altbau
老建筑
lǎojiànzhù

der Hausmeister
房屋管理员
fángwū guǎnlǐyuán

die Wendeltreppe
螺旋楼梯
luóxuán lóutī

der Rauchmelder
烟雾报警器
yānwù bàojǐngqì

das Treppenhaus
楼梯间
lóutījiān

mieten	租借 zūjiè
die Miete	租金 zūjīn
vermieten	出租 chūzū
der Vermieter	房东 fángdōng
die Vermieterin	房东 fángdōng
der Mieter	承租人 chéngzūrén
die Mieterin	承租人 chéngzūrén
die Kaution	保证金 bǎozhèngjīn

der Mietvertrag
租房合同
zūfáng hétóng

DAS HAUS – 房屋 fángwū

das Einzelhaus	单独的房子	dāndúde fángzi
der Neubau	新建筑	xīn jiànzhù
die Dreizimmerwohnung	三室住房	sānshì zhùfáng
möbliert	带家具的	dàijiājùde
das Stockwerk	楼层	lóucéng
der Eigentümer	房主	fángzhǔ
die Eigentümerin	房主	fángzhǔ
eine Hypothek aufnehmen	拿出抵押贷款	náchū dǐyā dàikuǎn

DAS HAUS – 房屋 fángwū

Der Eingang – 门厅 méntīng

die Diele
门厅
méntīng

der Spiegel
镜子
jìngzi

der Sessel
单人沙发
dānrén shāfā

der Ablagetisch
边桌
biānzhuō

die Wohnungstür
房门
fángmén

der Garderobenständer
衣帽架
yīmàojià

der Schirmständer
伞架
sǎnjià

das Treppengeländer
楼梯扶手
lóutī fúshǒu

die Treppe
楼梯
lóutī

der Treppenabsatz
楼梯平台
lóutī píngtái

die Treppenstufe
梯级
tījí

das Schlüsselbrett
钥匙板
yàoshibǎn

der Kleiderhaken
挂衣钩
guàyīgōu

der Kleiderbügel
衣架
yījià

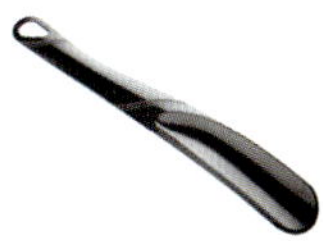

der Schuhlöffel
鞋拔
xiébá

DAS HAUS – 房屋 fángwū

Das Wohnzimmer – 起居室 qǐjūshì

der Spiegel 镜子 jìngzi

der Ventilator 风扇 fēngshàn

der Bilderrahmen 画框 huàkuàng

der Vorhang 窗帘 chuānglián

die Decke 天花板 tiānhuābǎn

das Gemälde 绘画 huìhuà

das Sofa 沙发 shāfā

die Lampe 灯 dēng

das Sofakissen 靠垫 kàodiàn

der Beistellschrank 边柜 biānguì

der Kaminsims 壁炉台 bìlútái

der gepolsterte Hocker 脚凳 jiǎodèng

der Teppichboden 铺着的地毯 pūzhede dìtǎn

der Kamin 壁炉 bìlú

der Sessel 单人沙发 dānrén shāfā

der Couchtisch 咖啡桌 kāfēizhuō

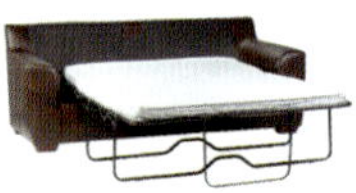

die Schlafcouch 沙发床 shāfāchuáng

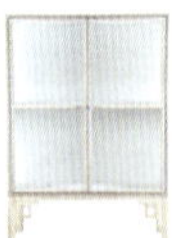

die Vitrine 玻璃柜 bōlíguì

die Fernsehbank 电视柜 diànshìguì

das Bücherregal 书架 shūjià

DAS HAUS – 房屋 fángwū

Das Esszimmer – 餐室 cānshì

das Rollo
卷帘
juǎnlián

der Kronleuchter
枝形吊灯
zhīxíng diàodēng

die Vitrine
玻璃柜
bōlíguì

die Zimmerpflanze
室内植物
shìnèi zhíwù

das Fensterbrett
窗台
chuāngtái

der Tischläufer
桌旗
zhuōqí

die Kerze
蜡烛
làzhú

der Stuhl
椅子
yǐzi

der Esstisch
餐桌
cānzhuō

die Tischdekoration
桌饰
zhuōshì

der Holzboden
木地板
mùdìbǎn

die Blumenvase
花瓶
huāpíng

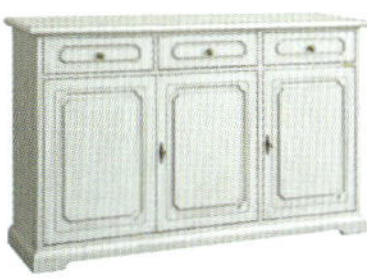

die Anrichte
餐具柜
cānjùguì

die Wanduhr
挂钟
guàzhōng

der Hochstuhl
儿童餐椅
értóng cānyǐ

DAS HAUS – 房屋 fángwū

Die Küche – 厨房 chúfáng

die Einbauküche
整体厨房
zhěngtǐ chúfáng

die Einbauleuchte
内嵌灯
nèiqiàndēng

die Dunstabzugshaube
抽油烟机
chōuyóuyānjī

die Arbeitsplatte
工作台
gōngzuòtái

der Hängeschrank
吊柜
diàoguì

der Backofenschalter
烤箱控制旋钮
kǎoxiāng kòngzhìxuánniǔ

der Herd
灶
zào

der Backofen
烤箱
kǎoxiāng

das Spülbecken
水槽
shuǐcáo

der Küchenhocker
厨房凳
chúfángdèng

die Schublade
抽屉
chōutì

der Kühlschrank
冰箱
bīngxiāng

die Frühstückstheke
早餐柜台
zǎocān guìtái

die Spülmaschine
洗碗机
xǐwǎnjī

der Gefrierschrank
冷冻箱
lěngdòngxiāng

das Geschirrtuch
擦碗布
cāwǎnbù

der Mülleimer	垃圾桶 lājītǒng
die Mülltrennung	垃圾分类 lājī fēnlèi
die Verpackung	包装 bāozhuāng
das Altglas	废玻璃 fèibōli
den Ofen vorheizen	预热烤箱 yùrè kǎoxiāng
die Spülmaschine laufen lassen	运行洗碗机 yùnxíng xǐwǎnjī
das Essen auftauen	把食物解冻 bǎ shíwù jiědòng
das Geschirr abtropfen lassen	沥干碗碟 lìgān wǎndié

DAS HAUS – 房屋 fángwū

Küchengeräte – 厨房用具 chúfáng yòngjù

der Pürierstab
料理棒
liàolǐbàng

der Mixer
搅拌机
jiǎobànjī

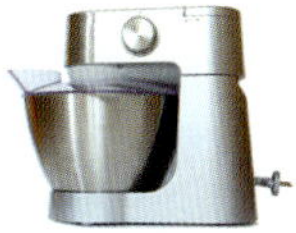

die Küchenmaschine
食物加工器
shíwù jiāgōngqì

die Mikrowelle
微波炉
wēibōlú

das Handrührgerät
手持电动搅拌器
shǒuchí diàndòng jiǎobànqì

der Wasserkocher
电烧水壶
diàn shāoshuǐhú

das Waffeleisen
华夫饼铁模
huáfūbǐng tiěmú

der Elektrogrill
电烧烤炉
diàn shāokǎolú

der Toaster
烤面包机
kǎomiànbāojī

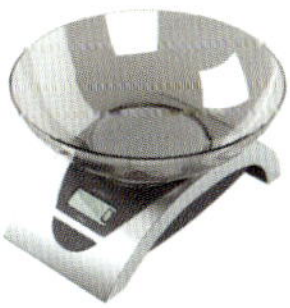

die Küchenwaage
厨房秤
chúfángchèng

der Schnellkochtopf
高压锅
gāoyāguō

der Sandwichgrill
三明治烤机
sānmíngzhì kǎojī

die Kaffeemaschine
咖啡机
kāfēijī

der Dampfgarer
蒸锅
zhēngguō

der Raclettegrill
拉可雷特芝士 烤炉
lākěléitè-zhīshì kǎolú

der Reiskocher
电饭锅
diànfànguō

DAS HAUS – 房屋 fángwū *Koch- und Backutensilien* – 烹饪用具与烘焙用具 pēngrèn yòngpǐn yǔ hōngbèi yòngpǐn

der Küchenwecker
厨房用定时器
chúfángyòng dìngshíqì

das Ausstechförmchen
饼干切模
bǐnggān qiēmú

das Küchenpapier
厨用卷纸
chúyòng juǎnzhǐ

die Schürze
围裙
wéiqún

das Muffinförmchen
玛芬烘烤纸模子
mǎfēn hōngkǎo zhǐmúzi

die Törtchenform
纸杯蛋糕烤盘
zhǐbēidàn'gāo kǎopán

die Springform
圆形不粘蛋糕模
yuánxíng bùzhān dàn'gāomú

das Backblech
烤盘
kǎopán

der Messerschärfer
磨刀器
módāoqì

das Teigrad
西点轮刀
xīdiǎnlúndāo

der Topfhandschuh
隔热手套
gérè shǒutào

das Tablett
托盘
tuōpán

die Sanduhr
沙漏
shālòu

das Kuchengitter	钢烤网 gangkǎowǎng
der Spritzbeutel	裱花袋 biǎohuādài
das Backpapier	烤箱纸 kǎoxiāngzhǐ
die Frischhaltefolie	保鲜膜 bǎoxiānmó
der Putzlappen	抹布 mābù
die Alufolie	锡纸 xīzhǐ
der Gefrierbeutel	冷冻袋 lěngdòngdài
die Rührschüssel	搅拌碗 jiǎobànwǎn

DAS HAUS – 房屋 fángwū

Koch- und Backutensilien – 烹饪用具与烘焙用具 pēngrèn yòngpǐn yǔ hōngbèi yòngpǐn

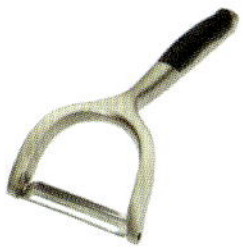

der Schäler
削皮刀
xiāopídāo

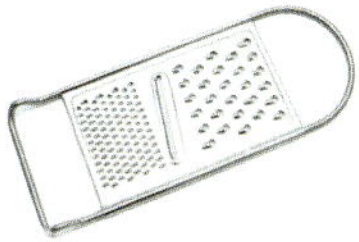

die Reibe
擦菜板
cācàibǎn

das Hackmesser
剁骨刀
duògǔdāo

das Küchenmesser
厨刀
chúdāo

das Kuchensieb
粉筛
fěnshāi

das Abtropfsieb
筛子
shāizi

der Kartoffelstampfer
土豆捣碎器
tǔdòu dǎosuìqì

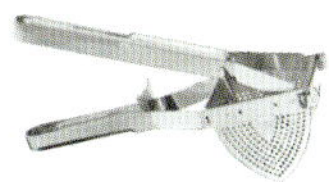

die Knoblauchpresse
压蒜器
yāsuànqì

die Schöpfkelle
长柄汤勺
chángbǐng tāngsháo

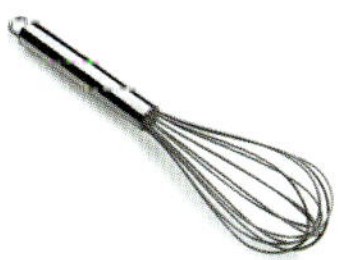

der Schneebesen
打蛋器
dǎdànqì

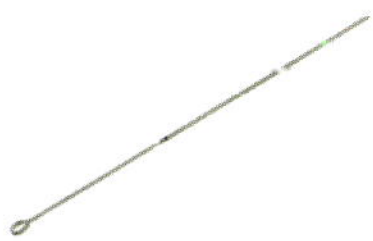

der Spieß
串肉扦
chuànròuqiān

der Dosenöffner
开罐器
kāiguànqì

der Mörser	研钵	yánbō
der Stößel	研槌	yánchuí
der Messerblock	刀架	dāojià
der Fleischklopfer	松肉锤	sōngròuchuí
der Eierschneider	切蛋器	qiēdànqì
der Eisportionierer	冰激凌挖球器	bīngjīlíng wāqiúqì
die Thermoskanne®	保温瓶	bǎowēnpíng
der Spüllappen	洗碗布	xǐwǎnbù

das Schneidebrett
切割板
qiēgēbǎn

DAS HAUS – 房屋 fángwū

Koch- und Backutensilien – 烹饪用具与烘焙用具 pēngrèn yòngpǐn yǔ hōngbèi yòngpǐn

der Korkenzieher
瓶塞钻
píngsāizuàn

der Backpinsel
糕点刷
gāodiǎnshuā

das Nudelholz
擀面杖
gǎnmiànzhàng

der Pfannenwender
漏铲
lòuchǎn

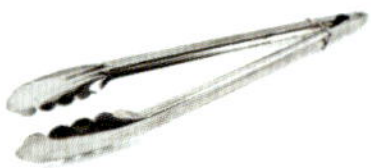

die Küchenzange
面包夹
miànbāojiā

der Teigschaber
硅胶刮刀
guījiāo guādāo

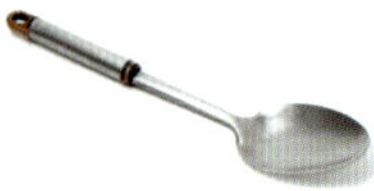

der Servierlöffel
分餐勺
fēncānsháo

der Kochlöffel
烹饪木勺
pēngrèn mùsháo

die Bratpfanne
平底煎锅
píngdǐ jiānguō

der Wok
中式炒锅
zhōngshì chǎoguō

der Kochtopf
煮锅
zhǔguō

der Schmortopf
炖锅
dùnguō

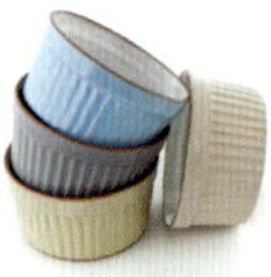

das Auflaufförmchen
煲菜小烤杯
bǎocài xiǎokǎobēi

die Bratengabel	烤肉叉 kǎoròuchā
der Untersetzer	杯垫 bēidiàn
die Grillpfanne	平底烤锅 píngdǐ kǎoguō
der Messbecher	量杯 liángbēi
der Trichter	漏斗 lòudǒu
der Messlöffel	量匙 liángchí
der Abtropfständer	沥水架 lìshuǐjià
der Flaschenöffner	开瓶器 kāipíngqì

DAS HAUS - 房屋 fángwū

Das Schlafzimmer - 卧室 wòshì

der Bettbezug
被套
bèitào

die Bettdecke
被子
bèizi

das Kopfteil
床头
chuángtóu

das Doppelbett
双人床
shuāngrénchuáng

das Kopfkissen
枕头
zhěntou

der Kissenbezug
枕套
zhěntào

die Nachttischlampe
床头灯
chuángtóudēng

die Kommode
抽屉柜
chōutiguì

das Bettgestell
床架
chuángjià

das Laken
床单
chuangdān

der Teppich
小地毯
xiǎodìtǎn

der Hocker
凳子
dèngzi

die Matratze
床垫
chuángdiàn

der Nachttisch
床头柜
chuángtóuguì

der Kleiderschrank	衣柜 yīguì
der Wecker	闹钟 nàozhōng
den Wecker stellen	设定闹钟 shèdìng nàozhōng
die Wärmflasche	热水袋 rèshuǐdài
die Heizdecke	电热毯 diànrètǎn
die Tagesdecke	床罩 chuángzhào
die Schlafbrille	睡眠眼罩 shuìmián yǎnzhào
das Zimmer mit Bad	带浴室的卧室 dài yùshì de wòshì

DAS HAUS – 房屋 fángwū

Das Kinderzimmer – 儿童房 értóngfáng

der Ball
球
qiú

die Puppe
洋娃娃
yángwáwa

die Wickeltasche
妈咪包
māmībāo

der Kinderwagen
婴儿推车
yīng'ér tuīchē

das Babyfon®
婴儿报警器
yīng'ér bàojǐngqì

der Laufstall
婴儿游戏围栏
yīng'ér yóuxì wéilán

das Gitterbettchen
婴儿床
yīng'érchuáng

die Flauschdecke
绒毯
róngtǎn

das Mobile
旋转吊铃
xuánzhuǎn diàolíng

der Gitterstab
棍子
gùnzi

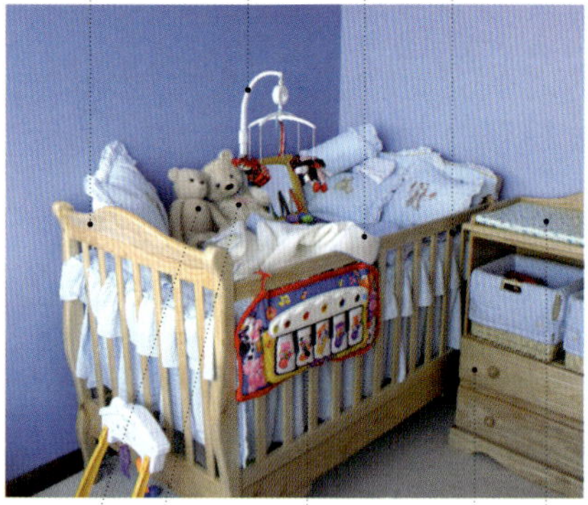

der Teddy
泰迪熊
tàidíxióng

der Wickeltisch
尿布更换台
niàobù gēnghuàntái

das Kuscheltier
毛绒玩具
máoróng wánjù

das Spielzeug
玩具
wánjù

die Wickel auflage
尿布更换垫
niàobù gēnghuàndiàn

das Töpfchen
幼儿坐便器
yòu'ér zuòbiànqì

die Babytragetasche
手提婴儿篮
shǒutí yīng'érlán

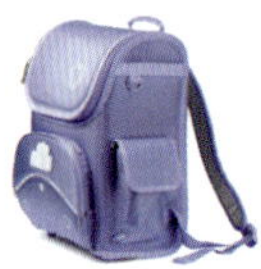

der Schulranzen
书包
shūbāo

das Bauklötzchen
积木
jīmù

DAS HAUS – 房屋 fángwū

Das Jugendzimmer – 青少年卧室 qīngshàonián wòshì

das Etagenbett	双层床	shuāngcéngchuáng
schlafen	睡觉	shuìjiào
schnarchen	打鼾	dǎhān
aufwachen	醒来	xǐnglái
aufstehen	起床	qǐchuáng
der Albtraum	噩梦	èmèng
träumen	做梦	zuòmèng

einschlafen	入睡	rùshuì
tief schlafen	熟睡	shúshuì
ausschlafen	睡懒觉	shuì lǎnjiào
wach sein	醒着	xǐngzhe
das Bett machen	铺床	pūchuáng
ins Bett gehen	上床	shàngchuáng
das Zimmer aufräumen	整理房间	zhěnglǐ fángjiān

DAS HAUS – 房屋 fángwū

Das Arbeitszimmer – 工作室 gōngzuòshì

die Unterlage	文件 wénjiàn
die Steuererklärung	纳税申报 nàshuì shēnbào
arbeiten	工作 gōngzuò
sich konzentrieren	集中 jízhōng
die Überstunde	加班 jiābān
von zu Hause arbeiten	在家上班 zài jiā shàngbān
eine Pause machen	休息 xiūxi
selbstständig sein	独立经营的 dúlìjīngyíngde

DAS HAUS - 房屋 fángwū

Das Badezimmer - 洗澡间 xǐzǎojiān

der Spiegel
镜子
jìngzi

das Waschbecken
盥洗盆
guànxǐpén

der Seifenspender
皂液瓶
zàoyèpíng

der Waschbecken-unterschrank
台盆柜
táipénguì

die Duschkabine
淋浴房
línyùfáng

die Dusche
淋浴器
línyùqì

der Handtuchhalter
毛巾架
máojīnjià

das Handtuch
毛巾 máojīn

der Wasserhahn
水龙头 shuǐlóngtóu

die Badewanne
浴缸 yùgāng

die Toilette
马桶
mǎtǒng

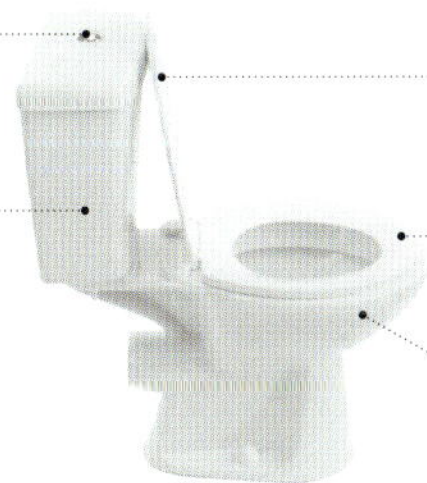

die Toilettenspülung
冲水按钮
chōngshuǐ ànniǔ

der Spülkasten
马桶水箱
mǎtǒng shuǐxiāng

auf die Toilette gehen
上厕所
shàng cèsuǒ

der Toilettendeckel
马桶盖
mǎtǒnggài

die Toilettenbrille
马桶座圈
mǎtǒng zuòquān

die Kloschüssel
马桶缸
mǎtǒnggāng

die Klobürste
马桶刷
mǎtǒngshuā

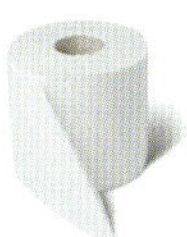

das Toilettenpapier
手纸
shǒuzhǐ

der Raumduft
空气清新剂
kōngqì qīngxīnjì

der Klostein
马桶清洁块
mǎtǒng qīngjiékuài

DAS HAUS - 房屋 fángwū

Sanitäre Anlagen - 卫生设备 wèishēng shèbèi

der Elektroboiler
电热水器
diànrèshuǐqì

der Behälter
容器
róngqì

das Thermostat
调温器
tiáowēnqì

der Warmwasserablauf
热水出口
rèshuǐ chūkǒu

der Kaltwasserzulauf
冷水入口
lěngshuǐ rùkǒu

das Gas-Wandheizgerät
壁挂式燃气热水器
bìguàshì ránqì rèshuǐqì

das Sicherheitsventil
安全阀
ānquánfá

der Regler
调节钮
tiáojiéniǔ

der Überlauf
泄压放水塞
xièyā fàngshuǐsāi

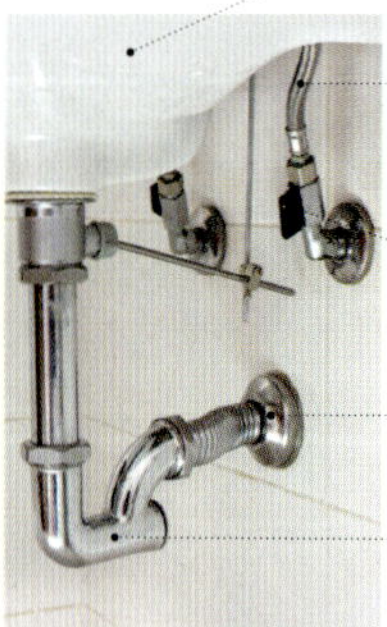

das Waschbecken
盥洗盆
guànxǐpén

die Zuleitung
进水管
jìnshuǐguǎn

der Absperrhahn
旋塞阀
xuánsāifá

der Abfluss
排水管
páishuǐguǎn

der Siphon
虹吸管
hóngxīguǎn

der Spülkasten
马桶水箱
mǎtǒng shuǐxiāng

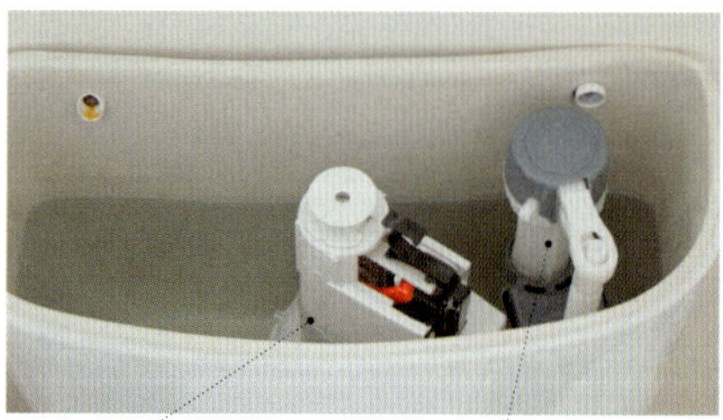

die Heberglocke
冲水阀
chōngshuǐfá

der Überlauf
溢流管
yìliúguǎn

DAS HAUS – 房屋 fángwū

Im Badezimmer – 洗澡间内 xǐzǎojiān nèi

das Wattepad
化妆棉
huàzhuāngmián

der Duschschwamm
沐浴球
mùyùqiú

der Lockenstab
卷发器
juǎnfàqì

das Glätteisen
直发器
zhífàqì

der Rasierapparat
电动剃须刀
diàndòng tìxūdāo

das Schwammtuch
海绵布
hǎimiánbù

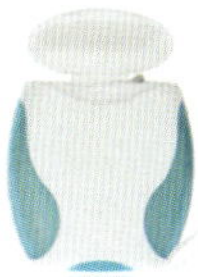

die Zahnseide
牙线
yáxiàn

die Zahnbürste
牙刷
yáshuā

das Taschentuch
纸巾
zhǐjīn

das Wattestäbchen
棉签
miánqiān

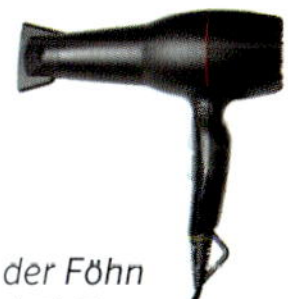

der Föhn
电吹风
diànchuīfēng

der Rasierschaum
剃须泡沫
tìxū pàomò

der Waschlappen	搓澡巾 cuōzǎojīn
das Mundwasser	漱口水 shùkǒushuǐ
sich rasieren	剃须 tìxū
sich frisch machen	梳洗 shūxǐ
sich schminken	化妆 huàzhuāng
sich die Zähne putzen	刷牙 shuāyá
das Rasierwasser	须后水 xūhòushuǐ
der Duschkopf	花洒 huāsǎ
der Duschvorhang	浴帘 yùlián
die Bademaṭte	浴垫 yùdiàn
sich waschen	洗 xǐ
baden	泡澡 pàozǎo
den Hahn auf-/zudrehen	开/关水龙头 kāi/guān shuǐlóngtóu
duschen	淋浴 línyù

der Rasierer
剃须刀
tìxūdāo

DAS HAUS – 房屋 fángwū

Die Waschküche – 洗衣房 xǐyīfáng

die Waschmaschine
洗衣机
xǐyījī

die Waschmittelkammer
洗涤剂盒
xǐdíjìhé

der Frontlader
滚筒洗衣机
gǔntǒng xǐyījī

der Wäschekorb
洗衣篮
xǐyīlán

die zusammengelegte Wäsche
折叠的洗净衣物
zhédiéde xǐjìngyīwù

der Fleckenentferner
去污剂
qùwūjì

der Weichspüler
衣物柔顺剂
yīwù róushùnjì

die Wäscheleine
晾衣绳
liàngyīshéng

die Wäscheklammer
晾衣夹
liàngyījiā

das Bleichmittel
漂白剂
piǎobáijì

das Waschpulver
洗衣粉
xǐyīfěn

das Bügeleisen
熨斗
yùndǒu

das Bügelbrett
熨衣板
yùnyībǎn

die Waschmaschine füllen	将衣物放入洗衣机 jiāng yīwù fàngrù xǐyījī
die Wäsche waschen	洗衣物 xǐyīwù
die Wäsche schleudern	甩干衣物 shuǎigān yīwù
der Wäscheständer	晒衣架 shàiyījià
der Wäschetrockner	干衣机 gānyījī
der Schmutzwäschekorb	洗衣篮 xǐyīlán
die Wäsche zum Trocknen aufhängen	挂衣服烘干 guà yīfu hōnggān
bügeln	熨烫 yùntàng

DAS HAUS – 房屋 fángwū

Reinigungsartikel – 清洁用品 qīngjié yòngpǐn

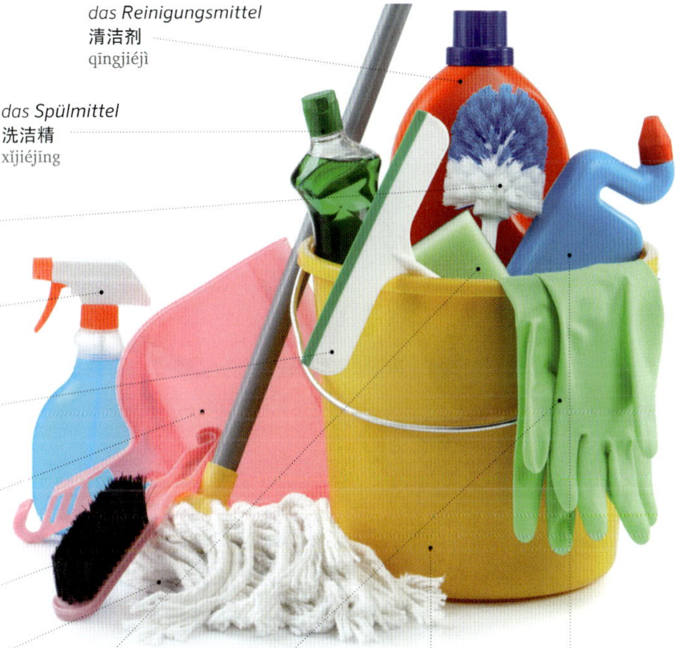

schrubben	擦洗 cāxǐ
fegen	打扫 dǎsǎo
polieren	擦亮 cāliàng
putzen	清洁 qīngjié
abwischen	擦拭 cāshì
der Staubsauger	吸尘器 xīchénqì
Staub saugen	吸尘 xīchén
der Staubwedel	掸子 dǎnzi

die Wurzelbürste 硬毛刷 yìngmáoshuā

DAS HAUS – 房屋 fángwū

Die Heimwerkstatt – 家庭手工间
jiātíng shǒugōngjiān

die Handsäge
手锯
shǒujù

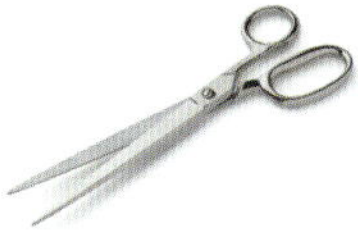

die Schere
剪刀
jiǎndāo

die Schraube
螺丝
luósī

die Mutter
螺母
luómǔ

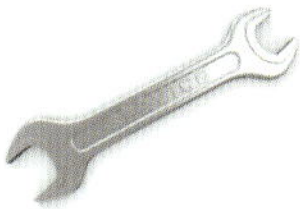

der Schrauben-schlüssel
扳手
bānshou

der Holzhammer
木锤
mùchuí

die Rohrzange
扳钳
bānqián

das Maßband
卷尺
juǎnchǐ

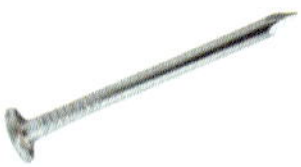

der Nagel
钉子
dīngzi

der Hammer
铁锤
tiěchuí

das Schleifpapier
砂纸
shāzhǐ

die Wasserwaage
水平尺
shuǐpíngchǐ

die Kombizange
老虎钳
lǎohǔqián

der Schraubenzieher
螺丝刀
luósīdāo

die Bügelsäge
弓锯
gōngjù

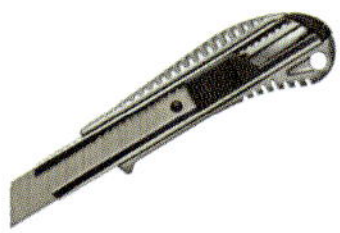

das Teppichmesser
地毯刀
dìtǎndāo

DAS HAUS – 房屋 fángwū

Die Heimwerkstatt – 家庭手工间 jiātíng shǒugōngjiān

der Akkubohrer
充电式电钻
chōngdiànshì diànzuàn

der Akku
电池组
diànchízǔ

der Bohrer
钻头
zuàntóu

der Elektrobohrer
电钻
diànzuàn

das Stemmeisen	木凿 mùzáo
die Nietenzange	铆接钳 mǎojiēqián
der Seitenschneider	钢丝钳 gāngsīqián
das Sägeblatt	锯片/锯条 jùpiàn/jùtiáo
schrauben	用螺丝固定 yòng luósī gùdìng
löten	焊接 hànjiē
messen	测量 cèliáng
abschmirgeln	用砂纸打磨 yòng shāzhǐ dǎmó
sägen	锯 jù
schneiden	切割 qiēgē
bohren	钻孔 zuānkǒng
hämmern	锤打 chuídǎ
feilen	锉 cuò
ausstemmen	凿出 záochū
nieten	铆接 mǎojiē
streichen	粉刷 fěnshuā
hobeln	刨平 bàopíng

die Klebepistole
热熔枪
rèróngqiāng

die Stichsäge
曲线锯
qūxiànjù

der Bandschleifer
带式砂磨机
dàishì shāmójī

die Kreissäge
圆盘锯
yuánpánjù

DAS HAUS – 房屋 fángwū

Die Heimwerkstatt – 家庭手工间 jiātíng shǒugōngjiān

der Müllbeutel
垃圾袋
lājīdài

das Mikrofasertuch
超细纤维清洁布
chāoxì xiānwéi qīngjiébù

der Dichtstoff
密封材料
mìfēng cáiliào

die Kartuschenpistole
填缝枪
tiánfèngqiāng

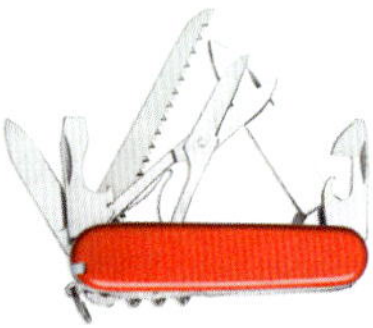

das Taschenmesser
小折刀
xiǎo zhédāo

der Werkzeugkasten
工具箱
gōngjùxiāng

die Werkbank
工作台
gōngzuòtái

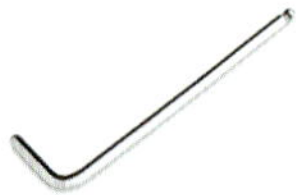

der Inbusschlüssel
内六角扳手
nèiliùjiǎo bānshou

der Besen
扫帚
sàozhou

die Schutzbrille
护目镜
hùmùjìng

der Lötkolben
焊接棒
hànjiēbàng

das Lötzinn
焊料
hànliào

das Sperrholz	胶合板	jiāohébǎn
die Spanplatte	刨花板	bàohuābǎn
der Lack	油漆	yóuqī
das Metall	金属	jīnshǔ
der rostfreie Stahl	不锈钢	bùxiùgāng
der Kunststoff	塑料	sùliào
der Draht	金属丝	jīnshǔsī
das Holzbrett	木板	mùbǎn

DAS HAUS – 房屋 fángwū

Renovieren – 装修 zhuāngxiū

der Acryllack
丙烯酸漆
bǐngxīsuānqī

der Flachpinsel
平头刷
píngtóushuā

die Farbwanne
油漆托盘
yóuqī tuōpán

das Verdünnungsmittel
油漆稀释剂
yóuqī xīshìjì

der/die Spachtel
刮刀
guādāo

der Farbroller
涂漆辊
túqīgǔn

der Handwerker
工匠
gōngjiàng

die Leiter
梯子
tīzi

die Latzhose
背带裤
bēidàikù

die Farbdose
油漆罐
yóuqīguàn

tapezieren
裱糊
biǎohú

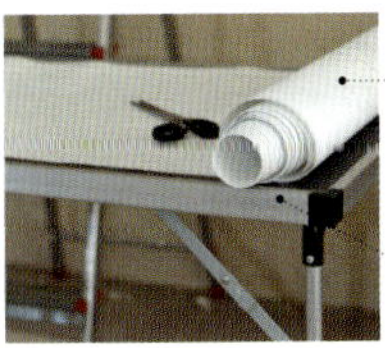

die Tapetenrolle
墙纸卷
qiángzhǐjuǎn

der Tapeziertisch
裱糊台
biǎohútái

die Farbe
油漆
yóuqī

das Abdeckband
遮蔽胶带
zhēbì jiāodài

kacheln	给 … 铺瓷砖 gěi … pū cízhuān
verputzen	抹灰 mǒhuī
spachteln	抹 mǒ
die Tapete entfernen	剥墙纸 bāo qiángzhǐ
die Abdeckfolie	防护膜 fánghùmó
die Spachtelmasse	抹墙粉 mòqiángfěn
das Lösungsmittel	溶剂 róngjì
das Versiegelungsmittel	密封剂 mìfēngjì

das Farbmuster
色卡
sèkǎ

DAS HAUS – 房屋 fángwū

Strom und Heizung – 电力与供暖 diànlì yǔ gōngnuǎn

der Stromzähler
电表
diànbiǎo

die Sicherung
保险丝
bǎoxiǎnsī

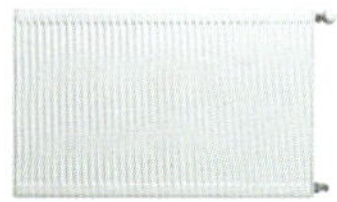

der Heizkörper
暖气片
nuǎnqìpiàn

der Kaminofen
柴火炉
cháihuolú

der Stecker
插头
chātóu

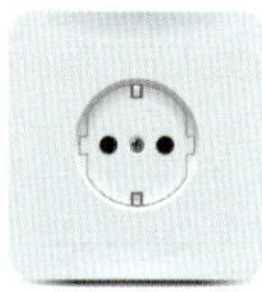

die Steckdose
插座
chāzuò

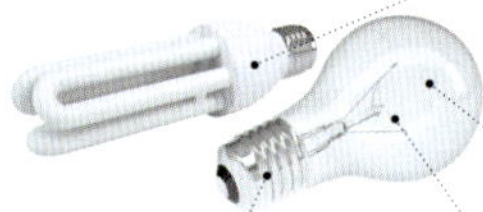

die Energiesparlampe
节能灯泡
jiénéng dēngpào

die Glühbirne
灯泡
dēngpào

der Lampensockel
灯头
dēngtóu

der Glühfaden
灯丝
dēngsī

das Verlängerungskabel
电源延长线
diànyuán yánchángxiàn

der Schalter
开关
kāiguān

die Mehrfachsteckdose
多位插座
duōwèi chāzuò

der Luftkanal	通风管道 tōngfēng guǎndào
die Heizung anschalten/ausschalten	开/关暖气 kāi/guān nuǎnqì
die erneuerbare Energie	可再生能源 kězàishēng néngyuán
das Stromnetz	电网 diànwǎng
die Stromstärke	电流强度 diànliú qiángdù
die Spannung	电压 diànyā
die Solarheizung	太阳能供暖 tàiyángnéng gōngnuǎn
die Zentralheizung	集中供暖 jízhōng gōngnuǎn
die Fußbodenheizung	地暖 dìnuǎn
der Sicherungskasten	保险丝盒 bǎoxiǎnsīhé
die Leitung	线路 xiànlù
das Ampere	安培 ānpéi
das Watt	瓦特 wǎtè
das Volt	伏特 fútè
der Adapter	转接器 zhuǎnjiēqì
die Erdung	地线 dìxiàn

DER GARTEN – 花园 huāyuán

die Terrasse
露台
lùtái

der Gartenteich
花园池塘
huāyuán chítáng

der Gartenweg
花园小径
huāyuán xiǎojìng

der Gemüsegarten
菜园
càiyuán

die Küchenkräuter
草本调味料
cǎoběn tiáowèiliào

das Gewächshaus
温室
wēnshì

das Gartenhaus
花园棚屋
huāyuán péngwū

das Blumenbeet
花圃
huāpǔ

die Gartenbank
花园长椅
huāyuán chángyǐ

die Gartenmöbel
花园家具
huāyuán jiājù

die Gartenmauer
花园围墙
huāyuán wéiqiáng

der Dachgarten
屋顶花园
wūdǐng huāyuán

der Komposter
堆肥箱
duīféixiāng

der Steingarten
岩石园
yánshíyuán

der Gartenzaun
花园篱笆
huāyuán líba

die Hecke
绿篱
lǜlí

DER GARTEN – 花园 huāyuán

Gartengeräte – 园艺工具 yuányì gōngjù

die Rosenschere
修枝剪
xiūzhījiǎn

der Gartenschlauch
花园浇水软管
huāyuán jiāoshuǐ ruǎnguǎn

die Topfpflanze
盆栽植物
pénzāi zhíwù

der Handrechen
手耙子
shǒupázi

die Blumenkelle
园艺小泥铲
yuányì xiǎoníchǎn

der Laubrechen
草坪耙
cǎopíngbá

der Spaten
铲子
chǎnzi

die Gießkanne
洒水壶
sǎshuǐhú

der Gartenhandschuh
园艺手套
yuányì shǒutào

der Rasenmäher
剪草机
jiǎncǎojī

der Rasentrimmer
灌木铲除机
guànmù chǎnchú jī

der Rechen
耙子
pázi

die Mistgabel
干草叉
gāncǎochā

die Schubkarre
独轮手推车
dúlún shǒutuīchē

die Heckenschere
长柄园艺剪
chángbǐng yuányìjiǎn

die Hacke
锄头
chútou

der Rasensprenger
旋转洒水器
xuánzhuǎn sǎshuǐqì

DER GARTEN – 花园 huāyuán

Die Gartenarbeit – 园艺 yuányì

Rollrasen verlegen
铺草皮
pū cǎopí

den Rasen sprengen
喷灌草坪
pēnguàn cǎopíng

das Laub rechen
用耙子清理落叶
yòng pázi qīnglǐ luòyè

pflanzen
栽种
zāizhòng

stutzen
修剪
xiūjiǎn

den Rasen mähen
剪草坪
jiǎn cǎopíng

Unkraut jäten
除草
chúcǎo

umgraben
翻掘
fānjué

zurückschneiden
整枝
zhěngzhī

pflücken
采摘
cǎizhāi

säen
播种
bōzhǒng

spritzen
喷药
pēnyào

düngen	施肥 shīféi
ernten	收割 shōugē
züchten	栽培 zāipéi
vermehren	繁殖 fánzhí
gießen	浇水 jiāoshuǐ
der Sämling	幼苗 yòumiáo
der Dünger	肥料 féiliào
der Unkrautvernichter	除草剂 chúcǎojì

eintopfen
栽入花盆
zāirù huāpén

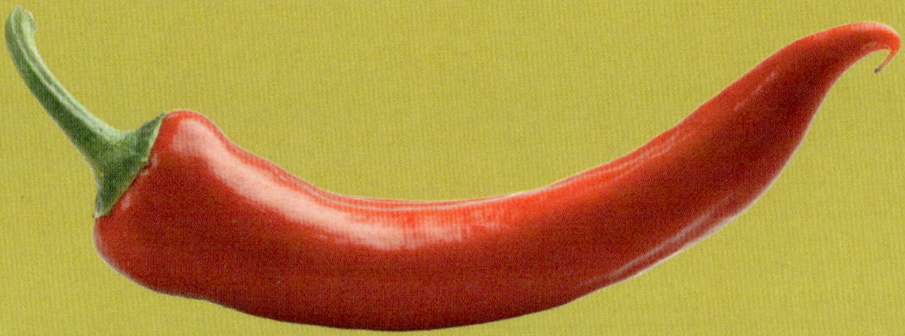

ESSEN UND TRINKEN

食品与饮料

shípǐn yǔ yǐnliào

TIERISCHE PRODUKTE – 动物制品 dòngwùzhìpǐn

Fleisch – 肉类 ròulèi

das Lammfleisch
羔羊肉
gāoyángròu

das Rindfleisch
牛肉
niúròu

das Steak
牛排
niúpái

das Schweinefleisch
猪肉
zhūròu

das Filet
里脊
lǐji

das Kalbfleisch
小牛肉
xiǎoniúròu

die Keule
腿肉
tuǐròu

das Kotelett
带骨肉排
dài gǔ ròupái

die Leber
肝
gān

die Niere
腰子
yāozi

das Kaninchen
兔肉
tùròu

der Schinken
火腿
huǒtuǐ

das Hackfleisch
肉糜
ròumí

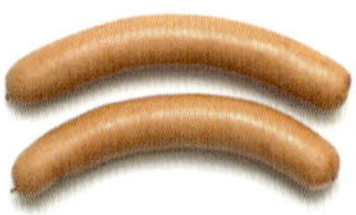
die Wurst
香肠
xiāngcháng

der Aufschnitt
冷切肉
lěngqiēròu

die Salami
萨拉米香肠
sàlāmǐ xiāngcháng

TIERISCHE PRODUKTE – 动物制品 dòngwùzhìpǐn

Geflügel – 家禽 jiāqín

das Hähnchen
鸡肉
jīròu

der Schenkel
鸡腿
jītuǐ

die Brust
鸡胸
jīxiōng

der Flügel
鸡翅
jīchì

die Hähnchenkeule
鸡腿
jītuǐ

die Ente
鸭子
yāzi

das Entenfleisch
鸭肉
yāròu

die Gans
鹅
é

das Gänsefleisch
鹅肉
é'ròu

die Wachtel
鹌鹑
ānchún

das Wachtelfleisch
鹌鹑肉
ānchúnròu

die Pute
雌火鸡
cíhuǒjī

das Putenfleisch
雌火鸡肉
cíhuǒjīròu

das Bioprodukt	有机产品 yǒujī chǎnpǐn
die Innereien	内脏 nèizàng
mariniert	卤的 lǔde
geräuchert	烟熏的 yānxūnde
gepökelt	腌制的 yānzhìde
braten	烤 kǎo
schmoren	焖 mèn
grillen	烤 kǎo

aus Freilandhaltung
放养的
fàngyǎngde

TIERISCHE PRODUKTE – 动物制品 dòngwùzhìpǐn

Fisch – 鱼类 yúlèi

die Forelle
鳟鱼
zūnyú

der Karpfen
鲤鱼
lǐyú

der Zander
梭鲈
suōlú

der Seeteufel
扁鲨
biǎnshā

die Makrele
鲭鱼
qīngyú

die Seezunge
鳎鱼
tǎyú

die Sardine
沙丁鱼
shādīngyú

die Scholle
鲽鱼
diéyú

der Aal
鳗鱼
mányú

der Thunfisch
金枪鱼
jīnqiāngyú

der Kabeljau
鳕鱼
xuěyú

der Seebarsch
海鲈
hǎilú

der Lachs
鲑鱼
guīyú

der Heilbutt
庸鲽
yōngdié

der Fischrogen
鱼子
yúzǐ

das Fischsteak
鱼排
yúpái

TIERISCHE PRODUKTE – 动物制品 dòngwùzhìpǐn

Meeresfrüchte – 海味 hǎiwèi

die Garnele
虾
xiā

der Hummer
龙虾
lóngxiā

der Krebs
螃蟹
pángxiè

der Flusskrebs
螯虾
áoxiā

die Miesmuschel
紫贻贝
zǐyíbèi

die Kammmuschel
扇贝
shànbèi

die Venusmuschel
文蛤
wéngé

die Herzmuschel
鸟蛤
niǎogé

die Auster
牡蛎
mǔlì

der Tintenfisch
鱿鱼
yóuyú

der Krake
章鱼
zhāngyú

der Räucherfisch
熏鱼
xūnyú

das Filet	鱼柳 yúliǔ
geräuchert	烟熏的 yānxūnde
einen Fisch entgräten	剔去鱼骨 tīqù yúgǔ
die Gräte	鱼刺 yúcì
die Schuppe	鱼鳞 yúlín
abschuppen	去鳞 qùlín
tiefgefroren	冰冻的 bīngdòngde
frisch	新鲜的 xīnxiānde

der Dosenfisch
罐头鱼
guàntouyú

TIERISCHE PRODUKTE – 动物制品 dòngwùzhìpǐn

Milchprodukte und Eier – 奶制品与蛋类 nǎizhìpǐn yǔ dànlèi

die Sahne
奶油
nǎiyóu

die Milch
奶
nǎi

der Hüttenkäse
农家干酪
nóngjiā gānlào

der Ziegenkäse
山羊奶酪
shānyáng nǎilào

der Quark
凝乳
níngrǔ

der Joghurt
酸奶
suānnǎi

der Brie
布里干酪
bùlǐ gānlào

der Gorgonzola
戈尔贡佐拉干酪
gē'ěrgòngzuǒlā gānlào

der Feta
羊奶干酪
yángnǎi gānlào

das Hühnerei
鸡蛋
jīdàn

die Eierschale
蛋壳
dànké

das Eiweiß
蛋白
dànbái

das Eigelb
蛋黄
dànhuáng

das Wachtelei
鹌鹑蛋
ānchúndàn

das Gänseei
鹅蛋
édàn

TIERISCHE PRODUKTE – 动物制品 dòngwùzhìpǐn

Milchprodukte und Eier – 奶制品与蛋类 nǎizhìpǐn yǔ dànlèi

der Eierkarton
蛋盒
dànhé

die Butter
黄油
huángyóu

der Parmesan
帕尔马干酪
pà'ěrmǎ gānlào

der Emmentaler
埃曼塔尔干酪
āimàntǎ'ěr gānlào

der Cheddar
切德干酪
qiēdé gānlào

der Raclettekäse
拉克利特干酪
lākèlìtè gānlào

der Camembert
卡芒贝尔干酪
kǎmángbèi'ěr gānlào

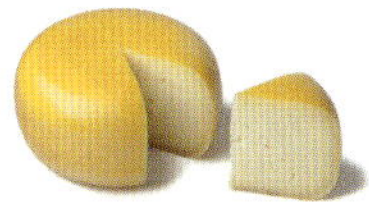

der Gouda
豪达干酪
háodá gānlào

der Mozzarella
马苏里拉干酪
mǎsūlǐlā gānlào

der geriebene Käse
干酪屑
gānlàoxiè

die Buttermilch
酪乳
làorǔ

der Frischkäse
奶油干酪
nǎiyóu gānlào

die Kuhmilch	牛奶 niúnǎi
die Ziegenmilch	山羊奶 shānyángnǎi
die laktosefreie Milch	无乳糖奶 wúrǔtáng nǎi
die Sojamilch	豆奶 dòunǎi
homogenisiert	使均匀的 shǐ jūnyúnde
pasteurisiert	巴氏消毒的 bāshìxiāodúde
fettarm	低脂的 dīzhīde
die Vollmilch	全脂牛奶 quánzhī niúnǎi

die Kondensmilch
炼乳
liànrǔ

GEMÜSE – 蔬菜 shūcài

die/der Trüffel
松露
sōnglù

der Champignon
蘑菇
mógū

der Steinpilz
牛肝菌
niúgānjūn

der Pfifferling
鸡油菌
jīyóujūn

der Spargel
芦笋
lúsǔn

der Kohlrabi
苤蓝
piělán

der Rhabarber
食用大黄
shíyòng dàhuáng

der Mangold
甜菜
tiáncài

der Fenchel
茴香
huíxiāng

der/die Stangensellerie
芹菜
qíncài

die Artischocke
朝鲜蓟
cháoxiǎnjì

die Kresse
水芹
shuǐqín

die Brunnenkresse
豆瓣菜
dòubàncài

das Blatt	叶 yè
der Strunk	茎 jīng
das Röschen	花芽 huāyá
das Herz	菜心 càixīn
die Spitze	菜尖 càijiā
das gedämpfte Gemüse	蒸蔬菜 zhēng shūcài
aus biologischem Anbau	有机的 yǒujīde
aus heimischer Produktion	当地产的 dāngdìchǎnde

GEMÜSE – 蔬菜 shūcài

Wurzelgemüse – 根茎类蔬菜 gēnjīnglèi shūcài

die Süßkartoffel
甘薯
gānshǔ

die Karotte
胡萝卜
húluóbo

die Kartoffel
土豆
tǔdòu

die Schalotte
火葱
huǒcōng

die rote Zwiebel
红皮洋葱
hóngpí yángcōng

die Pastinake
欧洲防风
ouzhōu fángfēng

der Knoblauch
大蒜
dàsuàn

die Rübe
芜菁
wújīng

die Zwiebel
洋葱
yángcōng

das Radieschen
小圆萝卜
xiǎo yuánluóbo

die Frühlingszwiebel
葱
cōng

die Rote Bete
甜菜根
tiáncàigēn

die Knoblauchzehe	蒜瓣 suànbàn
die Knoblauchknolle	大蒜头 dàsuàntóu
die Wurzel	根 gēn
bitter	苦的 kǔde
roh	生的 shēngde
scharf	辣的 làde
mehligkochend	粉质的 fěnzhìde
festkochend	蜡质的 làzhìde

der Lauch
韭葱
jiǔcōng

GEMÜSE – 蔬菜 shūcài

Blattgemüse – 叶类蔬菜 yèlei shūcài

der Brokkoli
青花菜
qīnghuācài

der Rotkohl
紫甘蓝
zǐ gānlán

der Wirsing
皱叶甘蓝
zhòuyè gānlán

der Rosenkohl
球芽甘蓝
qiúyá gānlán

der Blumenkohl
花椰菜
huāyēcài

der Weißkohl
圆白菜
yuánbáicài

der Kopfsalat
生菜
shēngcài

der Eisbergsalat
结球生菜
jiéqiú shēngcài

der Römersalat
长叶生菜
chángyè shēngcài

der/die Chicorée
菊苣
jújù

der Feldsalat
野苣
yějù

der Spinat
菠菜
bōcài

der Rucola
芝麻菜
zhīmacài

der Endiviensalat
苦苣
kǔjù

GEMÜSE – 蔬菜 shūcài

Fruchtgemüse – 果类蔬菜 guǒlèi shūcài

der/die Paprika
甜椒
tiánjiāo

die Zucchini
小胡瓜
xiǎohúguā

die Aubergine
茄子
qiézi

die Tomate
番茄
fānqié

die Kirschtomate
樱桃番茄
yīngtaofānqié

die Olive
橄榄
gǎnlǎn

die Okraschote
秋葵
qiūkuí

die Chilischote
尖椒
jiānjiāo

die Avocado
牛油果
niúyóuguǒ

die Gurke
黄瓜
huángguā

der Kürbis
南瓜
nánguā

der Butternusskürbis
冬南瓜
dōngnánguā

schälen	剥皮 bāopí
schneiden	切 qiē
roh	生的 shēngde
gekocht	水煮的 shuǐzhǔde
gegart	煮熟的 zhǔshúde
das Püree	泥 ní
püriert	捣成泥的 dǎochéngníde
braten	煎 jiān

der Mais
甜玉米
tiányùmǐ

GEMÜSE – 蔬菜 shūcài

Hülsenfrüchte – 豆类/豆荚类 dòulèi/dòujiálèi

die grüne Linse
绿扁豆
lǜbiǎndòu

die Ackerbohne
蚕豆
cándòu

die schwarze Bohne
黑豆
hēidòu

die Gartenerbse
豌豆
wāndòu

die Kichererbse
鹰嘴豆
yīngzuǐdòu

die rote Linse
红扁豆
hóng biǎndòu

die grüne Bohne
四季豆
sìjìdòu

die Zuckererbse
荷兰豆
hélándòu

die Kidneybohne
菜豆
càidòu

die Limabohne
利马豆
lìmǎdòu

die Tellerlinse
棕扁豆
zōng biǎndòu

die Hülse	豆壳	dòuké
der Kern	籽粒	zǐlì
die Schote	荚果	jiáguǒ
der Samen	种子	zhǒngzi
die Sojasprossen	豆芽	dòuyá
die Sojabohne	大豆	dàdòu
die Mungobohne	绿豆	lǜdòu
die Schwarzaugenbohne	豇豆	jiāngdòu

OBST – 水果 shuǐguǒ

Beeren und Steinobst – 浆果与核果 jiāngguǒ yǔ héguǒ

die Erdbeere
草莓
cǎoméi

die Brombeere
黑莓
hēiméi

die Himbeere
树莓
shùméi

die Heidelbeere
蓝莓
lánméi

die roten Johannisbeeren
红加仑
hóngjiālún

die schwarzen Johannisbeeren
黑加仑
hēijiālún

die Weintraube
葡萄
pútáo

die Stachelbeere
醋栗
cùlì

die Preiselbeere
蔓越莓
mànyuèméi

die Kirsche
樱桃
yīngtáo

die Holunderbeere
接骨木果
jiēgǔmùguǒ

der Pfirsich
桃子
táozi

die Nektarine
油桃
yóutáo

die Pflaume
李子
lǐzi

die Aprikose
杏子
xìngzi

der Apfel
苹果
píngguǒ

die Birne
梨子
lízi

die Quitte
榅桲
wēnbó

OBST – 水果 shuǐguǒ

Exotische Früchte – 异国水果 yìguó shuǐguǒ

die Feige
无花果
wúhuāguǒ

die Birnenmelone
香茄瓜
xiāngqiéguā

die Physalis
酸浆
suānjiāng

die Litschi
荔枝
lìzhī

die Sternfrucht
杨桃
yángtáo

die Ananasguave
费约果
fèiyuēguǒ

die Papaya
番木瓜
fānmùguā

die Cherimoya
秘鲁番荔枝
bìlǔ fānlìzhī

die Passionsfrucht
鸡蛋果
jīdànguǒ

die Mangostanfrucht
山竹
shānzhú

der Granatapfel
石榴
shíliu

die Kiwano
刺角瓜
cìjiǎoguā

die Rambutan
红毛丹
hóngmáodān

die Pitahaya
火龙果
huǒlóngguǒ

die Ananas
凤梨/菠萝
fènglí/bōluó

die Guave
番石榴
fānshíliu

die Banane
香蕉
xiāngjiāo

die Kiwi
猕猴桃
míhóutáo

die Mango
芒果
mángguǒ

die Kokosnuss
椰子
yēzi

OBST – 水果 shuǐguǒ

Zitrusfrüchte und Melonen – 柑橘类水果与瓜类 gānjúlèi shuǐguǒ yǔ guālèi

die Orange
橙子
chéngzi

die Limette
酸橙
suānchéng

geschält
去皮的
qùpíde

die Clementine
克莱门氏小柑橘
kèláiménshì xiǎogānjú

die Grapefruit
西柚
xīyòu

die Zitrone
柠檬
níngméng

der Schnitz
瓣
bàn

die Schale
皮
pí

die Zuckermelone
香瓜
xiāngguā

die Honigmelone
蜜瓜
mìguā

die Wassermelone
西瓜
xīguā

die Blutorange
血橙
xuèchéng

kernlos	无核的 wúhéde
saftig	多汁的 duōzhīde
knackig	新鲜的 xīnxiānde
das Kerngehäuse	果心 guǒxīn
sauer	酸的 suānde
reif	熟的 shúde
frisch	新鲜的 xīnxiānde
faulig	腐烂的 fǔlànde

die Kumquat
金橘
jīnjú

OBST – 水果 shuǐguǒ

Nüsse und Trockenobst – 坚果与干果 jiānguǒ yǔ gānguǒ

der Cashewkern
腰果
yāoguǒ

die Mandel
杏仁
xìngrén

die Kastanie
板栗
bǎnlì

die Walnuss
核桃
hétáo

die Haselnuss
榛子
zhēnzi

die Erdnuss
花生
huāshēng

die Pekannuss
碧根果
bìgēnguǒ

die Macadamianuss
澳洲坚果
àozhōu jiānguǒ

der Pinienkern
松子
sōngzǐ

die Rosine
葡萄干
pútaogān

die Sultanine
无核葡萄干
wúhé pútáogān

die Backpflaume
西梅脯
xīméifǔ

die Dattel
海枣
hǎizǎo

die Paranuss	巴西坚果 bāxī jiānguǒ
die Pistazie	开心果 kāixīnguǒ
geröstet	烤的 kǎode
gesalzen	加盐的 jiāyánde
das Studentenfutter	坚果与干果混合物 jiānguǒ yǔ gānguǒ hùnhéwù
der Nussknacker	坚果钳 jiānguǒqián
die Nussschale	坚果壳 jiānguǒké
eine Nuss knacken	剥坚果 bāojiānguǒ

KRÄUTER UND GEWÜRZE – 香草与香料 xiāngcǎo yǔ xiāngliào

Kräuter – 香草 xiāngcǎo

der Lavendel
薰衣草
xūnyīcǎo

der Estragon
龙蒿
lónghāo

der Oregano
牛至
niúzhì

das/der Liebstöckel
独活草
dúhuócǎo

der Salbei
鼠尾草
shǔwěicǎo

die Minze
薄荷
bòhe

der Majoran
马郁兰
mǎyùlán

der Rosmarin
迷迭香
mídiéxiāng

das Basilikum
罗勒
luólèi

die Petersilie
皱叶欧芹
zhòuyè ōuqín

der Thymian
百里香
bǎilǐxiāng

der Koriander
香菜
xiāngcài

der Schnittlauch
细香葱
xìxiāngcōng

der Fenchel
茴香
huíxiāng

der Dill
莳萝
shíluó

die Zitronenmelisse
香蜂叶
xiāngfēngyè

KRÄUTER UND GEWÜRZE – 香草与香料 xiāngcǎo yǔ xiāngliào

Gewürze – 香料 xiāngliào

der Sternanis
八角
bājiǎo

das Lorbeerblatt
月桂叶
yuèguìyè

der Koriander
香菜籽
xiāngcàizǐ

die Zimtrinde
桂皮
guìpí

die Kurkuma
姜黄根粉
jiānghuáng gēnfěn

das Currypulver
咖喱粉
gālífěn

der Paprika
辣椒粉
làjiāofěn

der Pfeffer
胡椒
hújiāo

die Muskatnuss
肉豆蔻
ròudòukòu

der/das Kardamom
小豆蔻
xiǎodòukòu

die Nelken
丁香
dīngxiāng

der Ingwer
姜
jiāng

die Chiliflocken
干辣椒碎
gānlàjiāosuì

die Chilischote
干辣椒
gānlàjiāo

der Fenchel
茴香
huíxiāng

das Garam masala
什香粉
shíxiāngfěn

KRÄUTER UND GEWÜRZE – 香草与香料 xiāngcǎo yǔ xiāngliào

Würzmittel und Soßen – 调料与沙司 tiáoliào yǔ shāsī

der Essig 醋 cù

das Olivenöl 橄榄油 gǎnlǎnyóu

der Pfeffer 胡椒 hújiāo

die Pfeffermühle 胡椒研磨器 hújiāo yánmóqì

das Salz 盐 yán

die Salsa 辣番茄沙司 làfānqié shāsī

der/das Ketchup 番茄酱 fānqiéjiàng

der Senf 芥末酱 jièmòjiàng

die Mayonnaise 蛋黄酱 dànhuángjiàng

zerstoßen	捣碎的 dǎosuìde
gemahlen	磨碎的 mósuìde
geraspelt	切碎的 qiēsuìde
der Salzstreuer	盐瓶 yánpíng
die Salatsoße	色拉酱 sèlājiàng
würzen	给 … 调味 gěi … tiáowèi
anmachen	拌色拉 bàn sèlā
marinieren	卤 lǔ

die Sojasoße 酱油 jiàngyóu

GETREIDE UND MEHL – 谷类与面粉 gǔlèi yǔ miànfěn

der Dinkel
斯佩尔特小麦
sīpèi'ěrtè xiǎomài

die Kürbiskerne
南瓜子
nánguāzǐ

die Sonnenblumen-kerne
葵花籽
kuíhuāzǐ

die Quinoa
藜谷
lígǔ

der Wildreis
野生稻
yěshēngdào

der Hafer
燕麦
yànmài

die Gerste
大麦
dàmài

der Naturreis
糙米
cāomǐ

der Mais
玉米
yùmǐ

die Hirse
小米
xiǎomǐ

der Weizen
小麦
xiǎomài

der/das Couscous
蒸粗麦粉
zhēngcū màifěn

der Buchweizen
荞麦
qiáomài

der Basmatireis
印度香米
yìndù xiāngmǐ

der Bulgur
碾碎的干小麦
niǎnsuìde xiǎomài

der Reis
大米
dàmǐ

GETREIDE UND MEHL – 谷类与面粉 gǔlèi yǔ miànfěn

die Penne
意大利斜管面
yìdàlì xiéguǎnmiàn

die Spaghetti
意大利长面
yìdàlì chángmiàn

die Tagliatelle
意大利宽面
yìdàlì kuānmiàn

die Ravioli
意大利饺子
yìdàlì jiǎozi

die Fusilli
意大利螺丝面
yìdàlì luósīmiàn

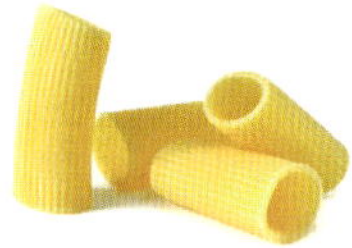

die Rigatoni
意大利波纹贝壳状通心粉
yìdàlì bōwén bèikézhuàng tōngxīnfěn

die Tortellini
意大利馄饨
yìdàlì húntun

das Weizenmehl
小麦粉
xiǎomàifěn

das Maismehl
玉米粉
yùmǐfěn

die Hefe
酵母
jiàomǔ

der Teig
生面团
shēngmiàntuán

das Backpulver	发酵粉 fājiàofěn
das glutenfreie Mehl	无面筋面粉 wúmiànjīn miànfěn
das Roggenmehl	黑麦粉 hēimàifěn
das Vollkornmehl	全麦粉 quánmàifěn
sieben	筛 shāi
kneten	揉 róu
verrühren	搅和 jiǎohuo
backen	烘焙 hōngbèi

die Reisnudeln
米粉
mǐfěn

GETREIDE UND MEHL – 谷类与面粉 gǔlèi yǔ miànfěn

Brot – 面包 miànbāo

die Brezel
扭结饼
niǔjiébǐng

das Croissant
羊角面包
yángjiǎo miànbāo

das/die Baguette
法式长棍面包
fǎshì chánggùn miànbāo

das Schwarzbrot
黑面包
hēi miànbāo

das Weißbrot
白面包
bái miànbāo

das Vollkornbrot
全麦面包
quánmài miànbāo

das Mehrkornbrot
谷仓面包
gǔcāng miànbāo

das Graubrot
黑麦面包
hēimài miànbāo

das Fladenbrot
扁面包
biǎn miànbāo

die Tortilla
玉米薄饼
yùmǐ báobǐng

das Toastbrot
吐司
tǔsī

das Sauerteigbrot
酸面团面包
suānmiàntuán miànbāo

das Brötchen
小餐包
xiǎocānbāo

der Bagel
百吉圈
bǎijíquān

das belegte Brötchen
夹心小餐包
jiāxīn xiǎocānbāo

das Knäckebrot
薄脆面包片
báocuìmiànbāopiàn

GETREIDE UND MEHL – 谷类与面粉 gǔlèi yǔ miànfěn

Brotaufstriche – 面包涂抹酱 miànbāo túmǒjiàng

das Glas
广口玻璃瓶
guǎngkǒu bōlipíng

der Honig
蜂蜜
fēngmì

der Waldhonig
甘露蜜
gānlùmì

der flüssige Honig
液体蜜
yètǐmì

der Zitronenaufstrich
柠檬酱
níngméngjiàng

die Konfitüre
果酱
guǒjiàng

die Marmelade
柑橘酱
gānjújiàng

der Ahornsirup
枫糖浆
fēngtángjiāng

die Erdnussbutter
花生酱
huāshēngjiàng

der Schokoladenaufstrich
巧克力酱
qiǎokèlìjiàng

die Margarine
人造黄油
rénzào huángyóu

der Laib
圆形面包
yuánxíng miànbāo

die Scheibe
面包片
miànbāopiàn

das Paniermehl
面包屑
miànbāoxiè

das Sandwich
三明治
sānmíngzhì

GETREIDE UND MEHL – 谷类与面粉 gǔlèi yǔ miànfěn

Kuchen und Gebäck – 糕点 gāodiǎn

der Käsekuchen
奶酪蛋糕
nǎilào dàn'gāo

die Schokoladentorte
巧克力蛋糕
qiǎokèlì dàn'gāo

der Muffin
美式玛芬
měishì mǎfēn

die Makrone
蛋白杏仁饼
dànbái xìngrénbǐng

der Lebkuchen
姜饼
jiāngbǐng

das Biskuit
海绵蛋糕
hǎimián dàn'gāo

der Berliner
果酱馅油煎饼
guǒjiàngxiàn yóujiānbǐng

der Gugelhupf
奥式钝圆锥形空心蛋糕
Àoshì dùnyuán zhuīxíng kōngxīn dàn'gāo

die Obsttorte
水果挞
shuǐguǒtà

die Schwarzwälder Kirschtorte
黑森林蛋糕
hēisēnlín dàn'gāo

der Zwetschgenkuchen
欧洲李蛋糕
Ōuzhōulǐ dàn'gāo

die Linzer Torte
林茨挞
líncítà

das Marmeladentörtchen
果酱挞
guǒjiàngtà

der Zuckerguss	糖霜 tángshuāng
das Marzipan	杏仁蛋白软糖 xìngrén dànbái ruǎntáng
der Geburtstagskuchen	生日蛋糕 shēngrì dàn'gāo
die Geburtstagskerze	生日蜡烛 shēngrì làzhú
die Kuchendekoration	蛋糕装饰 dàn'gāo zhuāngshì
das Gebäck	糕点 gāodiǎn
das Eclair	法式泡芙 fǎshì pàofú
das Baiser	蛋白饼 dànbáibǐng

DESSERTS UND SÜẞSPEISEN – 甜点与布丁 tiándiǎn yǔ bùdīng

der Apfelstrudel
苹果卷
píngguǒjuǎn

das Tiramisu
提拉米苏
tílāmǐsū

die Eiscreme
冰淇淋
bīngqílín

die Eiskugel
冰淇淋球
bīngqílínqiú

die Eiswaffel
蛋筒
dàntǒng

der Pfannkuchen
薄煎饼
báojiānbǐng

die Crêpe
法式薄饼
fǎshì báobǐng

der Eisbecher
冰淇淋杯
bīngjīlíngbēi

der Karamellpudding
焦糖蛋奶冻
jiāotáng dànnǎidòng

die Mousse
慕斯
mùsī

die Schlagsahne
掼奶油
guànnǎiyóu

die Crème brûlée
法式炖蛋
fǎshì dùndàn

die Panna cotta
意大利奶油布丁
yìdàlì nǎiyóu bùdīng

der Wackelpudding
果冻
guǒdòng

der Obstsalat
水果色拉
shuǐguǒ sèlā

GETRÄNKE – 饮料 yǐnliào

Erfrischungsgetränke – 清凉饮料 qīngliáng yǐnliào

das Wasser
水
shuǐ

das Tonicwater
汤力水
tānglìshuǐ

der Orangensaft
橙汁
chéngzhī

der Tomatensaft
番茄汁
fānqiézhī

das alkoholfreie Bier
无醇啤酒
wúchún píjiǔ

der Karottensaft
胡萝卜汁
húluóbozhī

die/das Cola
可乐
kělè

die Limonade
柠檬汽水
níngméng qìshuǐ

der Eiskaffee
冰咖啡
bīngkāfēi

die Eisschokolade
冰巧克力
bīngqiǎokèlì

der Eistee
冰茶
bīngchá

die Apfelschorle
苹果汽酒
píngguǒ qìjiǔ

der Milchshake
奶昔
nǎixī

die Saftpresse	榨汁机 zhàzhījī
der frisch gepresste Grapefruitsaft	鲜榨葡萄柚汁 xiānzhà pútáoyòuzhī
das Tafelwasser	瓶装水 píngzhuāngshuǐ
das Leitungswasser	自来水 zìláishuǐ
das Mineralwasser mit Kohlensäure	碳酸矿泉水 tànsuān kuàngquánshuǐ
das stille Mineralwasser	无碳酸矿泉水 wútànsuān kuàngquánshuǐ
der Apfelsaft	苹果汁 píngguǒzhī
der Johannisbeersaft	黑加仑汁 hēijiālúnzhī

GETRÄNKE – 饮料 yǐnliào

Heißgetränke – 热饮 rèyǐn

der Espresso
意大利浓缩咖啡
yìdàlì nóngsuō-kāfēi

die Kaffeebohnen
咖啡豆
kāfēidòu

der Amaretto
杏仁饼
xìngrénbǐng

der Kaffee zum Mitnehmen
外卖咖啡
wàimài kāfēi

der Deckel
盖子
gàizi

der Becher
杯子
bēizi

der Milchschaum
奶泡
nǎipào

der/die Latte macchiato
玛奇朵咖啡
mǎqíduǒ kāfēi

der Teebeutel
茶包
chábāo

die Teeblätter
茶叶
cháyè

die Teekanne
茶壶
cháhú

der Schwarztee
红茶
hóngchá

der Kaffee
咖啡
kāfēi

der Cappuccino
卡布奇诺
kǎbùqínuò

der Milchkaffee
牛奶咖啡
niúnǎi kāfēi

der Minztee
薄荷茶
bòhechá

der Kamillentee
甘菊茶
gānjúchá

der Kräutertee
花草茶
huācǎochá

der Glühwein
热红葡萄酒
rè hóngpútáojiǔ

GETRÄNKE – 饮料 yǐnliào

Alkoholische Getränke – 酒精饮料 jiǔjīng yǐnliào

der Cocktail
鸡尾酒
jīwěijiǔ

die Sangria
桑格利亚汽酒
sānggélìyàqìjiǔ

mit Eis
加冰块的
jiābīngkuàide

der Whisky
威士忌
wēishìjì

der Gin Tonic
金汤力酒
jīntānglìjiǔ

der Rum
朗姆酒
lǎngmǔjiǔ

das Bier
啤酒
píjiǔ

das Pils
比尔森啤酒
bǐěrsēn píjiǔ

das dunkle Bier
黑啤酒
hēi píjiǔ

der Wodka
伏特加
fútèjiā

der Roséwein
桃红葡萄酒
táohóng pútaojiǔ

der Weißwein
白葡萄酒
bái pútaojiǔ

der Rotwein
红葡萄酒
hóng pútaojiǔ

der Sekt
汽酒
qìjiǔ

der Tequila
龙舌兰酒
lóngshélánjiǔ

der Weinbrand	白兰地 báilándì
der Schnaps	烈酒 lièjiǔ
der Sherry	雪利酒 xuělìjiǔ
der Likör	利口酒 lìkǒujiǔ
der Cidre	苹果酒 píngguǒjiǔ
die Weinschorle	兑入碳酸矿泉水的葡萄酒 duì rù tànsuān kuàngquánshuǐ de pútáojiǔ
das Hefeweizen	小麦酵母啤酒 xiǎomài jiàomǔ píjiǔ
der Champagner	香槟酒 xiāngbīnjiǔ

KOCHEN – 烹饪 pēngrèn

Zubereitung – 食品制备 shípǐn zhìbèi

schälen
剥皮
bāopí

schneiden
切
qiē

schlagen
搅打
jiǎodǎ

reiben
磨
mò

zerstoßen
捣碎
dǎosuì

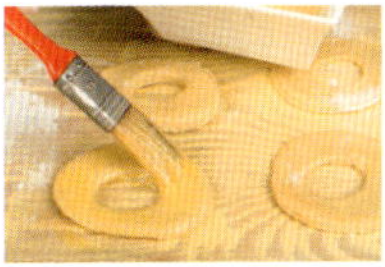

glasieren
给 … 上釉
gěi … shàngyòu

sieben
筛
shāi

stampfen
捣成泥
dǎochéngní

klopfen
使嫩化
shǐnènhuà

ausrollen
擀
gǎn

salzen
加盐
jiāyán

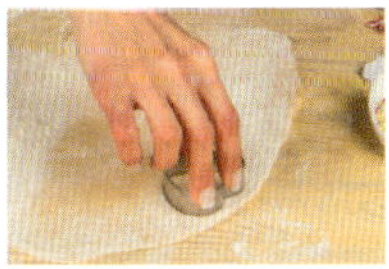

ausstechen
压制出
yāzhìchū

rösten	烘烤 hōngkǎo
kochen	煮 zhǔ
köcheln lassen	熬 áo
grillen	烤 kǎo
anbraten	爆炒 bàochǎo
braten	煎 jiān
frittieren	油炸 yóuzhà
pochieren	用水煮 yòng shuǐ zhǔ

streuen
撒
sǎ

GERICHTE UND MAHLZEITEN – 膳食与菜肴 shànshí yǔ càiyáo

Das Frühstück – 早餐 zǎocān

das Brot
面包
miànbāo

der Orangensaft
橙汁
chéngzhī

das Brötchen
小餐包
xiǎocānbāo

die Milch
牛奶
niúnǎi

der Käse
奶酪
nǎilào

die Marmelade
柑橘酱
gānjújiàng

der Cappuccino
卡布奇诺
kǎbùqínuò

das gekochte Ei
煮蛋
zhǔdàn

das Müsli
什锦麦片
shíjǐnmàipiàn

die Melone
甜瓜
tiánguā

der Schinken
火腿
huǒtuǐ

die Butter
黄油
huángyóu

die Frühstücksflocken
麦片
màipiàn

das Croissant
羊角面包
yángjiǎo miànbāo

die Cornflakes
玉米片
yùmǐpiàn

der Früchtejoghurt
水果酸奶
shuǐguǒ suānnǎi

das frische Obst
鲜果
xiānguǒ

der Müsliriegel
谷物棒
gǔwùbàng

die Weizenkeime
小麦胚芽
xiǎomài pēiyá

GERICHTE UND MAHLZEITEN – 膳食与菜肴 shànshí yǔ càiyáo

Das Frühstück – 早餐 zǎocān

das Toastbrot 吐司 tǔsī

die gegrillte Tomate 烤番茄 kǎo fānqié

die gebackenen Bohnen 茄汁黄豆 qiézhī huángdòu

die Rösti 薯饼 shǔbǐng

die Blutwurst 血肠 xuècháng

der Speck 培根 péigēn

die Pilze 蘑菇 mógu

die Wurst 香肠 xiāngcháng

das Spiegelei 煎蛋 jiāndàn

das Rührei 炒蛋 chǎodàn

das Omelett 煎蛋饼 jiāndànbǐng

armer Ritter 法式吐司 fǎshì tǔsī

die Waffel 华夫饼 huáfūbǐng

der Pfannkuchen 薄煎饼 báojiānbing

der Haferbrei 麦片粥 màipiànzhōu

der Fruchtshake 水果奶昔 shuǐguǒ nǎixī

die heiße Schokolade 热巧克力 rèqiǎokèlì

GERICHTE UND MAHLZEITEN – 膳食与菜肴 shànshí yǔ càiyáo

Snacks und Knabbereien – 小吃与零食 xiǎochī yǔ língshí

die Chips
薯片
shǔpiàn

die Salzbrezel
扭结饼
niǔjiébǐng

das Popcorn
爆米花
bàomǐhuā

der/das Bonbon
硬糖
yìngtáng

das Gummibärchen
小熊橡皮软糖
xiǎoxióng xiàngpí ruǎntáng

die Lakritze
甘草糖
gāncǎotáng

der/das Kaugummi
口香糖
kǒuxiāngtáng

der Lutscher
棒棒糖
bàngbangtáng

die weiße Schokolade
白巧克力
bái qiǎokèlì

der Schokoriegel
巧克力棒
qiǎokèlìbàng

die Zartbitter-schokolade
微苦黑巧克力
wēikǔ hēiqiǎokèlì

die Milchschokolade
牛奶巧克力
niúnǎi qiǎokèlì

der Eislutscher
冰棍
bīnggùn

der Frozen Yogurt
酸奶冰激淋
suānnǎi bīngjīlín

der Keks
饼干
bǐnggān

die Praline
夹心巧克力
jiāxīn qiǎokèlì

GERICHTE UND MAHLZEITEN – 膳食与菜肴 shànshí yǔ càiyáo

Das Fastfood – 快餐 kuàicān

das Stück Pizza
比萨饼切片
bǐsàbǐng qiēpiàn

die Pizza
比萨饼
bǐsàbǐng

der Hamburger
汉堡包
hànbǎobāo

die Pommes frites
炸薯条
zháshǔtiáo

die Tortilla-Chips
油炸玉米片
yóuzhá yùmǐpiàn

der Taco
墨西哥玉米卷饼
mòxīgē yùmǐ juǎnbǐng

die gebratenen Nudeln
炒面
chǎomiàn

das Sushi
寿司
shòusī

der/das Hot Dog
热狗
règǒu

der Döner
土耳其烤肉
tǔ'ěrqí kǎoròu

der Wrap
卷饼
juǎnbǐng

der Fisch mit Pommes
炸鱼和薯条
zháyú hé shǔtiáo

Ich würde gerne etwas zum Mitnehmen bestellen.	我想点外卖。 wǒ xiǎng diǎn wàimài.
Eine Portion Pommes rot-weiß, bitte.	请来一份带番茄酱和蛋黄酱的薯条。 qǐng lái yī fèn dài fānqiéjiàng hé dànhuángjiàng de shǔtiáo.
klein/mittelgroß/groß	小/中/大的 xiǎo/zhōng/dàde
süß	甜的 tiánde
salzig	咸的 xiánde
der Lieferservice	外卖服务 wàimài fúwù
bestellen	点餐 diǎncān
liefern	送餐 sòngcān

das Nugget
小圆块
xiǎo yuánkuài

GERICHTE UND MAHLZEITEN – 膳食与菜肴 shànshí yǔ càiyáo

Hauptmahlzeit – 主菜 zhǔcài

die Suppe
汤
tāng

die Frikadelle
炸肉饼
zháròubǐng

das Steak
牛排
niúpái

der Beilagensalat
配菜色拉
pèicài sèlā

die Kartoffelspalten
炸薯角
zháshǔjiǎo

die Lasagne
意大利千层面
yìdàlì qiāncéngmiàn

die Spaghetti Bolognese
茄汁肉酱意面
qiézhīròujiàng yìmiàn

das Brathähnchen
烤鸡
kǎojī

das panierte Schnitzel
炸肉排
zháròupái

die Bratkartoffeln
煎土豆
jiāntǔdòu

der Eintopf
炖菜
dùncài

der Auflauf
西式煲菜
xīshì bǎocài

die Pastete
馅饼
xiànbǐng

die Quiche
法式咸派
fǎshì xiánpài

das Curry
咖喱
gālí

GERICHTE UND MAHLZEITEN – 膳食与菜肴 shànshí yǔ càiyáo

Im Restaurant – 在餐馆 zài cānguǎn

① *der Gast*
客人
kèrén

② *der Kellner*
服务员
fúwùyuán

③ *der Tisch für zwei Personen*
两人桌
liǎngrénzhuō

④ *das Rotweinglas*
红酒杯
hóngjiǔbēi

⑤ *die Speisekarte*
菜单
càidān

⑥ *die Bestellung*
点餐
diǎncān

die Vorspeise
前菜
qiáncài

der Nachtisch
甜品
tiánpǐn

die Beilage
配菜
pèicài

das Hauptgericht
主菜
zhǔcài

die Suppe
汤
tāng

der Aperitif
开胃酒
kāiwèijiǔ

der/das Sorbet
冰沙
bīngshā

der Salat
色拉
sèlā

der Käseteller
奶酪拼盘
nǎilàopīnpán

der Kaffee
咖啡
kāfēi

der Likör
利口酒
lìkǒujiǔ

das Käsemesser
奶酪刀
nǎilàodāo

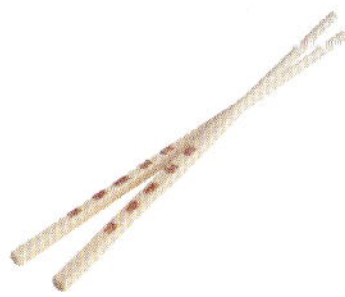

das Stäbchen
筷子
kuàizi

GERICHTE UND MAHLZEITEN – 膳食与菜肴 shànshí yǔ càiyáo

Geschirr und Besteck – 餐具 cānjù

die Serviette
餐巾
cānjīn

der Brotteller
配盘
pèipán

die Gabel
叉子
chāzi

die Tischdecke
桌布
zhuōbù

der Essteller
主餐盘
zhǔcānpán

das Wasserglas
水杯
shuǐbēi

das Weinglas
酒杯
jiǔbēi

der Dessertlöffel
甜品勺
tiánpǐnsháo

der Suppenlöffel
汤匙
tāngchí

das Messer
刀子
dāozi

die Schüssel
碗
wǎn

die Karaffe
卡拉夫瓶
kǎlāfūpíng

das Steakmesser
牛排刀
niúpáidāo

der Zahnstocher
牙签
yáqiān

Könnten Sie uns bitte die Weinkarte bringen?	可以帮我们拿一下酒水单吗？ kěyǐ bāng wǒmen náyīxià jiǔshuǐdān ma?
Guten Appetit!	多吃点儿！ duō chī diǎn'r!
Zum Wohl!	干杯！ gānbēi!
Als Vorspeise/Hauptgericht/Nachtisch nehme ich ...	我要 … 作为前菜/主菜/甜品。 wǒ yào ... zuòwéi qiáncài/zhǔcài/tiánpǐn
die Spezialitäten	特餐 tècān
Ich hätte gerne die Rechnung, bitte.	请帮我们结账。 qǐng bāng wǒmen jiézhàng.
die Bezahlung	支付 zhīfù
das Trinkgeld	小费 xiǎofèi

DIE ERNÄHRUNG – 食品与饮食 shípǐn yǔ yǐnliào

das Fett
脂肪
zhīfáng

der Zucker
糖
táng

das Kohlenhydrat
碳水化合物
tànshuǐ huàhéwù

das Eiweiß
蛋白质
dànbáizhì

ohne Eier
无蛋的
wúdànde

zuckerfrei
无糖的
wútángde

glutenfrei
无面筋的
wúmiànjīnde

laktosefrei
无乳糖的
wúrǔtángde

die Ballaststoffe
膳食纤维
shànshí xiānwéi

das Cholesterin
胆固醇
dǎngùchún

vegetarisch
素的
sùde

vegan
纯素的
chúnsùde

die Lebensmittelintoleranz	食物不耐症 shíwùbùnàizhèng
die Fruktose	果糖 guǒtáng
die Glukose	葡萄糖 pútáotáng
das Natrium	钠 nà
die Kalorien	卡路里 kǎlùlǐ
der Geschmacksverstärker	味精 wèijīng
die gesunde Ernährung	健康饮食 jiànkāng yǐnshí
fasten	禁食 jìnshí

die Diät
节食
jiéshí

UNTERWEGS

出行

chūxíng

STRAßEN UND VERKEHR – 道路与交通 dàolù yǔ jiāotōng

① *die Straßenlaterne*
路灯
lùdēng

② *die Einbahnstraße*
单行道
dānxíngdào

③ *die Fußgängerampel*
行人信号灯
xíngrén xìnhàodēng

④ *der Bürgersteig*
人行道
rénxíngdào

⑤ *der Bordstein*
路缘
lùyuán

⑥ *die Ampel*
交通信号灯
jiāotōng xìnhàodēng

⑦ *das geparkte Auto*
停放车辆
tíngfàng chēliàng

⑧ *die Fahrspur*
车道
chēdào

⑨ *die Straßenmarkierung*
道路标记
dàolù biāojì

⑩ *der Rinnstein*
排水沟
páishuǐgōu

der Tunnel
隧道
suìdào

der Parkscheinautomat
停车计时器
tíngchē jìshíqì

der Fahrradweg
自行车道
zìxíngchēdào

der Behindertenparkplatz
残疾人车位
cánjírén chēwèi

die Brücke
桥
qiáo

der Kreisverkehr
环形交叉
huánxíng jiāochā

der Zebrastreifen
斑马线
bānmǎxiàn

die Notrufsäule
紧急救援电话
jǐnjí jiùyuán diànhuà

STRAßEN UND VERKEHR – 道路与交通 dàolù yǔ jiāotōng

das Autobahnkreuz
立交
lìjiāo

die Autobahn
高速公路
gāosù gōnglù

der Berufsverkehr
上下班的交通
shàngxiàbān de jiāotōng

① *der Mittelstreifen*
中央分隔带
zhōngyāng fēngédài

② *die Überholspur*
超车道
chāochēdào

③ *die Überführung*
高架桥
gāojiàqiáo

④ *die Kurve*
弯道
wāndào

⑤ *die Unterführung*
高架桥下方道路
gāojiàqiáo xiàfāngdàolù

⑥ *die Einfahrt*
入口
rùkǒu

⑦ *die Ausfahrt*
出口
chūkǒu

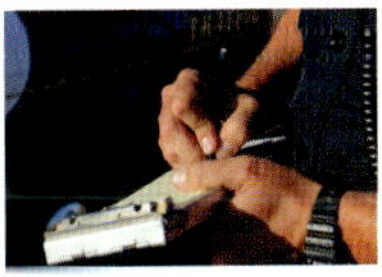

der Verkehrspolizist
交警
jiāojǐng

der Strafzettel
交通罚单
jiāotōng fádān

die Mautstelle
收费站
shōufèizhàn

abschleppen
拖走
tuōzǒu

die Kreuzung	路口 lùkǒu
die Vorfahrt	先行权 xiānxíngquán
die Geschwindigkeitsüberschreitung	超过最高时速 chāoguò zuìgāo shísù
anhalten	停 tíng
der Standstreifen	紧急车道 jǐnjí chēdào
die Raststätte	服务区 fúwùqū
die Entfernungstafel	距离指示板 jùlí zhǐshìbǎn
rückwärtsfahren	倒车 dàochē

der Stau
交通堵塞
jiāotōng dǔsè

STRAẞEN UND VERKEHR – 道路与交通 dàolù yǔ jiāotōng

Verkehrsschilder – 道路标志 dàolù biāozhì

Einfahrt verboten
禁止驶入
jìnzhǐ shǐrù

das Halteverbot
禁止停车
jìnzhǐ tíngchē

die Baustelle
道路施工
dàolù shīgōng

der Tunnel
隧道
suìdào

das Parkverbot
禁止停车
jìnzhǐ tíngchē

der Stau
交通堵塞
jiāotōng dǔsè

das Gefälle
陡坡
dǒupō

der Kreisverkehr
环形交叉
huánxíng jiāochā

die Geschwindigkeits-begrenzung
限速
xiànsù

Vorfahrt gewähren!
让行
ràngxíng

die Einbahnstraße
单行道
dānxíngdào

der Gegenverkehr
双向交通
shuāngxiàng jiāotōng

Einbiegen nach rechts verboten
禁止右转
jìnzhǐ yòuzhuǎn

Einbiegen nach links verboten
禁止左转
jìnzhǐ zuǒzhuǎn

Wenden verboten
禁止转向
jìnzhǐ zhuǎnxiàng

die Schnee- oder Eisglätte
路面积雪/结冰
lùmiàn jīxuě/jiébīng

DAS AUTO – 汽车 qìchē

Autotypen – 汽车类型 qìchē lèixíng

die Stretchlimousine
加长型轿车
jiāchángxíng jiàochē

das Cabrio
敞篷车
chǎngpéngchē

die Fließhecklimousine
掀背式车
xiānbēishìchē

der Sportwagen
跑车
pǎochē

der Kleinstwagen
微型车
wēixíngchē

der Kleinwagen
小型车
xiǎoxíngchē

der Oldtimer
老爷车
lǎoyéchē

die Limousine
轿车
jiàochē

der Kombiwagen
旅行车
lǚxíngchē

der Pick-up
轻型货车
qīngxíng huòchē

der Kleintransporter
商务用车
shāngwùyòngchē

die Klimaanlage	空调 kōngtiáo
die Sitzheizung	座位加热器 zuòwèi jiārèqì
die Automatikschaltung	自动挡 zìdòngdǎng
die Handschaltung	手动挡 shǒudòngdǎng
die Zündung	点火 diǎnhuǒ
zweitürig	双门的 shuāngménde
dreitürig	三门的 sānménde
viertürig	四门的 sìménde

der Geländewagen
越野车
yuèyěchē

DAS AUTO – 汽车 qìchē

Das Auto – Außenansicht – 汽车外观 qìchē wàiguān

das Reifenprofil
胎面
tāimiàn

der Ölmessstab	机油尺 jīyóuchǐ
der Luftfilter	空气滤清器 kōngqì lǜqīngqì
der Bremsflüssigkeitsbehälter	制动液箱 zhìdòngyèxiāng
die Antenne	天线 tiānxiàn
die Radaufhängung	车轮悬架 chēlún xuánjià
das Abblendlicht	近光灯 jìnguāngdēng
das Fernlicht	远光灯 yuǎnguāngdēng

DAS AUTO – 汽车 qìchē

Das Auto – Außenansicht – 汽车外观 qìchē wàiguān

① *der Seitenspiegel*
外后视镜
wài hòushìjìng

② *die B-Säule*
B柱
b-zhù

③ *der Kofferraum*
后备箱
hòubèixiāng

④ *die Heckscheibe*
后车窗
hòuchēchuāng

⑤ *die Motorhaube*
引擎盖
yǐnqínggài

⑥ *das Seitenfenster*
侧窗
cèchuāng

⑦ *die Autotür*
车门
chēmén

⑧ *die Radkappe*
轮毂盖
lúngǔgài

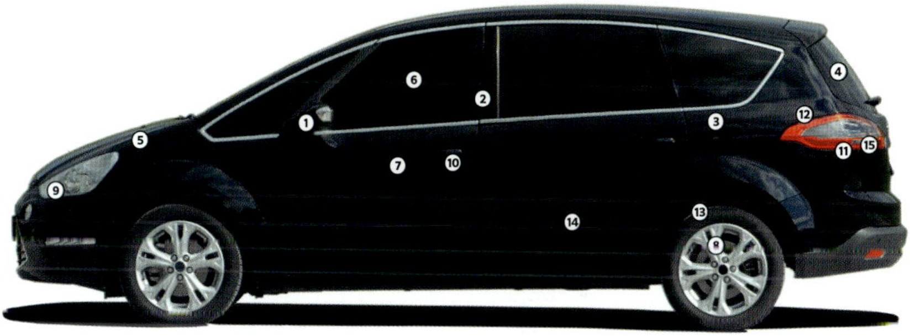

⑨ *der Scheinwerfer*
前灯
qiándēng

⑩ *der Türgriff*
车门把手
chēmén bǎshou

⑪ *die Bremsleuchte*
刹车灯
shāchēdēng

⑫ *die Rückleuchte*
尾灯
wěidēng

⑬ *der Reifen*
轮胎
lúntāi

⑭ *die Seitenschutzleiste*
防撞条
fángzhuàngtiáo

⑮ *der Rückfahrscheinwerfer*
倒车灯
dàochēdēng

der Motor	发动机 fādòngjī
der Benzintank	汽油箱 qìyóuxiāng
das Getriebe	传动装置 chuándòng zhuāngzhì
der Kühler	散热器 sànrèqì
der Ventilator	风扇 fēngshàn
die Batterie	电池 diànchí
der Auspufftopf	消声器 xiāoshēngqì
das Auspuffrohr	排气管 páiqìguǎn

die Felge
轮辋
lúnwǎng

DAS AUTO – 汽车 qìchē

Das Auto – Innenausstattung – 汽车内部装置 qìchē nèibù zhuāngzhì

① *der Seitenspiegel*
外后视镜
wài hòushìjìng

② *das Lenkrad*
方向盘
fāngxiàngpán

③ *das Armaturenbrett*
仪表盘
yíbiǎopán

④ *der Türöffner*
开门把手
kāimén bǎshou

⑤ *der Fahrersitz*
驾驶座
jiàshǐzuò

⑥ *die Mittelkonsole*
汽车中控台
qìchē zhōngkòngtái

⑦ *die Handbremse*
手刹
shǒushā

⑧ *der Heizungsregler*
温度调节钮
wēndù tiáojiéniǔ

⑨ *das Handschuhfach*
手套箱
shǒutàoxiāng

⑩ *der Schalthebel*
变速杆
biànsùgǎn

⑪ *der Beifahrersitz*
乘客座椅
chéngkè zuòyǐ

der Warnblinkschalter
危险警示灯开关
wēixiǎn jǐngshìdēng kāiguān

die Stereoanlage
立体声音响
lìtǐshēng yīnxiǎng

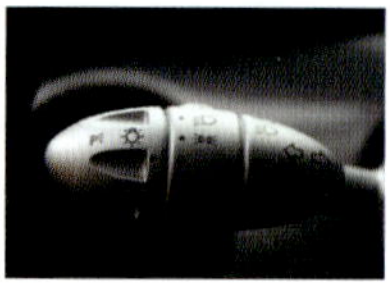

der Blinkerhebel
转向灯开关
zhuǎnxiàngdēng kāiguān

der Zigaretten-anzünder
点烟器
diǎnyānqì

das Navigationsgerät
卫星导航仪
wèixīng dǎohángyí

die Fußstütze	搁脚板 gējiǎobǎn
das Kupplungspedal	离合器踏板 líhéqì tàbǎn
das Bremspedal	刹车踏板 shāchē tàbǎn
das Gaspedal	油门踏板 yóumén tàbǎn
der Sicherheitsgurt	安全带 ānquándài
die Kopfstütze	座椅头枕 zuòyǐ tóuzhěn
der Airbag	安全气囊 ānquán qìnáng
die Hupe	喇叭 lǎba

DAS AUTO – 汽车 qìchē

Die Tankstelle – 在加油站 zài jiāyóuzhàn

die Preisanzeige
汽油价显示
qìyóujià xiǎnshì

die Literanzeige
汽油量显示
qìyóuliàng xiǎnshì

der Feuerlöscher
灭火器
mièhuǒqì

die Zapfsäule
加油机
jiāyóujī

das Reifenfüllgerät
轮胎充气机
lúntāi chongqìjı

das Rauchverbot
禁止吸烟
jìnzhǐ xīyān

das Benzin
汽油
qìyóu

der Diesel
柴油
cháiyóu

bleifrei
无铅的
wúqiānde

verbleit
含铅的
hánqiānde

der Zapfschlauch
汽油管
qìyóuguǎn

die Zapfpistole
加油枪
jiāyóuqiāng

der Tankdeckel
油箱盖
yóuxiānggài

der Wagenheber
千斤顶
qiānjīndǐng

(das) Öl wechseln	换油 huànyóu
der Reifendruck	胎压 tāiyā
der Keilriemen	风扇皮带 fēngshàn pídài
die Lichtmaschine	发电机 fādiànjī
der Sommerreifen	夏季轮胎 xiàjì lúntāi
der Winterreifen	冬季轮胎 dōngjì lúntāi
der Allwetterreifen	四季轮胎 sìjì lúntāi
die Schneekette	轮胎防滑链 lúntāi fánghuáliàn

tanken
加油
jiāyóu

DAS AUTO – 汽车 qìchē

Die Tankstelle – 在加油站 zài jiāyóuzhàn

① *die Tankanzeige*
油量表
yóuliàngbiǎo

② *die Tankleuchte*
低油量警示灯
dīyóuliàng jǐngshìdēng

③ *der/das Tachometer*
车速表 chēsùbiǎo

④ *die Geschwindigkeit*
车速 chēsù

⑤ *der Kilometerstand*
已行驶的公里数 yǐ xíngshǐde gōnglǐshù

⑥ *der Drehzahlmesser*
转速表
zhuànsùbiǎo

⑦ *die Kühlmitteltemperaturanzeige*
水温表
shuǐwēnbiǎo

den Reifen wechseln
换轮胎
huàn lúntāi

der Radmutternschlüssel
车轮螺母扳手
chēlún luómǔ bānshǒu

das Reserverad
备用车轮
bèiyòng chēlún

die Reifenpanne
轮胎穿孔
lúntāi chuānkǒng

der Verkehrsunfall	交通事故 jiāotōng shìgù
Ich habe eine Panne.	我的车抛锚了。 wǒde chē pāomáole.
Könnten Sie bitte den Pannendienst anrufen?	请帮我打电话给修车公司,好吗? qǐng bāng wǒ dǎdiànhuà gěi xiūchēgōngsī, hǎoma?
Der Motor springt nicht an.	车发动不了。 chē fādòngbùliǎo.
das Starthilfekabel	跨接电缆 kuàjiē diànlǎn
Könnten Sie mir Starthilfe geben?	请帮我跨接启动这辆车,好吗? qǐng bāng wǒ kuàjiē qǐdòng zhèliàngchē, hǎoma?
der Ersatzreifen	备用轮胎 bèiyòng lúntāi
Könnten Sie mir beim Reifenwechseln helfen?	请帮我换一下轮胎,好吗? qǐng bāng wǒ huànyīxià lúntāi, hǎoma?

DER BUS – 公共汽车 gōnggòng qìchē

der Doppeldecker
双层车
shuāngcéngchē

die Liniennummer
线路编号
xiànlù biānhào

das Fahrziel
终点
zhōngdiǎn

der Reisebus
长途客车
chángtú kèchē

die Automatiktür
自动门
zìdòngmén

der Gepäckraum
行李舱
xínglicāng

die Bushaltestelle
公交车站
gōngjiāo chēzhàn

der Fahrplan
时刻表
shíkèbiǎo

das Wartehäuschen
候车亭
hòuchētíng

der Schulbus
校车
xiàochē

der Halteknopf
停车按钮
tíngchē ànniǔ

der Niederflurbus	低车架客车 dīchējià kèchē
der Busbahnhof	公交车总站 gōngjiāochē zǒngzhàn
der Linienbus	公交班车 gōngjiāo bānchē
der Kleinbus	小型公交车 xiǎoxíng gōngjiāochē
die Monatskarte	月票 yuèpiào
der Fahrpreis	票价 piàojiào
die Fahrkarte	车票 chēpiào
der Fahrkartenautomat	自动售票机 zìdòng shòupiàojī

die Halteschlaufe
拉手
lāshou

DAS MOTORRAD – 摩托车 mótuōchē

die Rennmaschine
赛车
sàichē

das Cockpit
操纵面板
cāozòng miànbǎn

der Kupplungshebel
离合器手柄
líhéqì shǒubǐng

der Lenkergriff
车把手柄
chēbǎ shǒubǐng

der Fahrersitz
驾驶座
jiàshǐzuò

der Rückspiegel
后视镜
hòushìjìng

der Soziussitz
后座
hòuzuò

das Schutzblech
挡泥板
dǎngníbǎn

der Seitenständer
脚撑
jiǎochēng

die Fußraste
搁脚蹬
gējiǎodēng

die Rückleuchte
尾灯
wěidēng

das Getriebe
变速箱
biànsùxiāng

der Fußschalthebel
变速踏板
biànsù tàbǎn

die Radaufhängung
悬架
xuánjià

der Motorroller
踏板摩托车
tàbǎn mótuōchē

das Quad
四轮摩托车
sìlún mótuōchē

das Geländemotorrad
越野摩托车
yuèyě mótuōchē

der Chopper
美式机车
měishì jīchē

DAS MOTORRAD – 摩托车 mótuōchē

der Motorradhelm
摩托车头盔
mótuōchē tóukuī

die Lederjacke
皮夹克
píjiākè

die Motorradkombi
摩托车骑行服
mótuōchē qíxíngfú

der Lederhandschuh
皮手套
píshǒutào

das Visier
头盔挡风罩
tóukuī dǎngfēngzhào

der Lufteinlass
通风口
tōngfēngkǒu

der Reflektorstreifen
反光条
fǎnguāngtiáo

der/das Tachometer
车速表
chēsùbiǎo

der Lenker
车把
chēbǎ

der Tankdeckel
油箱盖
yóuxiānggài

der Benzintank
汽油箱
qìyóuxiāng

der Blinker
转向灯
zhuǎnxiàngdēng

der Bremshebel für die Vorderradbremse
前制动手柄
qiánzhì dòngshǒugǎn

der Gasdrehgriff
油门转把
yóumén zhuànbǎ

das Motorradgespann
边三轮摩托车
biānsānlún mótuōchē

der Tourer
旅行摩托车
lǚxíng mótuōchē

der Beiwagen
边斗
biāndǒu

DAS FAHRRAD – 自行车 zìxíngchē

die Felgenbremse
轮圈刹车
lúnquān shāchē

der Sattel
车座
chēzuò

die Sattelstütze
座杆
zuògān

der Lenker
车把
chēbǎ

der Fahrradkorb
车篮
chēlán

der Gepäckträger
后座货架
hòuzuò huòjià

die Gabel
前叉
qiánchā

das Hinterrad
后轮
hòulún

der Reifen
轮胎
lúntāi

die Felge
轮圈
lúnquān

das Vorderrad
前轮
qiánlún

die Speiche
辐条
fútiáo

der Reflektor
反光片
fǎnguāngpiàn

der Kettenschutz
链罩
liànzhào

die Kette
链条
liàntiáo

das Pedal
脚蹬
jiǎodēng

das Zahnrad
链盘
liànpán

das Schutzblech
挡泥板
dǎngníbǎn

der Schalthebel	变速杆 biànsùgǎn
der Bremshebel	制动杆 zhìdònggǎn
die Luftpumpe	气筒 qìtǒng
der Fahrradhelm	自行车头盔 zìxíngchē tóukuī
der Dynamo	自行车发电器 zìxíngchē fādiànqì
in die Pedale treten	踩脚蹬 cǎi jiǎodēng
bremsen	刹车 shāchē
in einen höheren/niedrigeren Gang schalten	换挡提/减速 huàndǎng tí/jiǎn sù
Radfahren lernen	学骑自行车 xué qí zìxíngchē
einen Fahrradschlauch flicken	补内胎 bǔ nèitāi

DAS FAHRRAD – 自行车 zìxíngchē

der Kindersitz
儿童座椅
értóng zuòyǐ

das Einrad
独轮车
dúlúnchē

das Tandem
双座自行车
shuāngzuò zìxíngchē

das BMX-Rad
小轮越野自行车
xiǎolún yuèyě zìxíngchē

das Rennrad
赛车
sàichē

das Tourenfahrrad
长途自行车
chángtú zìxíngchē

das Mountainbike
山地车
shāndìchē

das Elektrofahrrad
电动自行车
diàndòng zìxíngchē

das Liegerad
卧式自行车
wòshì zìxíngchē

das Dreirad
三轮车
sānlúnchē

das Fahrradschloss
自行车锁
zìxíngchēsuǒ

das Flickzeug
自行车修理工具套装
zìxíngchē xiūlǐgōngjù tàozhuāng

das Leihfahrrad
租用自行车
zūyòng zìxíngchē

der Kinderanhänger
自行车儿童拖车
zìxíngchē értóngtuōchē

die Satteltasche
挂包
guàbāo

der Fahrradständer
自行车停放架
zìxíngchē tíngfàngjià

DAS LASTKRAFTFAHRZEUG – 载重汽车 zàizhòng qìchē

der Sattelschlepper
牵引车
qiānyǐnchē

die Kühlerhaube
引擎盖
yǐnqínggài

der Kühlergrill
散热器护栅
sànrèqì hùzhà

der Scheinwerfer
前灯
qiándēng

der Stoßfänger
保险杠
bǎoxiǎn'gàng

die Windschutzscheibe
挡风玻璃
dǎngfēng bōli

die Trittstufe
踏板
tàbǎn

der Kraftstofftank
燃油箱
rányóuxiāng

das Auspuffrohr
排气管
páiqìguǎn

die Schlafkabine
卧铺
wòpù

das Lufthorn
汽笛
qìdí

der Stauraum
储驾驶用品货舱
chǔ jiàshǐ yòngpǐn cāng

der Autotransporter
车辆运输车
chēliàng yùnshūchē

die Schneefräse
除雪车
chúxuěchē

die Straßenkehrmaschine
道路清扫车
dàolù qīngsǎochē

der Müllwagen
垃圾车
lājīchē

der Tankwagen
油罐车
yóuguànchē

der Sattelzug
铰接列车
jiǎojiē lièchē

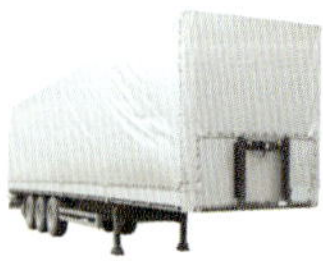

der Auflieger
半挂车
bànguàchē

der Flachbettauflieger
平板挂车
píngbǎn guàchē

WEITERE FAHRZEUGE – 更多车辆 gēngduō chēliàng

der Bagger
挖掘机
wājuéjī

der Radlader
铲车
chǎnchē

der Betonmischer
混凝土搅拌车
hùnníngtǔ jiǎobànchē

der Kipper
翻斗车
fāndǒuchē

der Wohnwagen
拖挂式房车
tuōguàshì fángchē

das Wohnmobil
旅行房车
lǚxíng fángchē

der Gabelstapler
叉车
chāchē

das Feuerwehr-fahrzeug
消防车
xiāofángchē

der Anhänger
拖车
tuōchē

der Traktor
拖拉机
tuōlājī

der Polizeiwagen
警车
jǐngchē

das Taxi
出租车
chūzūchē

der Abschleppwagen
救援车
jiùyuánchē

der Fahrzeugkran
起重车
qǐzhòngchē

der Taxistand
出租车候客站
chūzūchē hòukèzhàn

ein Taxi herbeiwinken
扬招出租车
yángzhāo chūzūchē

DER ZUG – 火车 huǒchē

der Zug
火车
huǒchē

der Führerstand
驾驶室
jiàshǐshì

das Kleinabteil
火车隔间
huǒchē géjiān

die Gepäckablage
行李架
xínglijià

die Schiene
铁轨
tiěguǐ

der Waggon
车厢
chēxiāng

die Armlehne
扶手
fúshǒu

der Sitz
座椅
zuòyǐ

die Kopflehne
座椅头枕
zuòyǐ tóuzhěn

der Güterzug
货运火车
huòyùn huǒchē

die Straßenbahn
有轨电车
yǒuguǐ diànchē

die U-Bahn
地铁
dìtiě

die Einschienenbahn
单轨铁路
dānguǐ tiělù

die Dampflok
蒸汽机车
zhēngqì jīchē

der Hochgeschwindigkeitszug	高速列车 gāosù lièchē
das Großraumabteil	开放式车厢 kāifàngshì chēxiāng
die Oberleitung	架空电缆 jiàkōngdiànlǎn
die erste Klasse	一等车厢 yīděng chēxiāng
die zweite Klasse	二等车厢 èrděng chēxiāng
der Klapptisch	折叠桌 zhédiézhuō
der Triebwagen	动车 dòngchē
die Sitzplatzreservierung	预订座位 yùdìng zuòwèi

DER ZUG – 火车 huǒchē

Am Bahnhof – 在火车站 zài huǒchēzhàn

der Bahnsteig
站台
zhàntái

einsteigen
上车
shàng chē

aussteigen
下车
xià chē

das Geländer
栏杆
lán'gān

die Gleisnummer
站台号
zhàntáihào

der Wegweiser
指示牌
zhǐshìpái

der Reisende
乘客
chéngkè

die Rolltreppe
自动扶梯
zìdòng fútī

die Bahnhofshalle
火车站大厅
huǒchēzhàn dàtīng

der Fahrkartenschalter
售票处
shòupiàochù

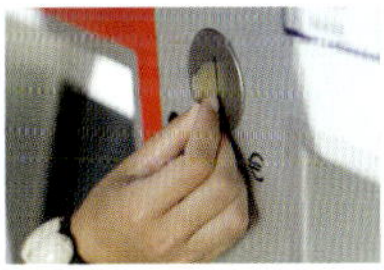

der Fahrkarten-automat
自动售票机
zìdòng shòupiàojī

die Schaffnerin
列车员
lièchēyuán

die Verspätung	迟到 chídào
pünktlich	准时 zhǔnshí
umsteigen	换乘 huànchéng
das Schienennetz	铁路网 tiělùwǎng
Eine einfache Fahrt nach ..., bitte.	一张去 … 的单程票。 yīzhāng qù … de dānchéngpiào.
hin und zurück	来回 láihuí
Ist dieser Platz noch frei?	这里有人坐吗？ zhèli yǒurén zuò ma?

der Kofferkuli
行李推车
xíngli tuīchē

DAS FLUGZEUG – 飞机 fēijī

das Verkehrsflugzeug
民航客机
mínháng kèjī

das Fenster
舷窗
xiánchuāng

der Rumpf
机身
jīshēn

der Bug
机头
jītóu

das Heck
机尾
jīwěi

die Tragfläche
机翼
jīyì

die Flugzeugtür
舱门
cāngmén

das Seitenleitwerk
垂直尾翼
chuízhí wěiyì

der Gepäckraum
货舱
huòcāng

das Fahrwerk
起落架
qǐluòjià

das Cockpit
驾驶舱
jiàshǐcāng

das Höhenleitwerk
水平尾翼
shuǐpíng wěiyì

das Querruder
副翼
fùyì

das Triebwerk
发动机
fādòngjī

das Bugfahrwerk
前起落架
qián qǐluòjià

der Windsack
风向袋
fēngxiàngdài

Ihr Flug ist jetzt zum Einsteigen bereit.	您的航班现在开始登机。 nín de hángbān xiànzài kāishǐ dēngjī.
die Fluggesellschaft	航空公司 hángkōng gōngsī
der Flugsicherungsdienst	航空安全管理 hángkōng ānquán guǎnlǐ
der Pilot	飞行员 fēixíngyuán
die Pilotin	飞行员 fēixíngyuán
die erste Klasse	头等舱 tóuděngcāng
die Businessklasse	公务舱 gōngwùcāng
die Economyklasse	经济舱 jīngjìcāng

DAS FLUGZEUG – 飞机 fēijī

Im Flugzeug – 在飞机内 zài fēijī nèi

die Sicherheitsanweisung 安全演示 ānquán yǎnshì

die Flugbegleiterin 空中服务员 kōngzhōng fúwùyuán

der Sitzplatz 座位 zuòwèi

das Gepäckfach 上方行李舱 shàngfāng xínglicāng

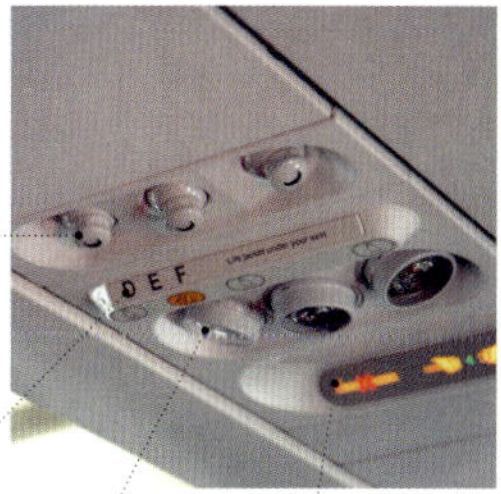

die Luftdüse 空气喷头 kōngqì pēntóu

die Sitznummer 座位号 zuòwèihào

der Nichtraucherflug 禁烟航班 jìnyān hángbān

die Leselampe 阅读灯 yuèdúdēng

das Handgepäck 手提行李 shǒutí xíngli

der Gang 过道 guòdào

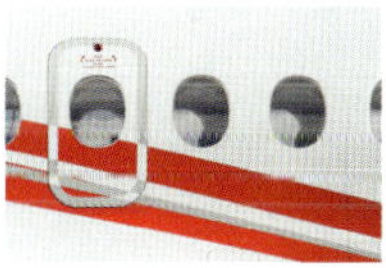

der Notausgang 紧急出口 jǐnjí chūkǒu

der Sitzabstand 座椅间距 zuòyǐ jiānjù

die Sitzreihe	座位排序 zuòwèi páixù
der Sicherheitsgurt	安全带 ānquándài
sich anschnallen	系好安全带 jìhǎo ānquándài
die Start- und Landebahn	飞机跑道 fēijī pǎodào
fliegen	飞行 fēixíng
starten	起飞 qǐfēi
landen	着陆 zhuólù
die Turbulenzen	气流 qìliú
die Notlandung	紧急着陆 jǐnjí zhuólù
die Sauerstoffmaske	氧气面罩 yǎngqì miànzhào

der Bildschirm für das Bordprogramm 机上娱乐系统 jīshang yúlèxìtǒng

DAS FLUGZEUG – 飞机 fēijī

Am Flughafen – 在机场 zài jīchǎng

der Check-in-Automat
自助值机
zìzhù zhíjī

der Check-in-Schalter
值机柜台
zhíjī guìtái

die Bordkarte
登机牌
dēngjīpái

der Reisepass
护照
hùzhào

die Ankunft
到达
dàodá

der Abflug
出发
chūfā

das Terminal
航站楼
hángzhànlóu

der Zoll
海关
hǎiguān

die Sicherheits-kontrolle
安检
ānjiǎn

die Ticketkontrolle
检票
jiǎnpiàn

der Duty-free-Laden
免税店
miǎnshuìdiàn

die Fluggasttreppe
登机梯
dēngjītī

der Flugsteig
登机口
dēngjīkǒu

die Fluggastbrücke
登机桥
dēngjīqiáo

der Kontrollturm
控制塔
kòngzhìtǎ

der Fluglotse
空中交通管制员
kōngzhōng jiāotōng guǎnzhìyuán

DAS FLUGZEUG – 飞机 fēijī

Am Flughafen – 在机场 zài jīchǎng

① *die Anzeigetafel*
信息显示屏
xìnxī xiǎnshìpíng

② *das Reiseziel*
目的地
mùdìdì

der Langstreckenflug
长途航班
chángtú hángbān

der Auslandsflug
国际航班
guójì hángbān

der Inlandsflug
国内航班
guónèi hángbān

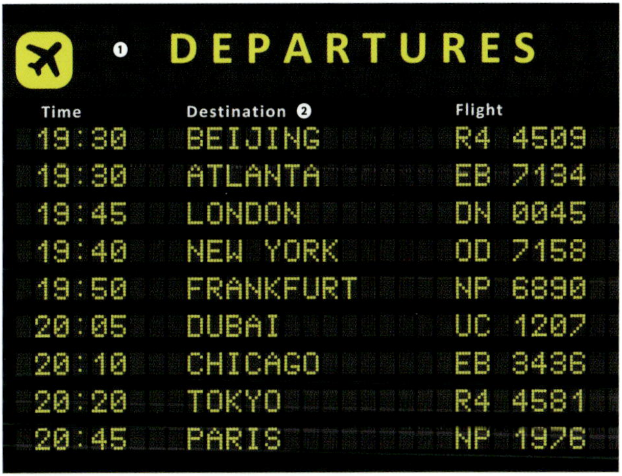

der Rollkoffer
拉杆箱
lāgānxiāng

das Übergepäck
超重行李
chāozhòng xíngli

das Gepäckband
行李转盘
xíngli zhuànpán

der Fahrsteig
自动走道
zìdòng zǒudào

die Zwischenlandung	经停 jīngtíng
einen Flug buchen	预订航班 yùdìng hángbān
der/das Online-Check-in	网上值机 wǎngshàng zhíjī
die Buchungsnummer	预订号码 yùdìng hàomǎ
das Visum	签证 qiānzhèng
die Gepäckkontrolle	行李检查 xíngli jiǎnchá
der Währungsumtausch	货币兑换 huòbì duìhuàn

der Rucksack
背包
bēibāo

DAS SCHIFF – 轮船 lúnchuán

das Kreuzfahrtschiff
游轮
yóulún

die Funkantenne
无线电天线
wúxiàn diàntiānxiàn

das Deck
甲板
jiǎbǎn

die Kabine
船舱
chuáncāng

der Schornstein
烟囱
yāncōng

die Radarantenne
雷达天线
léidá tiānxiàn

die Backbordseite
左舷
zuǒxián

der Rumpf
船体
chuántǐ

das Bullauge
舷窗
xiánchuāng

die Steuerbordseite
右舷
yòuxián

der Bug
船首
chuánshǒu

das Rettungsboot
救生艇
jiùshēngtǐng

der Bugwulst
球鼻艏
qiúbíshǒu

das Segelboot
帆船
fānchuán

die Motorjacht
摩托游艇
mótuō yóutǐng

das Motorboot
汽艇
qìtǐng

der Katamaran
双体船
shuāngtǐchuán

DAS SCHIFF – 轮船 lúnchuán

Der Hafen – 港口 gǎngkǒu

der Containerhafen
集装箱港
jízhuāngxiānggǎng

das Containerlager
集装箱堆场
jízhuāngxiāng duīchǎng

die Fracht
货物
huòwù

der Kai
码头
mǎtóu

der Kran
起重机
qǐzhòngjī

das Containerschiff
集装箱船
jízhuāngxiāngchuán

der Leuchtturm
灯塔
dēngtǎ

die Vertäuung
系泊
jìbó

der Poller
系缆桩
jìlǎnzhuāng

die Boje
浮标
fúbiāo

den Anker werfen/lichten	抛/起锚 pāo/qǐ máo
die Küstenwache	海岸警卫队 hǎi'àn jǐngwèiduì
anlegen	靠岸 kàoàn
auslaufen	离港 lígǎng
an Bord gehen	上船 shàngchuán
von Bord gehen	下船 xiàchuán
der Landungssteg	步桥 bùqiáo
das U-Boot	潜水艇 qiánshuǐtǐng

die Fähre
渡轮
dùlún

IN DER STADT

在城市

zài chéngshì

DIE INNENSTADT – 市中心 shìzhōngxīn

die Vorstadt 郊区 jiāoqū

die Brücke 桥 qiáo

der Fluss 河 hé

die Straße 街道 jiēdào

das Geschäftsviertel 商务区 shāngwùqū

der Fernsehturm 电视塔 diànshìtǎ

der Wohnblock 公寓楼 gōngyùlóu

der Dom 大教堂 dàjiàotáng

der Gehweg 人行道 rénxíngdào

die Altstadt 老城区 lǎochéngqū

der Turm 塔 tǎ

die Straßenbeleuchtung 路灯 lùdēng

die Seitenstraße 侧街 cèjiē

der Boulevard 大道 dàdào

die Treppe 台阶 táijiē

die Gasse 小巷 xiǎoxiàng

DIE INNENSTADT – 市中心 shìzhōngxīn

der Park
公园
gōngyuán

der Kanal
运河
yùnhé

das Ausgehviertel
娱乐区
yúlèqū

der Platz
广场
guǎngchǎng

das Einkaufsviertel
购物区
gòuwùqū

das Industriegebiet
工业区
gōngyèqū

das Wohngebiet
居民区
jūmínqū

das Rathaus
市政厅
shìzhèngtīng

die Universität
大学
dàxué

die Schule
学校
xuéxiào

die Post
邮局
yóujú

die Feuerwache
消防站
xiāofángzhàn

die Polizeiwache
警察局
jǐngchájú

das Krankenhaus
医院
yīyuàn

die Bibliothek
图书馆
túshūguǎn

das Gerichtsgebäude
法院
fǎyuàn

DIE INNENSTADT – 市中心 shìzhōngxīn

Gebäude in der Innenstadt – 市中心建筑物 shìzhōngxīn jiànzhùwù

der Wolkenkratzer
摩天大楼
mótiān dàlóu

die Burg
城堡
chéngbǎo

das Schloss
宫殿
gōngdiàn

die Kirche
教堂
jiàotáng

die Moschee
清真寺
qīngzhēnsì

die Synagoge
犹太教堂
yóutàijiàotáng

der Tempel
寺庙
sìmiào

die Ruine
遗迹
yíjì

das Bürogebäude
办公楼
bàngōnglóu

das Theater
剧院
jùyuàn

das Kino
电影院
diànyǐngyuàn

die Fabrik
工厂
gōngchǎng

die Botschaft
大使馆
dàshǐguǎn

das Opernhaus
歌剧院
gējùyuàn

das Museum
博物馆
bówùguǎn

die Kunsthalle
美术馆
měishùguǎn

DIE INNENSTADT – 市中心 shìzhōngxīn

Auf der Straße – 在街道 zài jiēdào

die Straßenlaterne
路灯
lùdēng

die Fußgängerampel
行人信号灯
xíngrén xìnhàodēng

die Ampel
交通信号灯
jiāotōng xìnhàodēng

das Denkmal
纪念雕像
jìniàn diāoxiàng

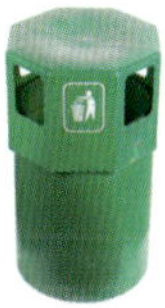

der Abfalleimer
垃圾桶
lājītǒng

der Kanaldeckel
窨井盖
yìnjǐnggài

der Hydrant
消防栓
xiāofángshuān

der Friedhof
墓地
mùdì

die Bushaltestelle
公交车站
gōngjiāo chēzhàn

der Kiosk
售货亭
shòuhuòtíng

die Tiefgarage
地下停车场
dìxià tíngchēchǎng

die Fußgängerzone
步行街区
bùxíng jiēqū

Entschuldigen Sie, wie komme ich nach …?	请问，去 … 怎么走？ qǐngwèn, qù … zěnme zǒu?
Könnten Sie mir bitte sagen, wo … ist?	请问，… 在哪里？ qǐngwèn, … zàinǎlǐ?
Könnten Sie mir das bitte auf der Karte zeigen?	请帮我在地图上指出来,好吗？ qǐng bāng wǒ zài dìtúshàng zhǐchūlái, hǎoma?
an der Ecke	在街角 zài jiējiǎo
rechts/links abbiegen	右/左转 yòu/zuǒ zhuǎn
auf der rechten/linken Seite	在右/左边 zài yòu/zuǒbian
(schräg) gegenüber	(斜) 对面 (xié)duìmiàn
in der Nähe (von)	(在…) 附近的 (zài …)fùjìnde

DIE INNENSTADT – 市中心 shìzhōngxīn

Das Hotel – 宾馆 bīnguǎn

die Rezeption
前台
qiántái

die Empfangsdame
前台接待员
qiántái jiēdàiyuán

die Schlüsselkarte
房卡
fángkǎ

die Klingel
铃
líng

die Lobby
大堂
dàtáng

die Bar
酒吧
jiǔbā

das Restaurant
酒店
jiǔdiàn

die Hotelanlage
度假区
dùjiàqū

das Doppelzimmer
双人大床房
shuāngrén dàchuángfáng

das Zweibettzimmer
双床房
shuāngchuángfáng

das Einzelzimmer
单人房
dānrénfáng

der Fitnessraum
健身房
jiànshēnfáng

der Pool
游泳池
yóuyǒngchí

Ich habe ein Zimmer unter dem Namen ... gebucht.	我给 … 订了一间房。 wǒ gěi … dìngle yījiān fáng.
Was kostet das Zimmer, bitte?	房费是多少钱? fángfèi shì duōshao qián?
Ich hätte gerne ein Doppelzimmer für eine Nacht.	我想要一个双人大床房,住一 夜。 wǒ xiǎng yào yīgè shuāngrén dàchuángfáng, zhù yī yè.
Haben Sie ein Zimmer frei?	还有房吗? hái yǒu fáng ma?

DIE INNENSTADT – 市中心 shìzhōngxīn

Das Hotel – 宾馆 bīnguǎn

der/die Concierge
礼宾部工作人员
lǐbīnbù gōngzuò rényuán

der Kofferwagen
行李车
xínglichē

der Türanhänger „Bitte nicht stören“
“请勿打扰”挂牌
“qǐngwùdǎrǎo”guàpái

die Gepäckablage
行李架
xínglijià

der Zimmerservice
客房送餐服务
kèfáng sòngcān fúwù

das Zimmermädchen
客房服务员
kèfáng fúwùyuán

die Suite
套房
tàofáng

die Toilettenartikel
盥洗用品
guànxǐ yòngpǐn

die Minibar
迷你酒吧
mínǐ jiǔbā

die Zimmernummer
房号
fánghào

das Frühstücksbuffet
自助早餐
zìzhù zǎocān

das Drei-/Vier-Sterne-Hotel	三/四星级酒店 sān/sìxīng jiǔdiàn
das Familienzimmer	家庭房 jiātíngfáng
ein-/auschecken	办理入住/退房手续 bànlǐ rùzhù/tuìfáng shǒuxù
die Halbpension	半膳 bànshàn
die Vollpension	全膳 quánshàn
das Zimmer mit Frühstück	住宿含早餐 zhùsù hán zǎocān
das Zustellbett	加床 jiāchuáng
der Weckanruf	叫早（服务） jiàozǎo (fúwù)

der Tresor
保险箱
bǎoxiǎnxiāng

DIE INNENSTADT – 市中心 shìzhōngxīn

Die Bank – 银行 yínháng

das Chipkartenterminal
POS机
POS-jī

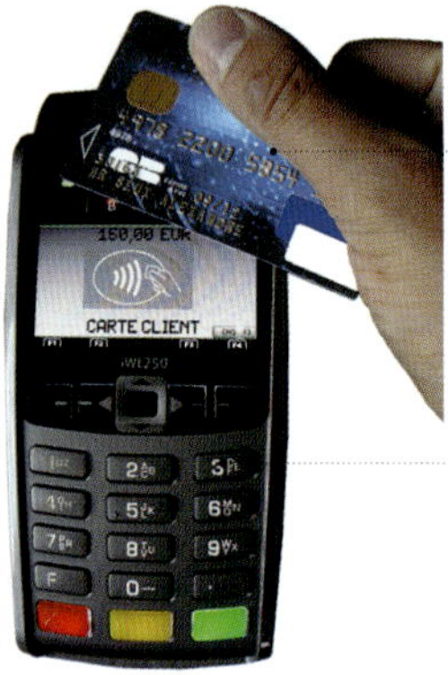

die EC-Karte
银行卡
yínhángkǎ

das Tastenfeld
读卡器键盘
dúkǎqì jiànpán

der Schalter
柜台
guìtái

die Kassiererin
银行柜员
yínháng guìyuán

das Onlinebanking
网银业务
wǎngyín yèwù

der Geldautomat
自动存取款机
zìdòng cúnqǔkuǎnjī

Geld abheben
取钱
qǔqián

Geld einzahlen
存钱
cúnqián

einen Scheck ausstellen
开支票
kāi zhīpiào

die Kontoüberziehung	透支 tòuzhī
das Girokonto	活期账户 huóqī zhànghù
das Sparkonto	储蓄账户 chǔxù zhànghù
die PIN-Nummer	密码 mìmǎ
der Zinssatz	利率 lìlǜ
das Darlehen	贷款 dàikuǎn
die Hypothek	抵押贷款 dǐyā dàikuǎn
die Kontonummer	账号 zhànghào

DIE INNENSTADT – 市中心 shìzhōngxīn

Die Bank – 银行 yínháng

der Geldschein
钞票
chāopiào

die Münze
硬币
yìngbì

die Währung
货币
huòbì

das Wertpapier
有价证券
yǒujià zhèngquàn

der Wechselkurs
汇率
huìlǜ

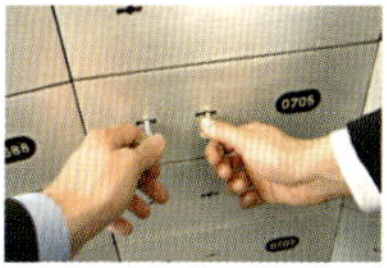

das Bankschließfach
银行保险箱
yínháng bǎoxiǎnxiāng

der Tresor
保险库
bǎoxiǎnkù

die Kreditkarte
信用卡
xìnyòngkǎ

die Börse
证券交易所
zhèngquàn jiāoyìsuǒ

der Börsenkurs
交易所行情
jiāoyìsuǒ hángqíng

der Finanzberater
财务顾问
cáiwù gùwèn

die Rechnung
账单
zhàngdān

Könnten Sie mir das bitte wechseln?	请问，我能换钱吗？ qǐngwèn, wǒ néng huàn qián ma?
Wie ist der aktuelle Wechselkurs?	当前汇率是多少？ dāngqián huìlǜ shì duōshao?
Ich möchte gerne ein Konto eröffnen.	我想开户。 wǒ xiǎng kāi hù.
der Betrag	金额 jīn'é
der Reisescheck	旅行支票 lǚxíng zhīpiào
das Eigenkapital	自有资本 zì yǒu zīběn
die Provision	佣金 yòngjīn
die Wechselstube	外币兑换处 wàibì duìhuànchù

der Überweisungs-schein
汇款单
huìkuǎndān

EINKAUFEN – 购物 gòuwù

Läden und Geschäfte – 商店与店铺 shāngdiàn yǔ diànpù

der Markt
市场
shìchǎng

der Marktstand
市场摊位
shìchǎng tānwèi

das Schaufenster
橱窗
chúchuāng

die Tierhandlung
宠物店
chǒngwùdiàn

der Gemüseladen
蔬果店
shūguǒdiàn

die Metzgerei
肉店
ròudiàn

die Bäckerei
面包店
miànbāodiàn

die Konditorei
糕点店
gāodiǎndiàn

der Supermarkt
超级市场
chāojí shìchǎng

das Fischgeschäft
水产店
shuǐchǎndiàn

die Weinhandlung
酒商
jiǔshāng

der Blumenladen
花店
huādiàn

das Lebensmittelgeschäft
食品店
shípǐndiàn

der Bioladen
有机产品店
yǒujīchǎnpǐndiàn

das Schreibwarengeschäft
文具店
wénjùdiàn

der Tante-Emma-Laden
小杂货店
xiǎo záhuòdiàn

EINKAUFEN – 购物 gòuwù

Läden und Geschäfte – 商店与店铺 shāngdiàn yǔ diànpù

der Buchladen
书店
shūdiàn

die Drogerie
药妆店
yàozhuāngdiàn

die Boutique
时装店
shízhuāngdiàn

der Antiquitätenladen
古董店
gǔdǒngdiàn

der Spielzeugladen
玩具店
wánjùdiàn

das Juweliergeschäft
珠宝店
zhūbǎodiàn

das Möbelgeschäft
家具店
jiājùdiàn

der Elektrofachmarkt
电器店
diànqìdiàn

das Schuhgeschäft
鞋店
xiédiàn

der Friseursalon
理发店
lǐfàdiàn

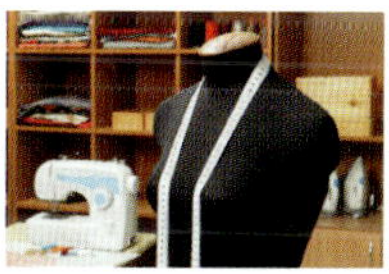

die Schneiderei
裁缝店
cáifengdiàn

die Parfümerie
香水店
xiāngshuǐdiàn

der Baumarkt
DIY建材商场
DIY jiàncái shāngchǎng

der Geschenkeladen
礼品店
lǐpǐndiàn

die Apotheke
药店
yàodiàn

der Optiker
眼镜店
yǎnjìngdiàn

EINKAUFEN – 购物 gòuwù

Das Einkaufszentrum – 购物中心 gòuwù zhōngxīn

der Lichthof
中庭
zhōngtíng

die zweite Etage
三楼
sānlóu

die erste Etage
二楼
èrlóu

das Geschäft
商店
shāngdiàn

die Rolltreppe
自动扶梯
zìdòng fútī

das Erdgeschoss
一楼
yīlóu

die Verkäuferin
售货员
shòuhuòyuán

der Food Court
美食广场
měishí guǎngchǎng

die Umkleidekabine
试衣间
shìyījiān

der Parkplatz
停车场
tíngchēchǎng

der Wickelraum
母婴室
mǔyīngshì

der Kundendienst	客户服务 kèhù fúwù
der Lageplan	平面图 píngmiàntú
der Sicherheitsdienst	安全服务公司 ānquán fúwù gōngsī
Könnten Sie mir bitte ... zeigen?	我可以看一下 … 吗? wǒ kěyǐ kànyīxià … ma?
Wie viel kostet es?	这个多少钱? zhège duōshao qián?
Kann ich das bitte umtauschen?	我可以换一下这个吗? wǒ kěyǐ huànyīxià zhège ma?
Könnten Sie das bitte als Geschenk einpacken?	请帮我把它包装成礼品，好吗? qǐng bāng wǒ bǎ tā bāozhuāng chéng lǐpǐn, hǎoma?
der Ausverkauf	清仓出售 qīngcāng chūshòu

EINKAUFEN – 购物 gòuwù

Das Kaufhaus – 百货商店 bǎihuòshāngdiàn

die Schaufensterpuppe
橱窗模特儿
chúchuāng mótè'r

die Einkaufstüte
购物袋
gòuwùdài

die Taschenabteilung
箱包区
xiāngbāoqū

der Imbissbereich
餐饮区
cānyǐnqū

die Sportabteilung
体育用品区
tǐyùyòngpǐnqū

die Kurzwaren
缝纫用品区
féngrènyòngpǐnqū

die Unterwäsche
内衣区
nèiyīqū

die Kosmetikabteilung
化妆品区
huàzhuāngpǐnqū

die Herrenabteilung
男装区
nánzhuāngqū

die Damenabteilung
女装区
nǚzhuāngqū

die Kinderabteilung
童装区
tóngzhuāngqū

die Schuhabteilung
鞋靴区
xiéxuēqū

die Lebensmittel-abteilung
食品区
shípǐnqū

die Multimedia-Abteilung
多媒体产品区
duōméitǐ chǎnpǐnqū

die Heimtextilien-abteilung
家纺区
jiāfǎngqū

die Schreibwaren-abteilung
文具区
wénjùqū

EINKAUFEN – 购物 gòuwù

Der Supermarkt – 超市 chāoshì

der Kassierer 收银员 shōuyínyuán

die Kundin 顾客 gùkè

die Ware 货品 huòpǐn

das Warentransportband 传送带 chuánsòngdài

das Warenregal 货架 huòjià

der Einkaufswagen 购物车 gòuwùchē

die Kasse 收银机 shōuyínjī

der Scanner 扫描仪 sǎomiáoyí

die Käsetheke 奶酪专柜 nǎilào zhuāngguì

die Fleischtheke 肉类专柜 ròulèi zhuāngguì

die Einkaufsliste 购物清单 gòuwù qīngdān

der Gang 过道 guòdào

der Einkaufskorb 购物篮 gòuwùlán

der Strichcode 条形码 tiáoxíngmǎ

das Sonderangebot 特价 tèjià

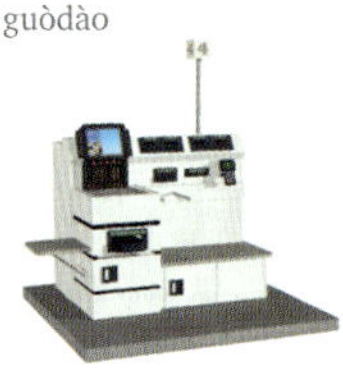

die Selbstbedienungskasse 自助收银台 zìzhù shōuyíntái

EINKAUFEN - 购物 gòuwù

Der Supermarkt - 超市 chāoshì

das Kühlregal
冷却柜
lěngquèguì

die Milchprodukte
乳制品
rǔzhìpǐn

die Tiefkühlkost
冷冻食品
lěngdòng shípǐn

das Obst und Gemüse
蔬果类
shūguǒlèi

das Fleisch und Geflügel
肉禽类
ròuqínlèi

die Konserven
罐头食品
guàntou shípǐn

die Feinkost
美食
měishí

der Kassenzettel
收银条
shōuyíntiáo

die Babyartikel
婴儿用品
yīng'ér yòngpǐn

die Frühstücksflocken
早餐麦片
zǎocān màipiàn

die Backwaren
烘焙食品
hōngbèi shípǐn

die Fischtheke
水产专柜
shuǐchǎn zhuānguì

die Getränke	饮料 yǐnliào
die Süßigkeiten	糖果类 tángguǒlèi
das Tierfutter	宠物食品 chǒngwù shípǐn
die Bioprodukte	有机产品 yǒujī chǎnpǐn
bezahlen	付款 fùkuǎn
das Kleingeld	零钱 língqián
der Preis	价格 jiàgé
das Preisschild	价格标签 jiàgé biāoqiān

die Reinigungsmittel
清洁剂
qīngjiéjì

EINKAUFEN – 购物 gòuwù

Der Kiosk – 小卖部 xiǎomàibù

die Zeitung
报纸
bàozhǐ

die Zeitschrift
杂志/期刊
zázhì/qīkān

das Notizbuch
笔记本
bǐjìběn

der/das Comic
漫画
mànhuà

das Zeitschriftenregal
期刊架
qīkānjià

die Grußkarte
贺卡
hèkǎ

der Lottoschein
彩票
cǎipiào

das Buch
书
shū

der/das Kaugummi
口香糖
kǒuxiāngtáng

der/das Pfefferminz-bonbon
薄荷糖
bòhetáng

der Schokoriegel
巧克力棒
qiǎokèlìbàng

der Tabak
烟草
yāncǎo

die Zigarette
香烟
xiāngyān

die Pfeife
烟斗
yāndǒu

das Feuerzeug
打火机
dǎhuǒjī

die Zigarre
雪茄
xuějiā

CAFÉS UND BARS – 咖啡馆与酒吧 kāfēiguǎn yǔ jiǔbā

das Straßencafé
街边咖啡馆
jiēbiān kāfēiguǎn

die Sonnenterrasse
露天座位
lùtiān zuòwèi

die Theke
吧台
bātái

die Kaffeemaschine
咖啡机
kāfēijī

das Tablett
托盘
tuōpán

der Zapfhahn
龙头
lóngtóu

der Barkeeper
吧台服务员
bātái fúwùyuán

der Barista
咖啡师
kāfēishī

der Barhocker
高脚凳
gāojiǎodèng

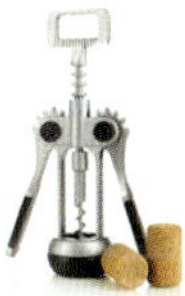

der Korkenzieher
瓶塞钻
píngsāizuàn

der Cocktailshaker
调酒器
tiáojiǔqì

der Weinkühler
冰酒桶
bīngjiǔtǒng

etwas auf Rechnung setzen	把 … 放在账单上 bǎ … fàngzài zhàngdān shàng
die Rechnung übernehmen	付账 fùzhàng
sich auf einen Kaffee treffen	见面喝咖啡 jiànmiàn hē kāfēi
Wo sind bitte die Toiletten?	请问，洗手间在哪里？ qǐngwèn, xǐshǒujiān zài nǎli?
Ich hätte gern …	我要… wǒyào…
Bitte ein Glas …	请来一杯… qǐng lái yībēi…
Bitte eine Tasse …	请来一杯… qǐng lái yībēi…
Das Gleiche noch einmal.	这个再来一份。 zhège zài lái yīfèn.

der Aschenbecher
烟灰缸
yānhuīgāng

SEHENSWÜRDIGKEITEN – 景观 jǐngguān

der Stadtplan
城市地图
chéngshì dìtú

die Touristeninformation
游客问询处
yóukè wènxúnchù

der Reiseführer
旅行指南
lǚxíng zhǐnán

das Souvenir
纪念品
jìniànpǐn

die Stadtbesichtigung
城市游览
chéngshì yóulǎn

die Stadtrundfahrt
城市观光
chéngshì guānguāng

die Flussfahrt
乘船游览
chéngchuán yóulǎn

das Aquarium
水族馆
shuǐzúguǎn

die Aussichtsplattform
观景台
guānjǐngtái

die Ausstellung
展览
zhǎnlǎn

der Straßenmusiker
街头音乐表演者
jiētóu yīnyuè biǎoyǎnzhě

der Straßenkünstler
街头艺人
jiētóu yìrén

die Warteschlange
长队
chángduì

der Fremdenführer	导游 dǎoyóu
die Fremdenführerin	旅行向导 lǚxíng xiàngdǎo
der Ausflug	郊游 jiāoyóu
die Öffnungszeiten	开放时间 kāifàngshíjiān
geöffnet	开放的 kāifàngde
geschlossen	关闭的 guānbìde
das Eintrittsgeld	门票费 ménpiàofèi
die Ermäßigung	优惠 yōuhuì

DIE ARCHITEKTUR – 建筑 jiànzhù

klassizistisch
古典主义式
gǔdiǎnzhǔyìshì

gotisch
哥特式
gētèshì

barock
巴洛克式
bāluòkèshì

romanisch
罗马式
luómǎshì

die Renaissance
文艺复兴风格
wényìfùxīng fēnggé

der/das Art déco
装饰艺术
zhuāngshì yìshù

der Jugendstil
新艺术风格
xīnyìshù fēnggé

das Rokoko
洛可可式
luòkěkěshì

das Bauhaus
包豪斯风格
bāoháosī fēnggé

die Säule
柱子
zhùzi

der Bogen
拱
gǒng

die Kuppel
圆顶
yuándǐng

die Fassade	房屋正面 fángwū zhèngmiàn
der Flügel	房屋边房 fángwū biānfáng
das Gewölbe	拱顶地窖 gǒngdǐng dìjiào
das Grabmal	墓碑 mùbēi
der Innenhof	内院 nèiyuàn
die Stadtmauer	城墙 chéngqiáng
die Katakomben	墓穴 mùxué
die Gedenkstätte	纪念场所 jìniàn chǎngsuǒ

das Wahrzeichen
地标
dìbiāo

PARK UND SPIELPLATZ – 公园与游乐场 gōngyuán yǔ yóulèchǎng

der Kurpark
疗养公园
liáoyǎng gōngyuán

① *der* Pavillon
亭子
tíngzi

② *der* Fußweg
步道
bùdào

③ *die* Liegewiese
日光浴草坪
rìguāngyù cǎopíng

die Gartenanlage
公园
gōngyuán

④ *der* Brunnen
水井
shuǐjǐng

⑤ *die* Parkbank
公园长椅
gōngyuán chángyǐ

der botanische Garten
植物园
zhíwùyuán

der Schlosspark
皇家花园
huángjiā huāyuán

der Landschaftspark
自然风景公园
zìránfēngjǐng gōngyuán

der See
湖
hú

der Nationalpark
国家公园
guójiā gōngyuán

der Bergpark
山地公园
shāndì gōngyuán

der Zoo
动物园
dòngwùyuán

der Wildpark
野生动物园
yěshēng dòngwùyuán

PARK UND SPIELPLATZ – 公园与游乐场 gōngyuán yǔ yóulèchǎng

der Spielplatz
游戏场
yóuxìchǎng

① *das Klettergerüst*
攀爬架
pānpájià

② *die Rutsche*
滑梯
huátī

der Sandkasten
沙坑
shākēng

das Hangelgerüst
吊架
diàojià

③ *die Schaukel*
秋千
qiūqiān

④ *die Wippe*
跷跷板
qiāoqiāobǎn

der Irrgarten
迷宫
mígōng

der Vergnügungspark
游乐园
yóulèyuán

der Grillplatz
烧烤区
shāokǎoqū

das Picknick
野餐
yěcān

spazieren gehen
散步
sànbù

das Slacklining
走绳
zǒushéng

joggen
慢跑
mànpǎo

das Planschbecken
儿童浅水池
értóng qiǎnshuǐchí

BILDUNG UND BERUF

教育与工作

jiàoyù yǔ gōngzuò

DIE SCHULE – 中小学 zhōngxiǎoxué

der Kindergarten
幼儿园
yòu'éryuán

die Vorschule
学前班
xuéqiánbān

die Grundschule
小学
xiǎoxué

die weiterführende Schule
中学
zhōngxué

das Gymnasium
文理中学
wénlǐ zhōngxué

die Klasse
班级
bānjí

die Prüfung
考试
kǎoshì

die Aula
礼堂
lǐtáng

der Computerraum
计算机房
jìsuànjīfáng

die Schulleiterin
校长
xiàozhǎng

die Lehrerin
教师
jiàoshī

der Sportplatz
操场
cāochǎng

die Schuluniform
校服
xiàofú

der Aufsatz — 作文 zuòwén
die Klassenarbeit — 课堂测验 kètáng cèyàn
die Note — 成绩 chéngjì
seinen/ihren Abschluss machen — 毕业 bìyè
der mittlere Schulabschluss — 中学毕业 zhōngxué bìyè
die Privatschule — 私立学校 sīlì xuéxiào
das Abitur — 文理中学毕业 wénlǐ zhōngxué bìyè
das Internat — 寄宿学校 jìsù xuéxiào

DIE SCHULE – 中小学 zhōngxiǎoxué

Das Klassenzimmer – 教室 jiàoshì

die Schultasche	书包 shūbāo
das Wörterbuch	词典 cídiǎn
die Nachhilfe	辅导 fǔdǎo
die Kreide	粉笔 fěnbǐ
das Schulbuch	课本 kèběn
der Füller	钢笔 gāngbǐ
die Tintenpatrone	笔胆 bǐdǎn
der Marker	记号笔 jìhàobǐ

der Taschenrechner
计算器
jìsuànqì

DIE SCHULE – 中小学 zhōngxiǎoxué

Die Schulfächer – 学校课程 xuéxiào kèchéng

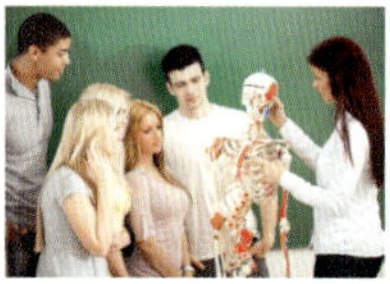

die Biologie
生物学课
shēngwùxuékè

die Mathematik
数学课
shùxuékè

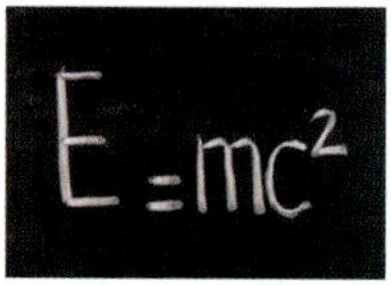

die Physik
物理学课
wùlǐxuékè

die Chemie
化学课
huàxuékè

der Religionsunterricht
宗教课
zōngjiàokè

der Ethikunterricht
伦理学课
lúnlǐxuékè

die Kunst
美术课
měishùkè

die Erdkunde
地理学课
dìlǐxuékè

die Fremdsprachen
外语课
wàiyǔkè

die Geschichte
历史学课
lìshǐxuékè

der Sport
体育课
tǐyùkè

die Musik
音乐课
yīnyuèkè

das Drama
表演艺术课
biǎoyǎn yìshùkè

die Informatik
信息科学课
xìnxī kēxuékè

der Werkunterricht
手工课
shǒugōngkè

die Gemeinschaftskunde
社会科学课
shèhuì kēxuékè

DIE SCHULE – 中小学 zhōngxiǎoxué

Die Schulfächer – 学校课程 xuéxiào kèchéng

das Technische Zeichnen
技术制图课
jìshù zhìtúkè

die Hauswirtschaft
家政学课
jiāzhèngxuékè

schreiben
写
xiě

rechnen
计算
jìsuàn

buchstabieren
拼写
pīnxiě

lesen
阅读
yuèdú

sich melden
举手
jǔshǒu

die Klassenfahrt
班级旅行
bānjí lǚxíng

der Stundenplan
课程表
kèchéngbiǎo

der Abschlussball
毕业舞会
bìyè wǔhuì

die Hausaufgabe
家庭作业
jiātíng zuòyè

das Sportfest
运动会
yùndònghuì

zeichnen	绘画 huìhuà
zählen	算数 suànshù
die Übung	练习 liànxí
der Elternabend	家长会 jiāzhǎnghuì
das Zeugnis	成绩单 chéngjìdān
der Schüleraustausch	交换学生 jiāohuàn xuéshēng
der Lehrplan	教程 jiàochéng
das Schulfach	科目 kēmù

die Ferien
假期
jiàqī

DIE SCHULE – 中小学 zhōngxiǎoxué

Im Labor – 在实验室 zài shíyànshì

der Versuch
实验
shíyàn

die Schutzbrille
护目镜
hùmùjìng

der Kittel
白大褂
báidàguà

das Reagenzglas
试管
shìguǎn

der Chemikalienhandschuh
防护手套
fánghù shǒutào

die Laborausrüstung
实验仪器
shíyànyíqì

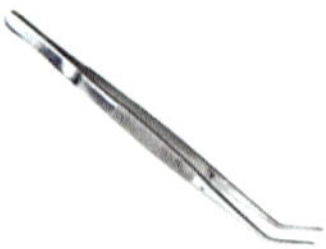

die Pinzette
镊子
nièzi

das Skalpell
解剖刀
jiěpōudāo

die Lupe
放大镜
fàngdàjìng

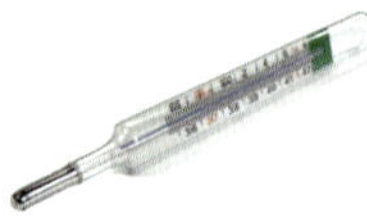

das Thermometer
温度计
wēndùjì

die Laborwaage
实验室天平
shíyànshì tiānpíng

die Stoppuhr
计时器
jìshíqì

der Magnet
磁铁
cítiě

die Batterie
电池
diànchí

DIE SCHULE – 中小学 zhōngxiǎoxué

Im Labor – 在实验室 zài shíyànshì

das Mikroskop
显微镜
xiǎnwēijìng

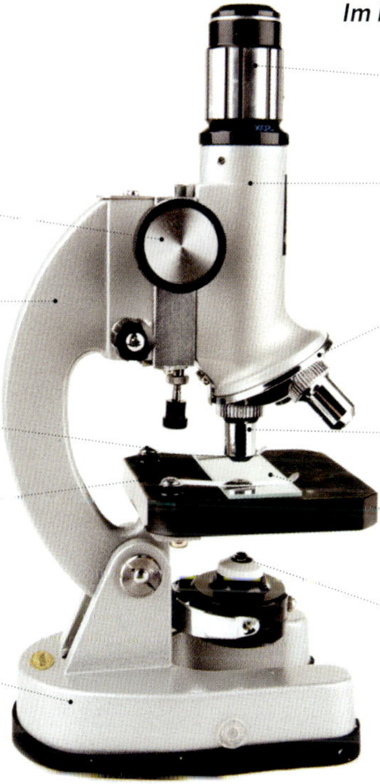

das Einstellrad
调焦旋钮
tiáojiāo xuánniǔ

das Stativ
镜臂
jìngbì

die Objektklemme
载物台样品夹
zàiwùtái yàngpǐnjiā

der Objekttisch
载物台
zàiwùtái

der Fuß
底座
dǐzuò

das Okular
目镜
mùjìng

der Tubus
镜筒
jìngtǒng

der Objektivrevolver
物镜转换器
wùjìng zhuǎnhuànqì

das Objektiv
透镜
tòujìng

der Objektträger
载玻片
zàibōpiàn

die Lampe
灯
dēng

die Pipette
滴管
dīguǎn

die Petrischale
培养皿
péiyǎngmǐn

das Drahtnetz
铁丝网
tiěsīwǎng

der Dreifuß
三脚架
sānjiǎojià

der Bunsenbrenner
本生灯
běnshēngdēng

DIE SCHULE – 中小学 zhōngxiǎoxué

In der Pause – 在休息时间 zài xiūxi shíjiān

die Mittagspause
午休
wǔxiū

das Tablett
餐盘
cānpán

die Butterbrotdose
午餐盒
wǔcānhé

das Pausenbrot
三明治
sānmíngzhì

die Schulglocke
校铃
xiàolíng

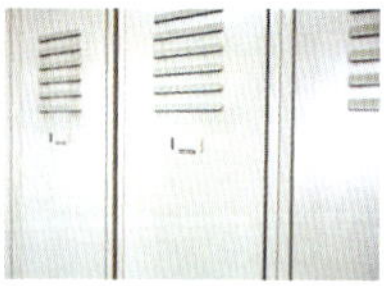

der Spind
储物柜
chǔwùguì

die Pause
课间休息
kèjiān xiūxi

der Schulhof
校园
xiàoyuán

Himmel und Hölle spielen
跳房子
tiào fángzi

der Speisesaal
食堂
shítáng

das Lunchpaket
自带午餐
zìdài wǔcān

die Essensausgabe
取餐处
qǔcānchù

DIE SCHULE – 中小学 zhōngxiǎoxué

Die Sporthalle – 体育馆 tǐyùguǎn

der Volleyball
排球
páiqiú

der Basketball
篮球
lánqiú

der Handball
手球
shǒuqiú

der Fußball
足球
zúqiú

der Baseball
棒球
bàngqiú

der Federball
羽毛球
yǔmáoqiú

der Tennisball
网球
wǎngqiú

der Football
美式足球
měishì zúqiú

der Puck
冰球
bīngqiú

der Basketballkorb
篮球筐
lánqiúkuāng

die Sprossenwand
肋木
lèimù

das Korbbrett
篮板
lánbǎn

die Strickleiter
绳梯
shéngtī

das Trampolin
蹦床
bèngchuáng

die Ringe
吊环
diàohuán

das Springseil
跳绳
tiàoshéng

DIE UNIVERSITÄT –
大学 dàxué

der Campus
校园
xiàoyuán

der Hörsaal
阶梯教室
jiētī jiàoshì

die Politikwissenschaft
政治学
zhèngzhìxué

die Kunstgeschichte
美术史
měishùshǐ

die Rechtswissenschaft
法学
fǎxué

die Betriebswirtschaftslehre
企业管理学
qǐyè guǎnlǐxué

die Geisteswissenschaften
人文科学
rénwénkēxué

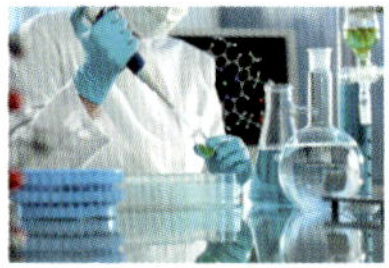

die Naturwissenschaften
自然科学
zìránkēxué

das Ingenieurwesen
工程学
gōngchéngxué

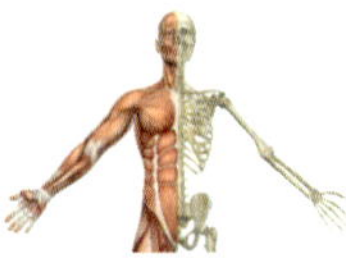

die Medizin
医学
yīxué

die Pädagogik
教育学
jiàoyùxué

der Professor
教授
jiàoshòu

die Dozentin
讲师
jiǎngshī

das Diplom	硕士 shuòshì
der Bachelor	学士 xuéshì
der Master	硕士 shuòshì
die Dissertation	博士论文 bóshì lùnwén
die Promotion	博士学位 bóshì xuéwèi
die Habilitation	大学教职资格 dàxué jiàozhí zīgé
die Forschung	研究 yánjiū
das Forschungsinstitut	研究所 yánjiūsuǒ

DIE UNIVERSITÄT – 大学 dàxué

ein Referat halten
陈述论文
chénshù lùnwén

das Seminar
专题讨论课
zhuāntí tǎolùnkè

die Vorlesung
讲座
jiǎngzuò

die Klausur
考试
kǎoshì

der Lesesaal
阅览室
yuèlǎnshì

die Ausleihe
借书处
jièshūchù

das Bücherregal
书架
shūjià

die mündliche Prüfung
口试
kǒushì

sein Studium abschließen
毕业
bìyè

das Studentenwohnheim
学生宿舍
xuéshēng sùshè

die Mensa
食堂
shítáng

die Bibliothek
图书馆
túshūguǎn

der Student
大学生
dàxuéshēng

der Bibliothekar	图书馆员 túshūguǎnyuán
die Bibliothekarin	图书馆员 túshūguǎnyuán
der Bibliotheksausweis	图书证 túshūzhèng
ausleihen	借阅 jièyuè
verlängern	续借 xùjiè
vorbestellen	预订 yùdìng
das Rückgabedatum	还书日期 huánshū rìqī
das Periodikum	期刊 qīkān

DIE UNIVERSITÄT – 大学 dàxué

die Lerngruppe
学习小组
xuéxí xiǎozǔ

lernen
学习
xuéxí

das Praxissemester
实习学期
shíxí xuéqī

das Praktikum
实习
shíxí

das Volontariat
实习岗位
shíxí gǎngwèi

das freie Jahr
间隔年
jiàngénián

jobben
打零工
dǎ línggōng

das schwarze Brett
布告板
bùgàobǎn

die Ausbildung
职业培训
zhíyè péixùn

die Berufsfachschule
职业学院
zhíyè xuéyuàn

die Kunsthochschule
美术学院
měishù xuéyuàn

die Musikhochschule
音乐学院
yīnyuè xuéyuàn

die Akademie für darstellende Künste
表演艺术学院
biǎoyǎn yìshù xuéyuàn

der Studentenausweis	学生证 xuéshēngzhèng
der Kurs	课程 kèchéng
das Semester	学期 xuéqī
die Semesterferien	大学假期 dàxué jiàqī
der Fachbereich	系 xì
die Hausarbeit	家庭论文 jiātíng lùnwén
der Hochschulabschluss	大学毕业 dàxué bìyè
das Stipendium	奖学金 jiǎngxuéjīn

DIE ARBEITSWELT - 工作界 gōngzuòjiè

Die Bewerbung - 求职 qiúzhí

das Bewerbungsgespräch 工作面试 gōngzuò miànshì

die Personalreferentin 人事专员 rénshì zhuānyuán

der Lebenslauf 简历 jiǎnlì

die Bewerbungsunterlagen 求职材料 qiúzhí cáiliào

die Bewerberin 求职者 qiúzhízhě

die Stellenanzeige 招聘广告 zhāopìn guǎnggào

die Zeitarbeit 出借雇员 chūjiè gùyuán

die Festanstellung 固定职位 gùdìng zhíwèi

die Karriere 职业生涯 zhíyè shēngyá

sich um eine Stelle bewerben	申请职位	shēnqǐng zhíwèi
die Arbeitsbedingungen	工作条件	gōngzuò tiáojiàn
die Schichtarbeit	轮班工作	lúnbān gōngzuò
die Teilzeit	兼职工作	jiānzhí gōngzuò
die Vollzeit	全职工作	quánzhí gōngzuò
die Qualifikation	职位要求	zhíwèi yāoqiú
die Berufserfahrung	工作经验	gōngzuò jīngyàn

jemanden einstellen 雇佣… gùyòng…

DIE ARBEITSWELT – 工作界 gōngzuòjiè

Berufe – 职业 zhíyè

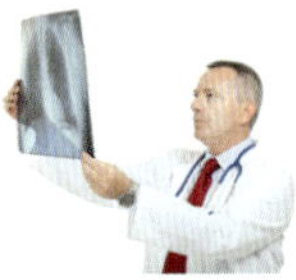

der Arzt
医生
yīshēng

der Chirurg
外科医生
wàikē yīshēng

der Krankenpfleger
护士
hùshi

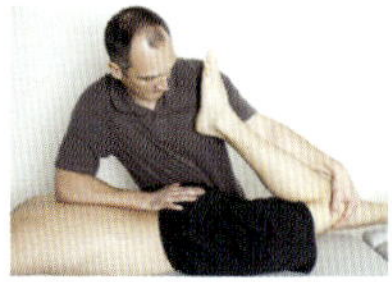

der Physiotherapeut
理疗师
lǐliáoshī

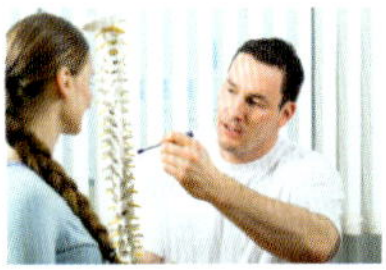

der Orthopäde
矫形外科医生
jiǎoxíng wàikē yīshēng

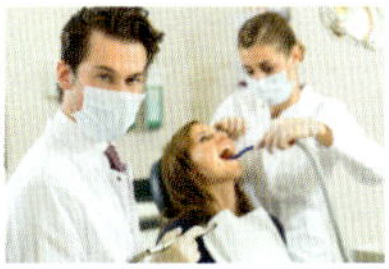

der Zahnarzt
牙医
yáyī

die Psychologin
心理医生
xīnlǐ yīshēng

die Apothekerin
药剂师
yàojìshī

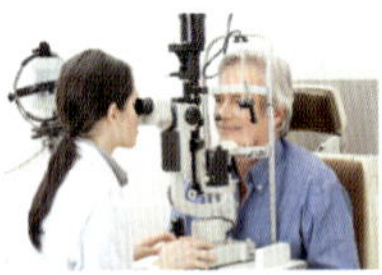

die Optikerin
配镜师
pèijìngshī

der Tierarzt
兽医
shòuyī

die Empfangsdame
前台工作人员
qiántái gōngzuò rényuán

der Rechtsanwalt
律师
lǜshī

die Richterin
法官
fǎguān

der Wirtschaftsprüfer
会计师
kuàijìshī

die Unternehmensberaterin
企业管理顾问
qǐyè guǎnlǐ gùwèn

der Informatiker
信息技术人员
xìnxījìshù rényuán

DIE ARBEITSWELT – 工作界 gōngzuòjiè

Berufe – 职业 zhíyè

der Architekt
建筑师
jiànzhùshī

die Ingenieurin
工程师
gōngchéngshī

der Schreiner
木工
mùgōng

der Elektriker
电工
diàngōng

der Klempner
管道工
guǎndàogōng

der Dachdecker
屋面工
wūmiàngōng

der Maler
油漆工
yóuqīgōng

der Müllmann
垃圾工
lājīgōng

die Kfz-Mechanikerin
汽车修理工
qìchē xiūlǐgōng

der Landwirt
农民
nóngmín

die Soldatin
军人
jūnrén

die Briefträgerin
邮递员
yóudìyuán

der Bauarbeiter
建筑工人
jiànzhù gōngrén

der Gebäudereiniger
房屋清洁工
fángwū qīngjiégōng

der Landschafts-gärtner
风景园林师
fēngjǐngyuánlínshī

der Fischer
渔民
yúmín

DIE ARBEITSWELT – 工作界 gōngzuòjiè

Berufe – 职业 zhíyè

der Pilot
飞行员
fēixíngyuán

die Flugbegleiterin
空乘员
kōngchéngyuán

der Koch
厨师
chúshī

der Kellner
服务员
fúwùyuán

der Bäcker
面包师
miànbāoshī

die Metzgerin
肉贩
ròufàn

der Verkäufer
售货员
shòuhuòyuán

die Friseurin
发型师
fàxíngshī

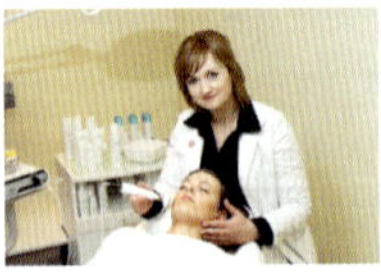

die Kosmetikerin
美容师
měiróngshī

der Gärtner
园艺师
yuányìshī

die Immobilien-maklerin
房产中介
fángchǎn zhōngjiè

die Bürokauffrau
行政管理人员
xíngzhèng guǎnlǐ rényuán

der Sanitäter
救护人员
jiùhùrényuán

der Busfahrer
公交车司机
gōngjiāochē sījī

der Taxifahrer
出租车司机
chūzūchē sījī

der Paketzusteller
快递员
kuàidìyuán

DIE ARBEITSWELT – 工作界 gōngzuòjiè

Berufe – 职业 zhíyè

die Journalistin
记者
jìzhě

der Wissenschaftler
科学家
kēxuéjiā

die Grafikerin
平面设计师
píngmiàn shèjìshī

der Profisportler
职业运动员
zhíyè yùndòngyuán

die Moderatorin
主持人
zhǔchírén

die Schauspielerin
演员
yǎnyuán

die Sängerin
歌手
gēshǒu

der Tänzer
舞蹈演员
wǔdǎo yǎnyuán

die Kunstmalerin
画家
huàjiā

der Fotograf
摄影师
shèyǐngshī

die Musikerin
音乐家
yīnyuèjiā

die Schneiderin
裁缝
cáifeng

der Bildhauer
雕塑家
diāosùjiā

die Bankkauffrau
银行职员
yínháng zhíyuán

der Bibliothekar
图书馆员
túshūguǎnyuán

der Lehrer
教师
jiàoshī

DIE ARBEITSWELT – 工作界 gōngzuòjiè

Das Organigramm – 组织结构 zǔzhī jiégòu

das Sekretariat
行政部
xíngzhèngbù

der kaufmännische Bereich
商业部
shāngyèbù

die kaufmännische Leitung
商业管理
shāngyè guǎnlǐ

die IT-Leitung
信息技术管理
xìnxī jìshù guǎnlǐ

die Buchhaltung
会计部 kuàijìbù

das Controlling
管控部 guǎnkōngbù

das sekundäre Geschäftsfeld
次要经营范围
cìyào jīngyíng fànwéi

die Geschäftsführung
企业管理组织
qǐyè guǎnlǐ zǔzhī

das primäre Geschäftsfeld
主要经营范围
zhǔyào jīngyíng fànwéi

die Geschäftsführung
企业管理组织
qǐyè guǎnlǐ zǔzhī

das Team
团队 tuánduì

die Teamleitung
团队负责人
tuánduì fùzérén

der Angestellte
员工 yuángōng

die Zweigstelle
分公司
fēngōngsī

der Manager
经理
jīnglǐ

die Aktiengesellschaft (AG)	股份有限公司 gǔfèn yǒuxiàn gōngsī
der Aktionär	股东 gǔdōng
die Aktionärin	股东 gǔdōng
die Gesellschaft mit beschränkter Haftung (GmbH)	有限责任公司 yǒuxiàn zérèn gōngsī
die GmbH & Co. KG	两合有限责任公司 liǎnghé yǒuxiàn zérèn gōngsī
die Kommanditgesellschaft (KG)	两合公司 liǎnghé gōngsī
die offene Handelsgesellschaft (OHG)	无限责任商业公司 wúxiàn zérèn shāngyè gōngsī
der Konzern	企业集团 qǐyè jítuán

der Vorstand
董事会
dǒngshìhuì

der Gesellschafter
股东
gǔdōng

die Geschäftsführung
企业管理组织
qǐyè guǎnlǐ zǔzhī

die stellvertretende Geschäftsführung
副企业管理组织
fù qǐyè guǎnlǐ zǔzhī

der Prokurist
授权签字人
shòuquán qiānzìrén

die Personalabteilung
人事部
rénshìbù

die Personalleitung
人事管理
rénshì guǎnlǐ

die Rechtsabteilung
法律事务部
fǎlǜ shìwùbù

die Marketingabteilung
市场营销部
shìchǎng yíngxiāobù

die Marketingleitung
营销管理
yíngxiāo guǎnlǐ

die PR-Abteilung
公关部
gōngguānbù

die Produktion
生产部
shēngchǎnbù

die Produktionsleitung
生产管理
shēngchǎn guǎnlǐ

der Betriebsrat
企业职工委员会
qǐyè zhígōng wěiyuánhuì

der Vertrieb
销售部
xiāoshòubù

die Vertriebsleitung
销售管理
xiāoshòu guǎnlǐ

das Key-Account-Management
大客户管理
dàkèhù guǎnlǐ

der Außendienst
销售代表
xiāoshòu dàibiǎo

der Innendienst
内勤工作
nèiqín gōngzuò

der Kundendienst
客户服务部
kèhù fúwùbù

die Kundenakquise
新客户开发
xīnkèhù kāifā

DAS BÜRO – 办公室 bāngōngshì

Büromöbel – 办公家具 bāngōng jiājù

der Arbeitsplatz
办公区
bàngōngqū

die Ablage
文件托盘
wénjiàn tuōpán

die Schublade
抽屉
chōutì

die Büromöbel
办公家具
bàngōng jiājù

der Schreibtisch
办公桌
bàngōngzhuō

die Schreibunterlage
写字桌垫
xiězì zhuōdiàn

der Bürostuhl
办公椅
bàngōngyǐ

der Safe
保险箱
bǎoxiǎnxiāng

der Aktenschrank
文件柜
wénjiànguì

der Wasserspender
饮水机
yǐnshuǐjī

die Schreibtischlampe
台灯
táidēng

die Pinnwand
图钉软板
túdīng ruǎnbǎn

der Papierkorb
废纸篓
fèizhǐlǒu

der Terminkalender	记事本 jìshìběn
die Akte	文件 wénjiàn
der Aktenvernichter	碎纸机 suìzhǐjī
das Postfach	分格式信箱 fēn'géshì xìnxiāng
der Termin	约会 yuēhuì
die Hauspost	内部信件 nèibù xìnjiàn
die Ablage für Eingänge	文件输入托盘 wénjiàn shūrù tuōpán
die Teeküche	茶水间 cháshuǐjiān

DAS BÜRO – 办公室 bāngōngshì

Der Bürobedarf – 办公用品 bāngōng yòngpǐn

die Schere
剪刀
jiǎndāo

der Textmarker
荧光笔
yíngguāngbǐ

der Stiftehalter
笔筒
bǐtǒng

das Notizbuch
笔记本
bǐjìběn

die Haftnotiz
便利贴
biànlìtiē

der Haftstreifen
条形便利贴
tiáoxíng biànlìtiē

der Bleistift
铅笔
qiānbǐ

der Bleistiftspitzer
卷笔刀
juǎnbǐdāo

der Radiergummi
橡皮擦
xiàngpícā

der Kugelschreiber
圆珠笔
yuánzhūbǐ

die Büroklammer
回形针
huíxíngzhēn

die Reißzwecke
图钉
túdīng

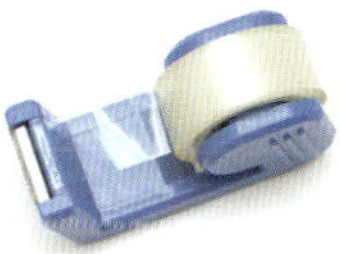

der Tesafilm®
透明胶
tòumíngjiāo

der Tacker
订书机
dìngshūjī

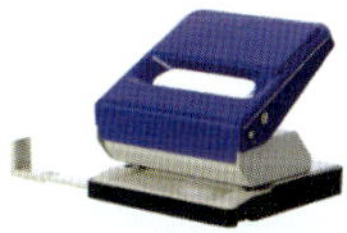

der Locher
打孔器
dǎkǒngqì

das Hängeregister
悬挂式文件夹
xuánguàshì wénjiànjiā

der Briefumschlag
信封
xìnfēng

das Tipp-Ex®
修正带
xiūzhèngdài

der Ordner
文件夹
wénjiànjiā

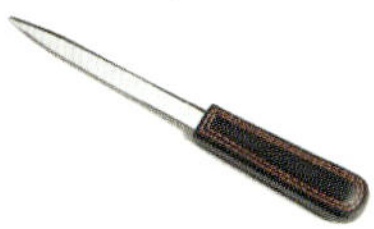

der Brieföffner
拆信刀
chāixìndāo

DAS BÜRO – 办公室 bāngōngshì

Der Besprechungsraum – 会议室 huìyìshì

die Sitzung
会议
huìyì

der Teamleiter
班长
bānzhǎng

der Teilnehmer
与会人员
yùhuì rényuán

die Tagesordnung
议程
yìchéng

protokollieren
做会议记录
zuò huìyì jìlù

der Besprechungstisch
会议桌
huìyìzhuō

die Präsentation
演示
yǎnshì

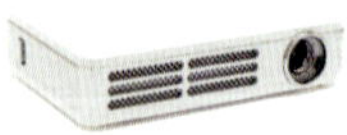

der Beamer
投影仪
tóuyǐngyí

das Balkendiagramm
柱状图
zhùzhuàngtú

das Tortendiagramm
饼图
bǐngtú

die Folie
幻灯片
huàndēngpiàn

organisieren	组织 zǔzhī
die Besprechung	会谈 huìtán
der Bericht	报告 bàogào
das Protokoll	会议记录 huìyì jìlù
der Vertrag	合同 hétóng
der Geschäftsmann	商人 nánshāngrén
die Geschäftsfrau	商人 shāngrén
die Geschäftsreise	出差 chūchāi

DAS BÜRO - 办公室 bāngōngshì

Der Büroalltag - 办公室生活 bāngōngshì shēnghuó

der Arbeitgeber
雇主
gùzhǔ

① die Assistentin
助理
zhùlǐ

② der Kollege
同事
tóngshì

③ der Arbeitnehmer
雇员
gùyuán

④ die Kollegin
同事
tóngshì

⑤ die Managerin
经理
jīnglǐ

⑥ der Chef
上司
shàngsi

die Visitenkarte
名片
míngpiàn

entlassen werden
被解雇
bèi jiěgù

das Personal
全体员工
quántǐ yuángōng

die Elternzeit
育儿假
yù'érjià

die Vertretung	替班者 tìbānzhě
der Jahresurlaub	年假 niánjià
das Gehalt	薪金 xīnjīn
die Beförderung	升职 shēngzhí
jemandem kündigen	解除… jiěchú…
seine Stelle kündigen	辞职 cízhí
verdienen	挣钱 zhèngqián
in Rente gehen	退休 tuìxiū

der Mutterschafts-urlaub
产假
chǎnjià

KOMMUNI-KATION

通讯

tōngxùn

DER COMPUTER – 电脑 diànnǎo

Der Desktop-Computer – 台式电脑 táishì diànnǎo

der Desktop-Computer
台式电脑
táishì diànnǎo

der Ein/Aus-Schalter
开关
kāiguān

die USB-Schnittstelle
USB接口
USB-jiēkǒu

das CD/DVD-Laufwerk
光驱
guāngqū

das Computergehäuse
机箱
jīxiāng

die Tastatur
键盘
jiànpán

der Bildschirm
屏幕
píngmù

die Maus
鼠标
shǔbiāo

das Scrollrad
鼠标滚轮
shǔbiāo gǔnlún

die Tastatur
键盘
jiànpán

die Escapetaste
退出键
tuìchūjiàn

die Tabulatortaste
制表键
zhìbiǎojiàn

die Feststelltaste
大写锁定键
dàxiě suǒdìngjiàn

die Rücklöschtaste
回格键
huígéjiàn

die Eingabetaste
输入键
shūrùjiàn

die Umschalttaste
上档键
shàngdàngjiàn

die Steuerungstaste
控制键
kòngzhìjiàn

die Leertaste
空格键
kònggéjiàn

DER COMPUTER – 电脑 diànnǎo

Hardware und Zubehör – 硬件与配件 yìngjiàn yǔ pèijiàn

der Lautsprecher
音箱
yīnxiāng

der/das Laptop
笔记本电脑
bǐjìběn diànnǎo

das Stromkabel
电源线
diànyuánxiàn

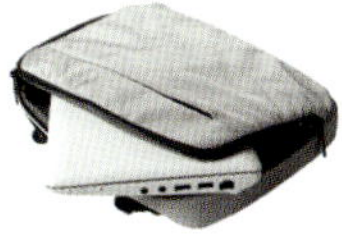

die Laptoptasche
电脑包
diànnǎobāo

der Prozessor
处理器
chǔlǐqì

die (externe) Festplatte
外置硬盘
wàizhì yìngpán

der Arbeitsspeicher
随机存取存储器
suíjī cúnqǔ cúnchǔqì

die Webcam
网络摄像头
wǎngluò shèxiàngtóu

die CD-ROM
只读光盘
zhǐdú guāngpán

der USB-Stick
U盘
U-pán

der Scanner
扫描仪
sǎomiáoyí

der Tintenstrahldrucker
喷墨打印机
pēnmò dǎyìnjī

der Laserdrucker
激光打印机
jīguāng dǎyìnjī

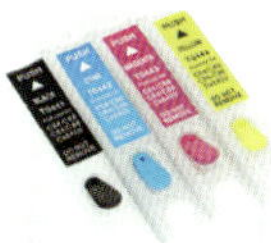

die Tintenpatrone
墨盒
mòhé

die Tonerkartusche
硒鼓
xīgǔ

das Mauspad
鼠标垫
shǔbiāodiàn

DER COMPUTER – 电脑 diànnǎo

Am Computer arbeiten – 操作电脑 cāozuò diànnǎo

tippen
打字
dǎzì

klicken
点击
diǎnjī

scrollen
滚动
gǔndòng

ausschneiden
剪切
jiǎnqiē

kopieren
复制
fùzhì

einfügen
粘贴
zhāntiē

eine Datei ausdrucken
打印文件
dǎyìn wénjiàn

speichern
保存
bǎocún

eine Datei öffnen
打开文件
dǎkāi wénjiàn

löschen
删除
shānchú

der Ordner
文件夹
wénjiànjiā

der Papierkorb
回收站
huíshōuzhàn

suchen
搜索
sōusuǒ

eingeben	输入 shūrù
eine Datei verschieben	移动文件 yídòng wénjiàn
eine Sicherungskopie erstellen	创建备份 chuàngjiàn bèifèn
markieren	选中 xuǎnzhòng
sich einloggen	登录 dēnglù
sich ausloggen	退出 tuìchū
der Neustart	重启 chóngqǐ
(die) Bytes	字节 zìjié

DER COMPUTER – 电脑 diànnǎo

rückgängig machen
撤销
chèxiāo

wiederherstellen
恢复
huīfù

die Einstellungen
设置
shèzhì

die Schriftart
字体
zìtǐ

die Fehlermeldung
出错信息
chūcuò xìnxī

der Mauszeiger
光标
guāngbiāo

die Sanduhr
等待光标
děngdài guāngbiāo

der Lautstärkeregler
音量控制
yīnliàng kòngzhì

ein Fenster minimieren
最小化窗口
zuìxiǎohuà chuāngkǒu

eine CD/DVD auswerfen
弹出光盘
tánchū guāngpán

den Rechner hochfahren
启动电脑
qǐdòng diànnǎo

den Rechner herunterfahren
关闭电脑
guānbì diànnǎo

die Datei	文件 wénjiàn
das Programm	程序 chéngxù
der Scrollbalken	滚动条 gǔndòngtiáo
ein Programm installieren	安装程序 ānzhuāng chéngxù
ein Programm deinstallieren	卸载程序 xièzài chéngxù
das Betriebssystem	操作系统 cāozuò xìtǒng
die Taskleiste	任务栏 rènwùlán
der Fortschrittsbalken	进度条 jìndùtiáo

das Fenster
窗口
chuāngkǒu

DER COMPUTER – 电脑 diànnǎo

Das Internet – 因特网 yīntèwǎng

das WLAN
无线网络
wúxiàn wǎngluò

der Router
路由器
lùyóuqì

das LAN-Kabel
网线
wǎngxiàn

der Browser
浏览器
liúlǎnqì

das Lesezeichen
书签
shūqiān

der Download
下载
xiàzài

die Nachricht
信息
xìnxī

die Social Media
社会化媒体
shèhuìhuà méitǐ

der Online-Einkauf
在线购买
zàixiàn gòumǎi

die Verschlüsselung
加密
jiāmì

die E-Mail-Adresse
电子邮箱地址
diànzǐ yóuxiāng dìzhǐ

der Anhang
附件
fùjiàn

eine Mail weiterleiten
转发邮件
zhuǎnfā yóujiàn

senden	发送 fāsòng
empfangen	接收 jiēshōu
das Benutzerkonto	用户帐户 yònghù zhànghù
der Posteingang	收件箱 shōujiànxiāng
der Postausgang	发件箱 fājiànxiāng
die Abwesenheitsnotiz	不在办公室自动回复 bù zài bàngōngshì zìdòng huífù
die Spammail	垃圾邮件 lājī yóujiàn
im Internet surfen	上网 shàngwǎng

DER COMPUTER – 电脑 diànnǎo

Mobile Endgeräte – 移动设备 yìdòng shèbèi

der Tablet-Computer
平板电脑
píngbǎn diànnǎo

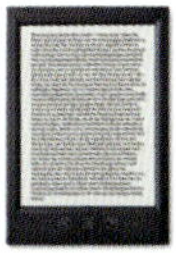

der E-Book-Reader
电子书阅读器
diànzǐshū yuèdúqì

der MP3-Player
MP3播放器
MP3-bōfàngqì

das Bluetooth®-Headset
蓝牙耳机
lányá ěrjī

die App
应用程序
yìngyòng chéngxù

die SIM-Karte
SIM卡
SIM-kǎ

die Handytasche
手机套
shǒujītào

das Handy
手机
shǒujī

der Surfstick
移动上网卡
yídòng shàngwǎngkǎ

wischen
划屏
huápíng

die SMS
短信
duǎnxìn

das Smartphone
智能手机
zhìnéng shǒujī

der Touchscreen
触摸屏
chùmōpíng

der Datenspeicher	数据存储器 shùjù cúnchǔqì
die Software	软件 ruǎnjiàn
das Funkloch	无信号区 wúxìnhàoqū
die Flatrate	统一费率 tǒngyī fèilǜ
die Prepaidkarte	手机充值卡 shǒujī chōngzhíkǎ
das Guthaben	余额 yú'é
der Klingelton	手机铃声 shǒujī língshēng
der Akku	电池 diànchí

DAS TELEFON – 电话 diànhuà

das Display
显示屏
xiǎnshìpíng

das Telefonbuch
电话簿
diànhuàbù

der Anrufbeantworter
电话留言机
diànhuà liúyánjī

das Tastenfeld
电话键盘
diànhuà jiànpán

der Telefonhörer
听筒
tīngtǒng

das Kabel
电话线
diànhuàxiàn

das schnurlose Telefon
无绳电话
wúshéng diànhuà

der Hörer
听筒
tīngtǒng

abheben
接听
jiētīng

auflegen
挂断
guàduàn

die Basisstation
基站
jīzhàn

der Kopfhörer
头戴式耳机
tóudàishì ěrjī

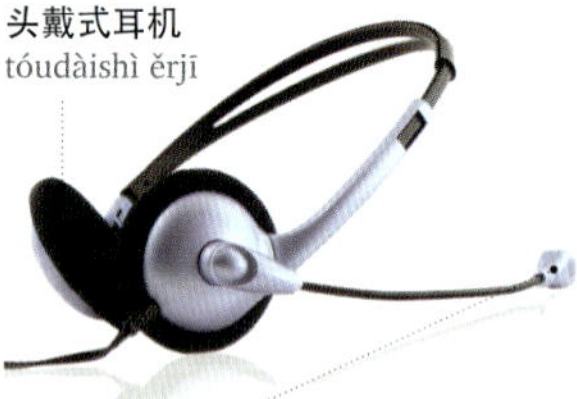

das Mikrofon
话筒
huàtǒng

das Faxgerät
传真机
chuánzhēnjī

jemanden anrufen	给 … 打电话 gěi … dădiànhuà
wählen	拨号 bōhào
klingeln	发出铃声 fāchū língshēng
Ich möchte bitte … sprechen.	我想和 … 通话。 wǒ xiǎng hé … tōnghuà.
Entschuldigung, ich habe mich verwählt.	对不起,我拨错号了。 duìbuqǐ, wǒ bōcuò hào le.
Ich stelle Sie durch.	我帮您接通电话。 wǒ bāng nín jiētōng diànhuà.
Bitte hinterlassen Sie eine Nachricht nach dem Signalton.	请听到提示音后开始留言。 qǐng tīngdào tíshìyīn hòu kāishǐ liúyán.
Können Sie mich bitte zurückrufen?	请您给我回个电话，好吗? qǐng nín gěi wǒ huí ge diànhuà, hǎoma?

DIE MEDIEN – 媒体 méitǐ

Das Fernsehen – 电视 diànshì

die Fernbedienung
遥控器
yáokòngqì

die Lautstärke
音量
yīnliàng

stumm schalten
切换为静音模式
qiēhuàn wéijìngyīn móshì

zurückspulen
快退
kuàituì

abspielen
播放
bōfàng

aufnehmen
录
lù

die Stopptaste
停止键
tíngzhǐjiàn

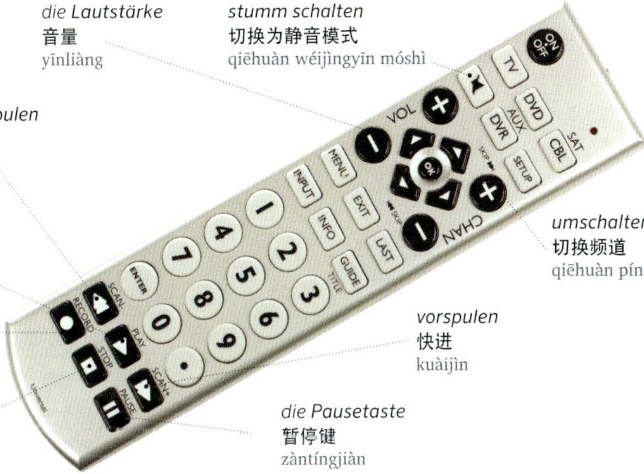

umschalten
切换频道
qiēhuàn píndào

vorspulen
快进
kuàijìn

die Pausetaste
暂停键
zàntíngjiàn

das Videospiel
视频游戏
shìpín yóuxì

der Fernseher
电视
diànshì

der Digitalempfänger
数字接收机
shùzì jiēshōujī

der DVD-Player
DVD播放机
DVD-bōfàngjī

die DVD
数字激光视盘
shùzì jīguāng shìpán

das Kabelfernsehen	有线电视	yǒuxiàn diànshì
das Free-TV	免费电视	miǎnfèi diànshì
das Bezahlfernsehen	付费电视	fùfèi diànshì
fernsehen	看电视	kàn diànshì
die Fernsehserie	电视连续剧	diànshì liánxùjù
zappen	电视频道跳跃	diànshì píndào tiàoyuè
die Folge	剧集	jùjí
der Raumklang	环绕立体声	huánrào lìtǐshēng

die Satellitenschüssel
碟形卫星天线
diéxíng wèixīng tiānxiàn

DIE MEDIEN – 媒体 méitǐ

Das Fernsehen – 电视 diànshì

das Set
布景
bùjǐng

der Teleprompter®
读稿机
dúgǎojī

die Nachrichtensprecherin
新闻播音员
xīnwén bōyīnyuán

die Nachrichten
新闻
xīnwén

das Interview
采访
cǎifǎng

der Interviewpartner
被采访者
bèicǎifǎngzhě

die Reporterin
记者
jìzhě

das Mikrofon
话筒
huàtǒng

die Szene
场景
chǎngjǐng

der Schauspieler
演员
yǎnyuán

die Klappe
场记板
chǎngjìbǎn

die Livesendung
现场直播
xiànchǎng zhíbō

das Publikum
观众
guānzhòng

der Dokumentarfilm	文献片 wénxiànpiàn
die Talkshow	脱口秀 tuōkǒuxiù
die Reportage	专题报道 zhuāntí bàodào
die Quizshow	智力竞赛 zhìlì jìngsài
der Moderator	主持人 zhǔchírén
die Moderatorin	主持人 zhǔchírén
der Teilnehmer	选手 xuǎnshǒu
die Teilnehmerin	选手 xuǎnshǒu

DIE MEDIEN – 媒体 méitǐ

Das Radio – 收音机 shōuyīnjī

der DJ
流行音乐节目主持人
liúxíng yīnyuè jiémù zhǔchírén

die Tonaufnahme
录音
lùyīn

die Antenne
天线
tiānxiàn

das Radio
收音机
shōuyīnjī

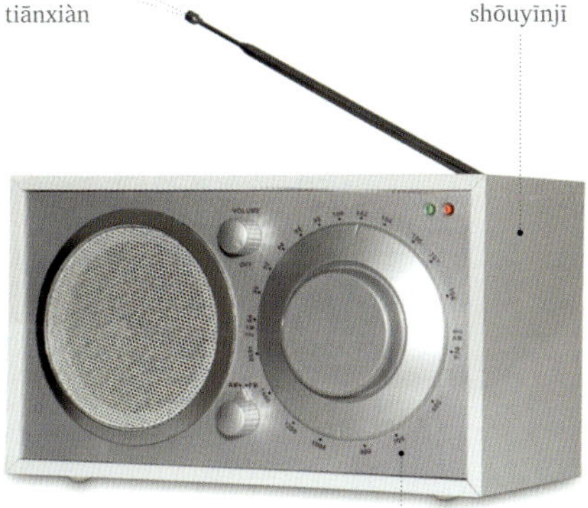

die Frequenz
频率
pínlǜ

der Radiosender
广播电台
guǎngbō diàntái

der Wetterbericht
天气预报
tiānqì yùbào

die Verkehrsnachrichten
交通新闻
jiāotōng xīnwén

die Hitparade
热门音乐排行榜(节目)
rèmén yīnyuè páihángbǎng (jiémù)

das Hörspiel
广播剧
guǎngbōjù

die Liveaufzeichnung
现场录音
xiànchǎng lùyīn

die Sendung	电视节目 diànshì jiémù
der Berichterstatter	记者 jìzhě
die Berichterstatterin	记者 jìzhě
die Erkennungsmelodie	收音机短曲 shōuyīnjī duǎnqū
der Werbespot	广告 guǎnggào
senden	广播 guǎngbō
die Langwelle	长波 chángbō
die Kurzwelle	短波 duǎnbō

DIE MEDIEN – 媒体 méitǐ

Die Printmedien – 印刷品 yìnshuāpǐn

die Zeitung
报纸
bàozhǐ

das Tabloidformat
小报版式
xiǎobàobǎnshì

das Bild
图片
túpiàn

der Artikel
文章
wénzhāng

die Titelseite
头版
tóubǎn

die Schlagzeile
头条
tóutiáo

der Vorspann
引言
yǐnyán

die Zeitungsspalte
栏目
lánmù

die großformatige Zeitung
大报
dàbào

der Stellenmarkt
招聘广告
zhāopìn guǎnggào

der Werbeprospekt
广告小册子
guǎnggào xiǎocèzi

die Anzeige
广告
guǎnggào

das Abonnement
订阅
dìngyuè

der Leitartikel	社论 shèlùn
die Todesanzeige	讣告 fùgào
die Qualitätszeitung	高级报纸 gāojí bàozhǐ
die Boulevardzeitung	娱乐报纸 yúlè bàozhǐ
die Wochenzeitung	周报 zhōubào
die Tageszeitung	日报 rìbào
die Kolumne	专栏 zhuānlán
die Beilage	附刊 fùkān

DIE MEDIEN – 媒体 méitǐ

Die Printmedien – 印刷品 yìnshuāpǐn

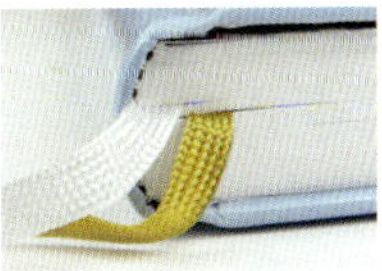

das Lesebändchen
书页带
shūyèdài

in einem Buch blättern
翻阅一本书
fānyuè yīběnshū

das Sachbuch
非虚构类书
fēixūgòulèishū

der Roman
小说
xiǎoshuō

die Seitenzahl	页码 yèmǎ
der Index	索引 suǒyǐn
eine Seite überfliegen	粗略阅读 cūlüè yuèdú
das Kinderbuch	童书 tóngshū
die Erzählliteratur	虚构类作品 xūgòulèi zuòpǐn
die Sachliteratur	非虚构类作品 fēixūgòulèi zuòpǐn
das Inhaltsverzeichnis	目录 mùlù
das Kapitel	(一) 章 (yī) zhāng

der Bildband
画册
huàcè

DIE POST – 邮政 yóuzhèng

der Briefumschlag
信封
xìnfēng

die Briefmarke
邮票
yóupiào

der Empfänger
收信人
shōuxìnrén

die Adresse
地址
dìzhǐ

der Absender
寄信人
jìxìnrén

die Postleitzahl
邮政编码
yóuzhèng biānmǎ

der Poststempel
邮戳
yóuchuō

das Postfach
邮政信箱
yóuzhèng xìnxiāng

die Postkarte
明信片
míngxìnpiàn

die Empfangsbestätigung unterschreiben
签收
qiān shōu

der Briefkasten
信箱
xìnxiāng

einen Brief einwerfen
投寄信件
tóujì xìnjiàn

das Paket
包裹
bāoguǒ

der Brief	信件 xìnjiàn
der Eilbrief	快递信件 kuàidì xìnjiàn
portofrei	免邮费 miǎnyóufèi
einen Brief erhalten	收信 shōuxìn
einen Brief beantworten	回信 huíxìn
jemandem einen Brief schicken	给 … 寄信 gěi … jìxìn
das Einschreiben	挂号信 guàhàoxìn
die Schneckenpost	蜗牛邮件 wōniú yóujiàn

DIE POST – 邮政 yóuzhèng

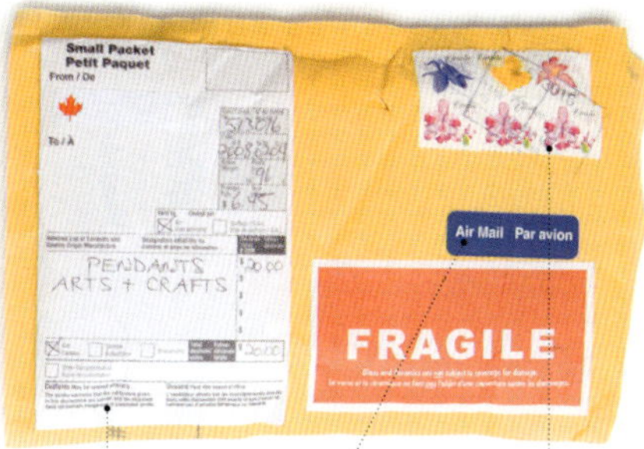

das Klebeband
包裹胶带
bāoguǒ jiāodài

die Styroporflocken
泡沫塑料颗粒
pàomò sùliào kēlì

das Päckchen
小包裹
xiǎobāoguǒ

per Luftpost
(经由) 航空
(jīngyóu) hángkōng

das Porto
邮费
yóufèi

zerbrechlich
易碎的
yìsuìde

vor Nässe schützen
保持干燥
bǎochí gānzào

oben
此端向上
cǐ duān xiàng shàng

die Zustellung
投递
tóudì

liefern	投递 tóudì
die Leerungszeiten	开箱时间 kāixiāng shíjiān
versandkostenfrei	免运费 miǎnyùnfèi
das Gewicht	重量 zhòngliàng
die Waage	秤 chèng
der Hausbriefkasten	房屋信箱 fángwū xìnxiāng
die Postanweisung	邮政汇票 yóuzhèng huìpiào
Nicht knicken!	切勿折叠！ qiè wù zhédié!

der Kurierdienst
快递服务
kuàidì fúwù

SPORT UND FITNESS

运动与健身

yùndòng yǔ jiànshēn

BALLSPORTARTEN – 球类运动 qiúlèi yùndòng

Der Fußball – 足球 zúqiú

das Spielfeld
足球场
zúqiúchǎng

der Mittelkreis
中圈
zhōngquān

der Anstoßpunkt
发球点
fāqiúdiǎn

der Strafraum
罚球区
fáqiúqū

der Eckbogen
角球区
jiǎoqiúqū

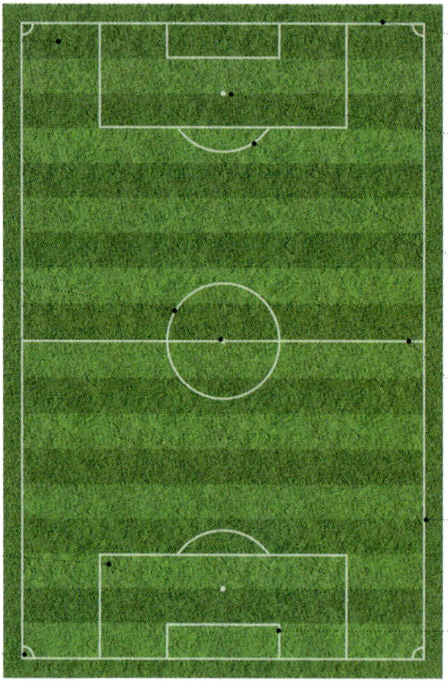

die Torlinie
球门线
qiúménxiàn

der Elfmeterpunkt
罚球点
fáqiúdiǎn

der Teilkreis am Strafraum
罚球弧
fáqiúhú

die Mittellinie
中线
zhōngxiàn

die Seitenlinie
边线
biānxiàn

der Torraum
球门区
qiúménqū

das Stadion
体育场
tǐyùchǎng

die Zuschauertribüne
看台
kàntái

die Zuschauer
观众
guānzhòng

der Platzverweis
罚下场
fáxiàchǎng

die rote Karte
红牌
hóngpái

der Schiedsrichter
裁判
cáipàn

BALLSPORTARTEN – 球类运动 qiúlèi yùndòng

Der Fußball – 足球 zúqiú

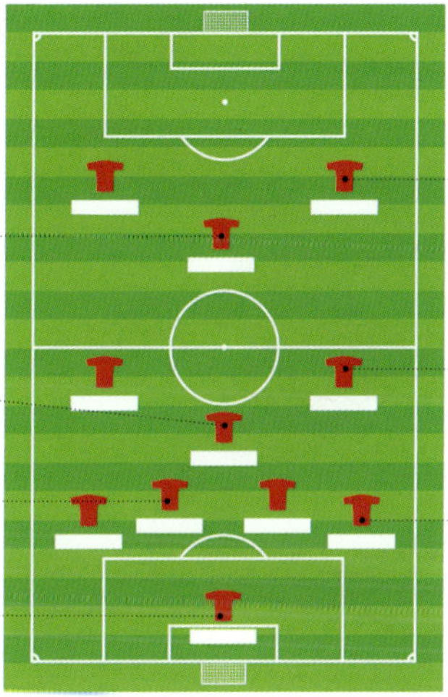

angreifen
进攻
jìngōng

der Eckstoß
角球
jiǎoqiú

der Freistoß
任意球
rènyìqiú

der Einwurf
界外球
jièwàiqiú

die Liga	联赛 liánsài
die erste Liga	第一联赛 dìyī liánsài
die Meisterschaft	冠军赛 guànjūnsài
der Pokal	奖杯 jiǎngbēi
die gelbe Karte	黄牌 huángpái
einen Spieler sperren	使球员停赛 shǐ qiúyuán tíngsài
das Foul	犯规 fànguī
die Verteidigung	防守 fángshǒu

das Tor
球门
qiúmén

BALLSPORTARTEN – 球类运动 qiúlèi yùndòng

Der Fußball – 足球 zúqiú

der Fußball
足球
zúqiú

der Fußballschuh
足球鞋
zúqiúxié

der Stollen
运动鞋 防滑钉
yùndòngxié fánghuádīng

das Trikot
球服
qiúfú

die Hose
短裤
duǎnkù

der Schienbeinschoner
护腿板
hùtuǐbǎn

der Stutzen
小腿套
xiǎotuǐtào

den Ball halten
救球
jiùqiú

das Tornetz
球门网
qiúménwǎng

der Torpfosten
球门柱
qiúménzhù

der Torwarthandschuh
守门员手套
shǒuményuán shǒutào

schießen
射门
shèmén

die Querlatte	球门横梁 qiúmén héngliáng
die Halbzeit	半场休息 bànchǎng xiūxi
das Unentschieden	和局 héjú
die Verlängerung	加时赛 jiāshísài
der Elfmeter	罚点球 fádiǎnqiú
das Abseits	越位 yuèwèi
köpfen	用头顶球 yòng tóu dǐng qiú
kicken	踢 tī

BALLSPORTARTEN – 球类运动 qiúlèi yùndòng

Der Handball – 手球 shǒuqiú

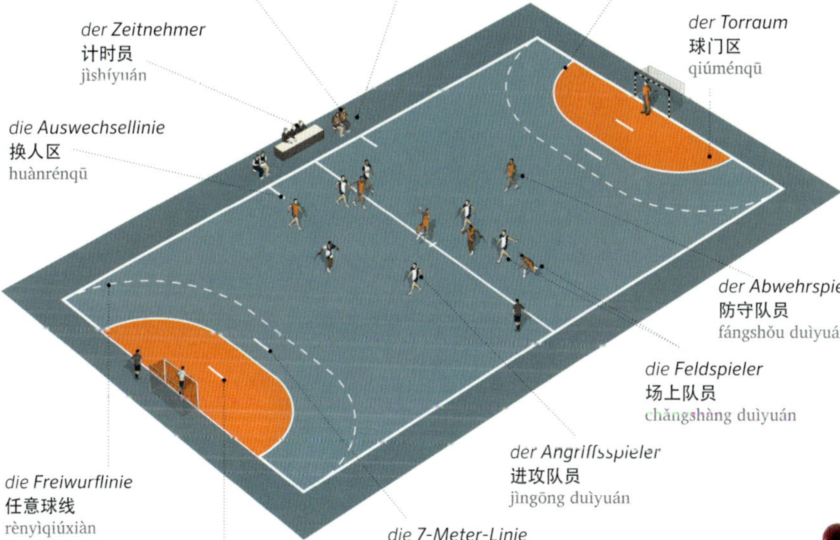

der linke Flügel	左翼 zuǒyì
der rechte Flügel	右翼 yòuyì
der Schlagwurf	单手传球 dānshǒu chuánqiú
die Zeitstrafe	离场处罚 líchǎngchùfá
die Disqualifikation	剥夺资格 bōduó zīgé
die Auszeit	暂停 zàntíng
die Verwarnung	警告 jǐnggào
der Siebenmeter	七米球 qīmǐqiú

der Sprungwurf
跳起射门
tiàoqǐ shèmén

BALLSPORTARTEN – 球类运动 qiúlèi yùndòng

Der Volleyball – 排球 páiqiú

die Angriffszone
前场区
qiánchǎngqū

der Außenangreifer
左/右攻手
zuǒ/yòu gōngshǒu

der Mittelangreifer
副攻手
fùgōngshǒu

die Verteidigungszone
后场区
hòuchǎngqū

die Netzkante
排球网顶
páiqiú wǎngdǐng

das Netz
球网
qiúwǎng

die Angriffslinie
进攻线
jìngōngxiàn

der Freiraum
无障碍区
wúzhàng'àiqū

der Libero
自由人
zìyóurén

die Grundlinie
端线
duānxiàn

der Abwehrspieler
防守队员
fángshǒuduìyuán

die Seitenlinie
边线
biānxiàn

der Linienrichter
司线员
sīxiànyuán

die Reservebank
替补席
tìbǔxí

der Beachvolleyball
沙滩排球
shātān páiqiú

schmettern
扣球
kòuqiú

blocken
拦网
lánwǎng

der Aufschlag
发球
fāqiú

baggern
小臂垫球
xiǎobì diànqiú

pritschen
二传
èrchuán

die Hechtabwehr
下手垫球
xiàshǒudiànqiú

BALLSPORTARTEN – 球类运动 qiúlèi yùndòng

Der Basketball – 篮球 lánqiú

die Seitenlinie
边线
biānxiàn

die Drei-Punkte-Linie
三分线
sānfēnxiàn

die begrenzte Zone
限制区
xiànzhìqū

die Grundlinie
端线
duānxiàn

im Aus sein
出界
chūjiè

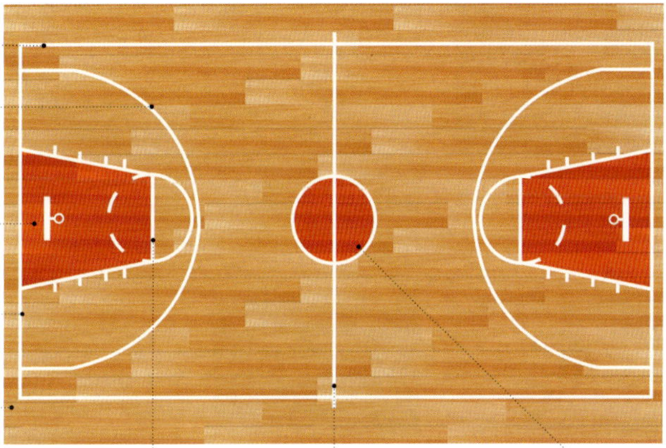

die Freiwurflinie
罚球线
fáqiúxiàn

die Mittellinie
中线
zhōngxiàn

der Mittelkreis
中圈
zhōngquān

der Dunk
灌篮
guànlán

das Korbbrett
篮板
lánbǎn

der Korbring
篮圈
lánquān

das Netz
篮网
lánwǎng

der Korb
球篮
qiúlán

der Korbleger	篮下单手跳投/篮下打板进篮 lánxià dānshǒu tiàotóu/lánxià dǎbǎn jìnlán
das Doppeldribbling	二次运球 èrcì yùnqiú
der Rebound	篮板球 lánbǎnqiú
der Sprungball	跳投 tiàotóu
fangen	接球 jiēqiú
werfen	掷球 zhìqiú
zielen	投篮 tóulán

WEITERE BALLSPORTARTEN – 其他球类运动 qítā qiúlèi yùndòng

das Hockey
曲棍球
qūgùnqiú

das Eishockey
冰球
bīngqiú

der Hockeyschläger
曲棍球棍
qūgùnqiúgùn

der Puck
冰球
bīngqiú

der Softball
垒球
lěiqiú

der Baseball
棒球
bàngqiú

der Baseballschläger
棒球棒
bàngqiúbàng

der Baseballhandschuh
棒球手套
bàngqiú shǒutào

der American Football
美式足球
měishì zúqiú

das Rugby
橄榄球
gǎnlǎnqiú

das Kricket
板球
bǎnqiú

das Schlagholz
板球板
bǎnqiúbǎn

die Trillerpfeife
口哨
kǒushào

die Mannschaft 球队 qiúduì
der Sieger 获胜队 huòshèngduì
der Verlierer 失败队 shībàiduì
der Weltmeister 世界冠军 shìjiè guànjūn
das Turnier 锦标赛 jǐnbiāosài
der Spielstand 得分 défēn
der Trainer 教练 jiàoliàn
die Trainerin 教练 jiàoliàn
die Anzeigetafel 记分板 jìfēnbǎn

BALLSPORTARTEN MIT SCHLÄGERN – 球拍类运动 qiúpāilèi yùndòng

Das Badminton – 羽毛球 yǔmáoqiú

der Badmintonplatz
羽毛球场
yǔmáoqiúchǎng

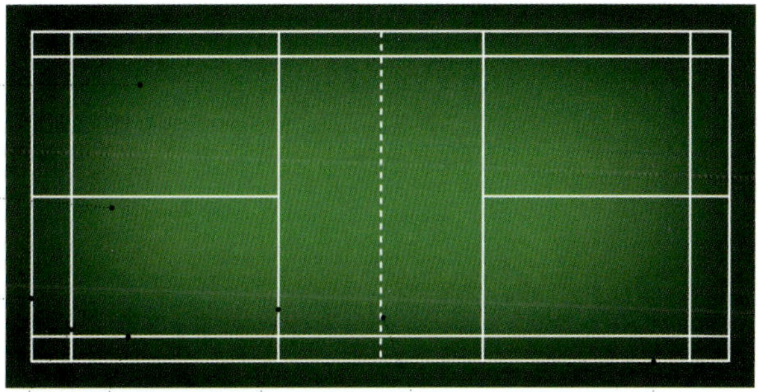

das linke Aufschlagfeld
左发球区
zuǒ fāqiúqū

das rechte Aufschlagfeld
右发球区
yòu fāqiúqū

die hintere Aufschlaglinie Einzel
单打后发球线
dāndǎ hòu fāqiúxiàn

die hintere Aufschlaglinie Doppel
双打后发球线
shuāngdǎ hòu fāqiúxiàn

die vordere Aufschlaglinie
前发球线
qián fāqiúxiàn

die Seitenlinie Doppel
双打边线
shuāngdǎ biānxiàn

die Seitenlinie Einzel
单打边线
dāndǎ biānxiàn

die Mittellinie
中线
zhōngxiàn

das Squash
英式壁球
yīngshì bìqiú

der Racquetball
美式壁球
měishì bìqiú

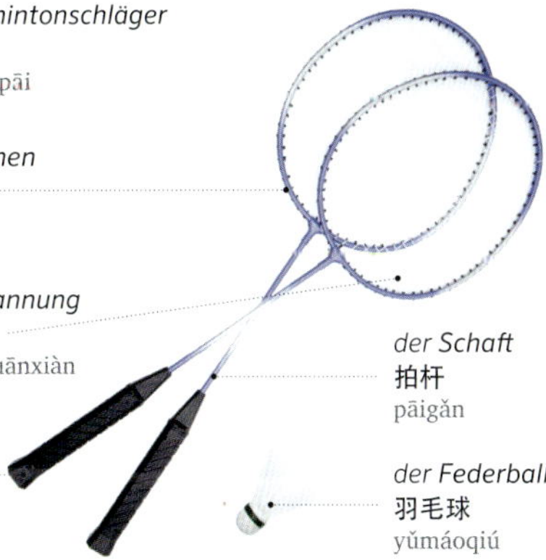

der Badmintonschläger
羽毛球拍
yǔmáoqiúpāi

der Rahmen
拍框
pāikuāng

die Bespannung
球拍穿线
qiúpāi chuānxiàn

der Griff
拍柄
pāibǐng

der Schaft
拍杆
pāigǎn

der Federball
羽毛球
yǔmáoqiú

BALLSPORTARTEN MIT SCHLÄGERN – 球拍类运动 qiúpāilèi yùndòng

Das Tennis – 网球 wǎngqiú

der Balljunge
男球童
nánqiútóng

die Grundlinie
底线
dǐxiàn

die Aufschlaglinie
发球线
fāqiúxiàn

das Halbfeld
后场
hòuchǎng

die Seitenlinie für das Einzelspiel
单打边线
dāndǎ biānxiàn

die Seitenlinie für das Doppelspiel
双打边线
shuāngdǎ biānxiàn

die Aufschlagmittellinie
发球区中线
fāqiúqū zhōngxiàn

das Netz
网
wǎng

der Tennisball
网球
wǎngqiú

der Tennisschläger
网球拍
wǎngqiúpāi

die Vorhand
正手
zhèngshǒu

die Rückhand	反手 fǎnshǒu
das Einzel	单打 dāndǎ
das Doppel	双打 shuāngdǎ
der/das Tiebreak	抢七局 qiǎngqījú
der Einstand	盘末平分 pánmò píngfēn
der Fehler	发球失误 fāqiú shīwù
das Ass	发球得分 fāqiú défēn
der Satz	盘 pán
der Schiedsrichter	裁判 cáipàn
die Schiedsrichterin	x裁判 cáipàn
der Linienrichter	边线 裁判 biānxiàn cáipàn
die Linienrichterin	边线 裁判 biānxiàn cáipàn

BALLSPORTARTEN MIT SCHLÄGERN – 球拍类运动 qiúpāilèi yùndòng

Das Tischtennis – 乒乓球 pīngpāngqiú

der Tischtennistisch
乒乓球台
pīngpāngqiútái

die Netzoberkante
球网顶端
qiúwǎng dǐngduān

der Netzhalter
网架
wǎngjià

die Seitenlinie
边线
biānxiàn

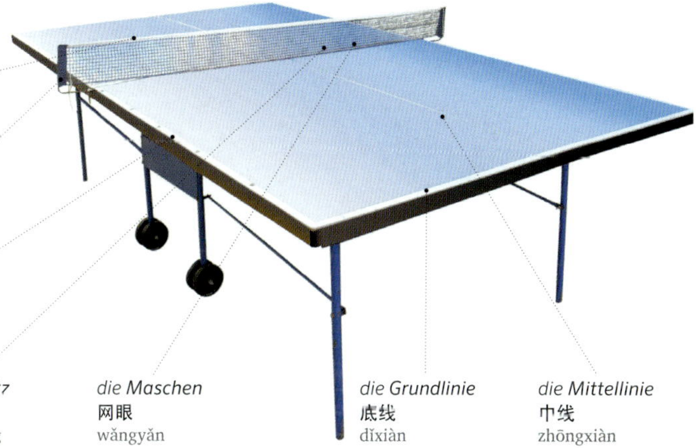

das Netz
球网
qiúwǎng

die Maschen
网眼
wǎngyǎn

die Grundlinie
底线
dǐxiàn

die Mittellinie
中线
zhōngxiàn

der Tischtennisschläger
乒乓球拍
pīngpāngqiúpāi

die Schlagfläche
拍身
pāishēn

der Belag
胶皮
jiāopí

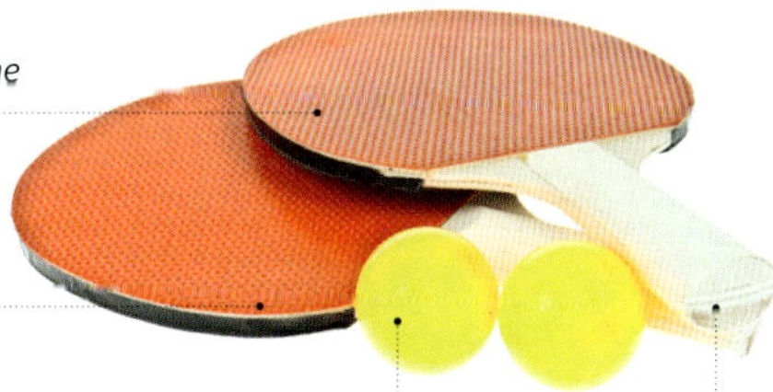

der Tischtennisball
乒乓球
pīngpāngqiú

der Griff
拍柄
pāibǐng

der Penholdergriff
直拍握法
zhípāiwòfǎ

der Shakehandgriff
横拍握法
héngpāiwòfǎ

DAS GOLF – 高尔夫球 gao'ěrfūqiú

der Golfplatz 高尔夫球场 gāo'ěrfū qiúchǎng

das Wasserhindernis 水塘 shuǐtáng

der Bunker 沙坑 shākēng

das Fairway 球道 qiúdào

das Rough 深草区 shēncǎoqū

der Abschlag 开球区 kāiqiúqū

die Haltung 击球姿势 jīqiú zīshì

einlochen 击球入洞 jīqiú rùdòng

die Fahne 旗竿 qígān

das Tee 球座 qiúzuò

der Golfball 高尔夫球 gāo'ěrfūqiú

das Loch 球洞 qiúdòng

das Grün 果岭 guǒlǐng

DAS GOLF – 高尔夫球 gao'ěrfūqiú

die Golfschläger
高尔夫球杆
gāo'ěrfū qiúgǎn

das Holz
木杆
mùgǎn

das Eisen
铁头球杆
tiětóu qiúgǎn

der Wedge
挖起杆
wāqǐgǎn

der Putter
推杆
tuīgǎn

die Golftasche
高尔夫球袋
gāo'ěrfūqiúdài

driven
打远球/发球
dǎ yuǎnqiú/fāqiú

der Durchschwung
送球/收杆
sòngqiú/shōugǎn

der Golfspieler
高尔夫球员
gāo'ěrfūqiúyuán

der Caddie
球童
qiútóng

der Golftrolley
高尔夫球手推车
gāo'ěrfūqiú shǒutuīchē

schwingen	挥杆 huīgǎn
chippen	短切 duǎnqiē
den Ball vom Abschlag spielen	从开球区打球 cóng kāiqiúqū dǎqiú
das Par	标准杆数 biāozhǔngǎnshù
das Birdie	小鸟球 xiǎoniǎoqiú
das Bogey	柏忌 bójì
das Handicap	差点 chādiǎn
das Hole-in-one	一杆进洞 yī-gǎn-jìn-dòng

das Golfcart
高尔夫球车
gāo'ěrfūqiúchē

DIE LEICHTATHLETIK – 田径 tiánjìng

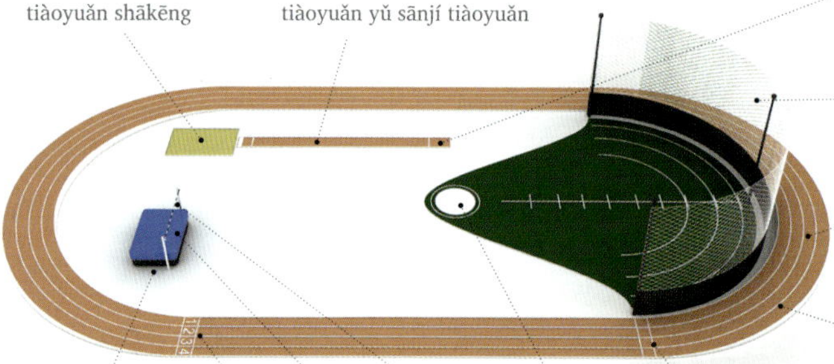

die Sprunggrube 跳远沙坑 tiàoyuǎn shākēng

der Weit- und Dreisprung 跳远与三级跳远 tiàoyuǎn yǔ sānjí tiàoyuǎn

die Anlaufbahn 助跑道 zhùpǎodào

das Schutznetz 安全网 ānquánwǎng

die Bahn 跑道 pǎodào

die Aschenbahn 煤渣跑道 méizhā pǎodào

der Hochsprung 跳高 tiàogāo

die Latte 横杆 hénggān

die Ziellinie 终点线 zhōngdiǎnxiàn

der Diskus- und Hammerwurf 铁饼投掷与链球投掷 tiěbǐng tóuzhì yǔ liànqiú tóuzhì

die Startlinie 起点线 qǐdiǎnxiàn

die Matte 落地垫 luòdìdiàn

der Wurfkreis 铁饼/链球投掷圈 tiěbǐng/liànqiú tóuzhìquān

der Sprint 短跑 duǎnpǎo

der Startblock 起跑器 qǐpǎoqì

der Hürdenlauf 跨栏 kuàlán

die Hürde 栏架 lánjià

der Stabhochsprung 撑竿跳高 chēnggān tiàogāo

der Staffellauf	接力赛跑	jiēlìsàipǎo
der Stab	接力棒	jiēlìbàng
einen Rekord brechen	打破 纪录	dǎpòjìlù
der Marathon	马拉松赛跑	mǎlāsōng sàipǎo
der Speerwurf	标枪	biāoqiāng
die persönliche Bestleistung	个人最佳成绩	gèrén zuìjiā chéngjì
die Stoppuhr	跑表	pǎobiǎo
die Startpistole	发令枪	fālìngqiāng

DAS TURNEN – 体操 tǐcāo

der Sprungtisch
跳马器
tiàomǎqì

der Handstand
倒立
dǎolì

der/das Spagat
劈叉
pǐchà

das Reck
单杠
dān'gàng

der Barren
双杠
shuānggàng

das Pauschenpferd
鞍马
ānmǎ

die Ringe
吊环
diàohuán

der Schwebebalken
平衡木
pínghéngmù

das Bodenturnen
自由体操
zìyóu tǐcāo

der Stufenbarren
高低杠
gāodīgàng

der Turnanzug
体操服
tǐcāofú

die Turnhalle
体操馆
tǐcāoguǎn

die Turnerin
体操运动员
tǐcāo yùndòngyuán

die Magnesia
苦土
kǔtǔ

das Gold	金牌	jīnpái
das Silber	银牌	yínpái
die Bronze	铜牌	tóngpái
die Medaille	奖牌	jiǎngpái
der Wettkampf	比赛	bǐsài
der Salto	空翻	kōngfān
der Aufgang	到运动器登上	dào yùndòngqì dēngshàng
der Abgang	从运动器跳下	cóng yùndòngqi tiàoxià

DER WASSERSPORT – 水上运动 shuǐshàng yùndòng

Das Schwimmen – 游泳 yóuyǒng

das Wettkampfbecken
比赛游泳池
bǐsài yóuyǒngchí

① *der Wendehinweis für Rückenschwimmer*
仰泳转身标志线
yǎngyǒng zhuǎnshēn biāozhìxiàn

② *die Bahn*
泳道
yǒngdào

③ *das Ziel*
终点池壁
zhōngdiǎn chíbì

④ *die Linie*
泳道标志线
yǒngdào biāozhìxiàn

⑤ *das Wasser*
池水
chíshuǐ

⑥ *der Startblock*
出发台
chūfātái

⑦ *die Schwimmleine*
泳道线
yǒngdàoxiàn

die Wende
转身
zhuǎnshēn

der Armzug
划水
huáshuǐ

das Rückenschwimmen
仰泳
yǎngyǒng

das Brustschwimmen
蛙泳
wāyǒng

kraulen
自由泳
zìyóuyǒng

das Schmetterlingsschwimmen
蝶泳
diéyǒng

der Startsprung
出发跳水
chūfā tiàoshuǐ

der Fehlstart
出发犯规
chūfā fànguī

DER WASSERSPORT – 水上运动 shǔishàng yùndòng

der Wasserball
水球
shuǐqiú

springen
跳水
tiàoshuǐ

das Kunstspringen
跳板跳水
tiàobǎn tiàoshuǐ

das Synchronschwimmen
花样游泳
huāyàng yóuyǒng

der Schwimmflügel
手臂浮圈
shǒubì fújuàn

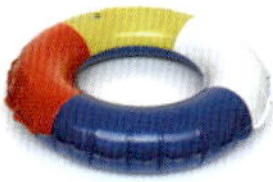
der Schwimmring
橡皮游泳圈
xiàngpí yóuyǒngquān

das Schwimmerbecken
游泳池
yóuyǒngchí

das Nichtschwimmer-becken
浅水池
qiǎnshuǐchí

die Schwimmweste
救生衣
jiùshēngyī

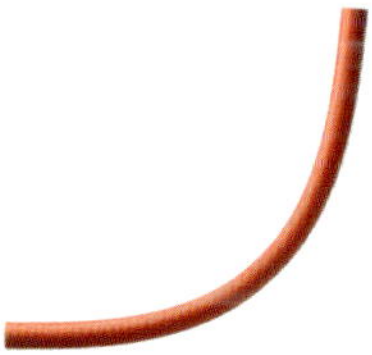
die Schwimmnudel
游泳棒
yóuyǒngbàng

die Schwimmerin
游泳运动员
yóuyǒng yùndòngyuán

die Badekappe
泳帽
yǒngmào

der Schwimmanzug
泳衣
yǒngyī

die Schwimmbrille
泳镜
yǒngjìng

schwimmen	游泳 yóuyǒng
das Sprungbrett	跳板 tiàobǎn
der Sprungturm	跳台 tiàotái
das Schwimmbrett	浮板 fúbǎn
plantschen	玩水 wánshuǐ
der Bademeister	救生员 jiùshēngyuán
die Bademeisterin	救生员 jiùshēngyuán
der Wasserpark	水上公园 shuǐshàng gōngyuán

DER WASSERSPORT – 水上运动 shǔishàng yùndòng

Das Segeln – 帆船 fānchuán

der Mast
桅杆
wéigān

die Takelage
帆索具
fānsuǒjù

das Großsegel
主帆
zhǔfān

die Fock
前三角帆
qián sānjiǎofān

der Bug
船首
chuánshǒu

der Rumpf
船身
chuánshēn

das Heck
船尾
chuánwěi

der Rettungsring
救生圈
jiùshēngquān

die Leuchtrakete
信号火箭
xìnhào huǒjiàn

der Segler
帆船运动员
fānchuán yùndòngyuán

der Baum
帆桁
fānhéng

das Cockpit
舵舱
duòcāng

die Pinne
舵柄
duòbǐng

der Seegang	海浪	hǎilàng
der Wind	风	fēng
die Meeresströmung	洋流	yángliú
der Anker	锚	máo
die Crew	船员	chuányuán
das Ruder	舵	duò
kentern	倾覆	qīngfù
kreuzen	逆风航行	nìfēng hángxíng
der Jachthafen	小艇船坞	xiǎotǐng chuánwù
das Rettungsboot	救生船	jiùshēngchuán
der Katamaran	双体船	shuāngtǐchuán

DER WASSERSPORT – 水上运动 shuǐshàng yùndòng

Das Tauchen – 潜水 qiánshuǐ

der Tauchanzug
潜水服
qiánshuǐfú

die Druckluftflasche
潜水气瓶
qiánshuǐ qìpíng

der Lungenautomat
呼吸调节器
hūxī tiáojiéqì

die Taschenlampe
手电筒
shǒudiàntǒng

der Tiefenmesser
深度表
shēndùbiǎo

die Schwimmflosse
脚蹼
jiǎopǔ

der Tauchstiefel
潜水靴
qiánshuǐxuē

der Schnorchel
呼吸管
hūxīguǎn

die Tauchmaske
潜水面罩
qiánshuǐ miànzhào

das Finimeter
压力测量
yālì cèliàng

der/das Kajak
皮划艇
píhuátǐng

das Doppelpaddel
双叶桨
shuāngyèjiǎng

der Kanadier
加拿大独木舟
jiānádà dúmùzhōu

das Stechpaddel
单叶桨
dānyèjiǎng

der Sitz
座位
zuòwèi

der Vordersteven
艏柱
shǒuzhù

das Heck
船尾
chuánwěi

der Bug
船首
chuánshǒu

der Bootsrumpf
船身
chuánshēn

der Achtersteven
艉柱
wěizhù

DER WASSERSPORT – 水上运动 shǔishàng yùndòng

Das Surfen – 冲浪 chōnglàng

surfen 冲浪 chōnglàng

das Surfbrett 冲浪板 chōnglàngbǎn

der Surfer 冲浪运动员 chōnglàng yùndòngyuán

die Welle 波浪 bōlàng

das Windsurfen 帆板运动 fānbǎn yùndòng

das Schothorn 帆下角 fānxiàjiǎo

der Mast 桅杆 wéigān

das Segel 帆 fān

der Windsurfer 帆板运动员 fānbǎn yùndòngyuán

das Paddelbrett 桨叶式冲浪板 jiǎngyèshì chōnglàngbǎn

das Kitesurfen 风筝冲浪 fēngzhēng chōnglàng

das Bodyboarden 卧板冲浪 wòbǎn chōnglàng

das Wakeboarden 尾波滑水 wěibō huáshuǐ

der Jetski® 水上摩托 shuǐshàng mótuō

das Wasserski 滑水 huáshuǐ

das Rudern 赛艇 sàitǐng

das Rafting 漂流 piāoliú

DER KAMPFSPORT – 搏击运动 bójī yùndòng

das Karate
空手道
kōngshǒudào

das Aikido
合气道
héqìdào

das Kendo
剑道
jiàndào

das Taekwondo
跆拳道
táiquándào

der schwarze Gürtel
黑腰带
hēiyāodài

das Judo
柔道
róudào

das Kung-Fu
功夫
gōngfū

das Kickboxen
踢拳
tīquán

das Ringen
摔跤
shuāijiāo

das Boxen
拳击
quánjī

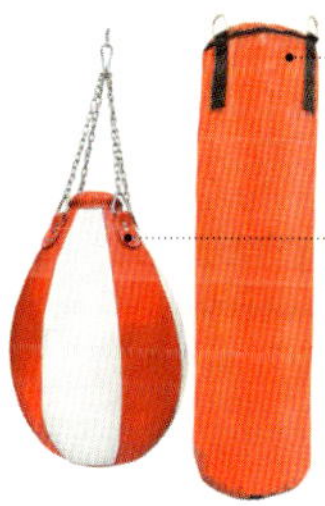

der Sandsack
沙袋
shādài

der Boxball
拳击吊球
quánjī diàoqiú

der Kopfschutz
防护头盔
fánghù tóukuī

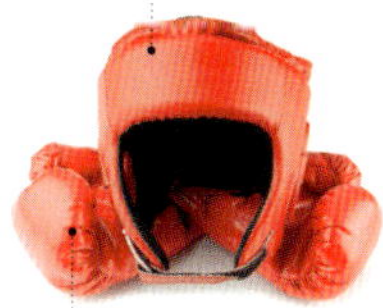

der Boxhandschuh
拳击手套
quánjī shǒutào

der Mundschutz	护齿套 hùchǐtào
das Sparring	拳击训练 quánjī xùnliàn
der Knock-out	击倒取胜 jīdǎoqǔshèng
die Selbstverteidigung	自卫 zìwèi
das Tai-Chi	太极拳 tàijíquán
das Jiu-Jitsu	柔术 róushù
die Capoeira	卡波卫勒舞 kǎbōwèilēiwǔ
das Wing Chun	咏春拳 yǒngchūnquán

DER REITSPORT - 马术 mǎshù

der Reithelm
马术帽
mǎshùmào

die Reiterin
骑士
qíshì

der Sattel
马鞍
mǎ'ān

die Reithose
马裤
mǎkù

die Mähne
马鬃
mǎzōng

das Pferd
马
mǎ

der Stirnriemen
额革
é'gé

das Zaumzeug
马辔
mǎpèi

der Nasenriemen
鼻革
bígé

die Kandare
马衔
mǎxián

der Zügel
缰绳
jiāngshéng

der Steigbügel
马镫
mǎdèng

der Sattelgurt
肚带
dùdài

der Huf
马蹄
mǎtí

der Sprung
跳跃
tiàoyuè

der Hinterzwiesel
后鞍桥
hòu ānqiáo

der Reitstiefel
马靴
mǎxuē

der Vorderzwiesel
前鞍桥
qián ānqiáo

DER REITSPORT – 马术 mǎshù

das Pferderennen
赛马
sàimǎ

das Rennpferd
比赛用马
bǐsàiyòngmǎ

der Jockey
职业赛马骑师
zhíyè sàimǎqíshī

das Dressurreiten
盛装舞步
shèngzhuāng wǔbù

der Ausritt
骑马消遣
qímǎ xiāoqiǎn

der Trabrennsport
轻驾车赛
qīngjiàchēsài

das Jagdrennen
越野障碍赛
yuèyě zhàng'àisài

ohne Sattel reiten
无鞍骑马
wú'ān qímǎ

der Stall
马厩
mǎjiù

der/das Rodeo
牛仔竞技比赛
niúzǎi jìngjì bǐsài

das Polo
马球
mǎqiú

das Springreiten
障碍赛马
zhàng'ài sàimǎ

das Hufeisen	马蹄铁	mǎtítiě
die Reitgerte	马鞭	mǎbiān
die Koppel	畜栏	chùlán
der Kanter	慢跑	mànpǎo
der Galopp	疾驰	jíchí
der Schritt	慢步	mànbù
das Trabrennen	快步马赛	kuàibù mǎsài
das Flachrennen	平地赛马	píngdì sàimǎ

der Pferdepfleger
马夫
mǎfū

DAS ANGELN – 钓鱼 diàoyú

der Angler
钓鱼人
diàoyúrén

die Angel
钓鱼竿线
diàoyú gānxiàn

die Angelrute
钓鱼竿
diàoyúgān

die Anglerweste
钓鱼背心
diàoyú bèixīn

einen Fisch fangen
抓鱼
zhuāyú

der Unterfangkescher
抄网
chāowǎng

der Watstiefel
钓鱼用的防水长靴
diàoyúyòngde fángshuǐ chángxuē

die Spule
线轴
xiànzhóu

die Angelrolle
钓鱼绕线轮
diàoyú ràoxiànlún

die Kurbel
曲柄
qūbǐng

die Angelausrüstung
钓鱼装备
diàoyú zhuāngbèi

die Angelschnur
钓鱼线
diàoyúxiàn

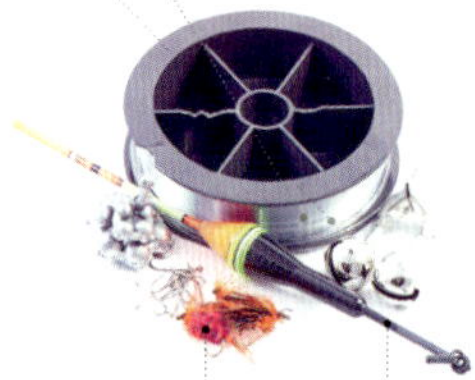

die Kunstfliege
假蝇
jiǎyíng

die Pose
浮漂
fúpiāo

der Angelhaken
鱼钩
yúgōu

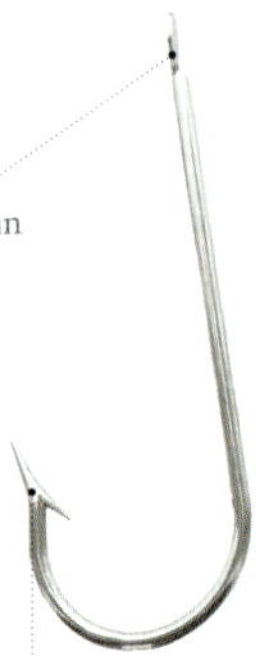

die Öse
鱼钩眼
yúgōuyǎn

der Widerhaken
倒钩
dàogōu

DAS ANGELN – 钓鱼 diàoyú

das Brandungsangeln
激浪钓鱼
jīlàng diàoyú

mit dem Netz fangen
用网捕鱼
yòngwǎng bǔyú

das Hochseeangeln
深海钓鱼
shēnhǎi diàoyú

das Süßwasserangeln
淡水钓鱼
dànshuǐ diàoyú

das Speerfischen
鱼叉式钓鱼
yúchāshì diàoyú

einholen
收线
shōuxiàn

das Fliegenfischen
飞蝇钓鱼
fēiyíng diàoyú

fangen
抓鱼
zhuāyú

freilassen
放流
fàngliú

der Köder
饵料
ěrliào

der Fang
渔获
yúhuò

die Hummerfalle
虾笼
xiālóng

der Angelschein	钓鱼许可证 diàoyú xǔkězhèng
anbeißen	上钩 shànggōu
der Fischkorb	鱼篓 yúlǒu
der Erdspeer	钓具支架 diàojù zhījià
der Wobbler	摇摆诱饵 yáobǎi yòu'ěr
die Harpune	鱼镖 yúbiāo
die Angel auswerfen	扔钓鱼线 rēng diàoyúxiàn
einen Fisch einholen	收钓线把鱼拖近 shōu diàoxiàn bǎ yú tuōjìn

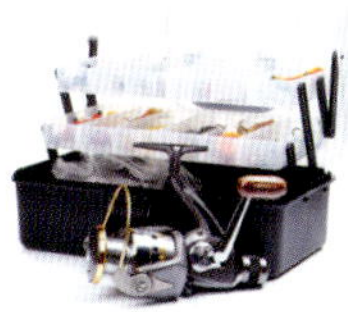
der Spinnerkasten
钓具盒
diàojùhé

DER WINTERSPORT – 冬季运动 dōngjì yùndòng

der Sturzhelm
防护头盔
fánghù tóukuī

der Pulverschnee
粉末状雪
fěnmòzhuàngxuě

der Stockteller
雪轮
xuělún

der Skistock
滑雪杖
huáxuězhàng

die Seilbahn
缆车
lǎnchē

die Spitze
板尖
bǎnjiān

der Ski
滑雪板
huáxuěbǎn

der Skistiefel
滑雪靴
huáxuěxuē

der Skianzug
滑雪服
huáxuěfú

die Skipiste
滑雪道
huáxuědào

die Kante
边缘
biānyuán

der Skiläufer
滑雪者
huáxuězhě

der Slalom
障碍滑雪
zhàng'ài huáxuě

der Abfahrtslauf
滑降滑雪
huájiàng huáxuě

das Skispringen
跳台滑雪
tiàotái huáxuě

abseits der Piste
脱离雪道
tuōlí xuědào

der Skihang
滑雪斜坡
huáxuě xiépō

das Biathlon
冬季两项
dōngjì liǎngxiàng

der Langlauf
越野滑雪
yuèyě huáxuě

die Langlaufloipe
越野滑雪道
yuèyě huáxuědào

DER WINTERSPORT – 冬季运动 dōngjì yùndòng

die Skibrille
滑雪镜
huáxuějìng

der Snowboardfahrer
单板滑雪者
dānbǎn huáxuězhě

das Snowboard
滑雪单板
huáxuě dānbǎn

die Bindung
皮靴固定装置
píxuē gùdìng zhuāngzhì

die Halfpipe
半管滑雪
bànguǎn huáxuě

das Rail
栏杆
lán'gān

Schlitten fahren
乘雪橇
chéng xuěqiāo

das Rennrodeln
无舵雪橇
wúduò xuěqiāo

der Bobsport
雪车运动
xuěchē yùndòng

das Curling
冰壶
bīnghú

Schlittschuh laufen
滑冰
huábīng

der Eisschnelllauf
速度滑冰
sùdù huábīng

das Skifahren	滑雪 huáxuě
das Snowboarding	单板滑雪 dānbǎn huáxuě
der Winter-Fünfkampf	冬季五项 dōngjì wǔxiàng
der Freistil	自由式 zìyóushì
das Schneeschuhwandern	雪鞋健行 xuěxié jiànxíng
das Hundeschlittenfahren	开狗拉雪橇 kāi gǒulā xuěqiāo
das Après-Ski	滑雪后社交娱乐活动 huáxuěhòu shèjiāo yúlèhuódòng
die Skihütte	滑雪旅馆 huáxuě lǚguǎn

der Eiskunstlauf
花样滑冰
huāyàng huábīng

SONSTIGE SPORTARTEN – 其他运动 qítā yùndòng

das Klettern
攀岩
pānyán

das Wandern
徒步旅行
túbù lǚxíng

der Radsport
骑自行车运动
qí zìxíngchē yùndòng

das Mountainbiken
山地自行车运动
shāndì zìxíngchē yùndòng

das Abseilen
绕绳下降
ràoshéng xiàjiàng

das Bungeespringen
蹦极跳
bèngjítiào

das Drachenfliegen
悬挂式滑翔飞行
xuánguàshì huáxiángfēixíng

das Fallschirmspringen
跳伞
tiàosǎn

das Rallyefahren
汽车拉力赛
qìchē lālìsài

die Formel 1®
一级方程式车赛
yījí fāngchéngshì chēsài

das Motocross
摩托车越野赛
mótuōchē yuèyěsài

das Motorradrennen
摩托车赛
mótuōchēsài

das Skateboardfahren
滑板运动
huábǎn yùndòng

das Longboardfahren
长板滑行
chángbǎn huáxíng

das Inlineskaten
直排轮运动
zhípáilún yùndòng

das Offroadfahren
越野驾驶
yuèyě jiàshǐ

SONSTIGE SPORTARTEN – 其他运动 qítā yùndòng

das Fechten
击剑
jījiàn

das Bowling
保龄球
bǎolíngqiú

das Bogenschießen
射箭
shèjiàn

die Jagd
打猎
dǎliè

das Darts
飞镖
fēibiāo

das Poolbillard
美式台球
měishì táiqiú

das Snooker
斯诺克
sīnuòkè

das Lacrosse
长曲棍球
chángqūgùnqiú

die rhythmische Sportgymnastik
韵律操
yùnlǜcāo

das Frisbee®
飞盘
fēipán

das Triathlon
三项全能
sānxiàng quánnéng

der Australian Football
澳式足球
àoshì zúqiú

die/das Boule
地掷球
dìzhìqiú

das Ballett
芭蕾
bālěi

das Krocket
槌球
chuíqiú

der/das Parkour
跑酷
pǎokù

DIE FITNESS – 健身 jiànshēn

das Fitnessstudio
健身房
jiànshēnfáng

die Langhantel
杠铃
gànglíng

die Gewichtsscheibe
杠铃片
gànglíngpiàn

die Bank
仰卧板
yǎngwòbǎn

das Krafttraining
举重训练
jǔzhòng xùnliàn

die Bizepsübung
二头肌弯举
èrtóujī wānjǔ

die Kurzhantel
哑铃
yǎlíng

das Bankdrücken
仰卧推举
yǎngwò tuījǔ

trainieren
训练
xùnliàn

das Ergometer
脚踏车测功仪
jiǎotàchē cègōngyí

der Crosstrainer
椭圆训练机
tuǒyuán xùnliànjī

der Fitnessball
健身球
jiànshēnqiú

die Matte
垫子
diànzi

das Laufband
跑步机
pǎobùjī

das Rudergerät
划船器
huáchuánqì

DIE FITNESS – 健身 jiànshēn

der Ausfallschritt
箭步蹲
jiànbùdūn

die Rumpfbeuge
前俯腰
qiánfǔyāo

der Liegestütz
俯卧撑
fǔwòchēng

der Sit-up
仰卧起坐
yǎngwò qǐzuò

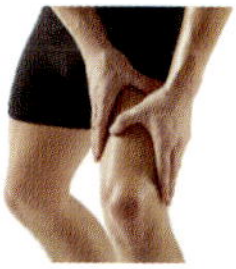

der Muskelkater
肌肉痛
jīròutòng

der Klimmzug
引体向上
yǐntǐ xiàngshàng

die Kniebeuge
曲膝
qūxī

das Pilates
普拉提健身操
pǔlātí jiànshēncāo

das Spinning®
动感单车
dònggǎn dānchē

die Pulsuhr
心率监测器
xīnlǜ jiāncèqì

das Aerobic
健美操
jiànměicāo

das Steppbrett
运动踏板
tàbǎn yùndòng

der Turnschuh
运动鞋
yùndòngxié

sich aufwärmen	热身 rèshēn
sich abkühlen	放松 fàngsōng
das Zirkeltraining	循环训练 xúnhuán xùnliàn
das Bodypump	杠铃操 gànglíngcāo
die Sauna	桑拿 sāngná
die Umkleidekabine	更衣间 gēngyījiān
die Dehnung	伸展 shēnzhǎn
Kalorien verbrennen	燃烧卡路里 ránshāo kǎlùlǐ

FREIZEIT

空闲时间

kōngxián shíjiān

DAS THEATER – 剧院 jùyuàn

① der Balkon
楼厅
lóutīng

② der zweite Rang
二层楼座
èrcéng lóuzuò

③ die Loge
包厢
bāoxiāng

④ der erste Rang
一层楼座
yīcéng lóuzuò

⑤ die Sitzreihe
一排（座位）
yīpái (zuòwèi)

⑥ die Kulisse
布景
bùjǐng

⑦ die Bühne
舞台
wǔtái

⑧ das Foyer
门厅
méntīng

⑨ das Parkett
池座
chízuò

⑩ der Sitzplatz
座位
zuòwèi

⑪ der Vorhang
幕布
mùbù

das Varieté
歌舞杂耍
gēwǔzáshuǎ

das Freilufttheater
露天剧场
lùtiān jùchǎng

das Ballett
芭蕾
bālěi

die Aufführung
表演
biǎoyǎn

der Zauberkünstler
魔术师
móshùshī

der Komiker
喜剧演员
xǐjù yǎnyuán

die Tragödie
悲剧
bēijù

die Komödie
喜剧
xǐjù

DAS THEATER – 剧院 jùyuàn

das Theaterstück
戏剧
xìjù

① *das Bühnenbild*
布景
bùjǐng

② *die Besetzung*
全体演员
quántǐ yǎnyuán

③ *das Theaterkostüm*
剧服
jùfú

④ *der Applaus*
鼓掌 gǔzhǎng

⑤ *das Publikum*
观众 guānzhòng

die Probe
排演
páiyǎn

⑥ *der Schauspieler*
演员
yǎnyuán

⑦ *die Schauspielerin*
演员
yǎnyuán

⑧ *der Regisseur*
导演
dǎoyǎn

die Premiere	首演 shǒuyǎn
die Pause	幕间休息 mùjiān xiūxī
das Programm	剧目 jùmù
die Generalprobe	彩排 cǎipái
der Platzanweiser	引座员 yǐnzuòyuán
die Platzanweiserin	引座员 yǐnzuòyuán
die Theaterkasse	剧院售票处 jùyuàn shòupiàochù
die Eintrittskarte	票 piào

die Künstlergarderobe
化妆室
huàzhuāngshì

DIE MUSIK – 音乐 yīnyuè

Das Orchester – 管弦乐团 guǎnxián yuètuán

das Sinfonieorchester
交响乐团
jiāoxiǎng yuètuán

der Gong
锣
luó

die kleine Trommel
小鼓
xiǎogǔ

die große Trommel
大鼓
dàgǔ

die Pauke
定音鼓
dìngyīngǔ

das Xylophon
木琴
mùqín

die Röhrenglocken
管钟
guǎnzhōng

das Dirigentenpult
指挥台
zhǐhuītái

der Notenständer
乐谱架
yuèpǔjià

der Dirigent
指挥
zhǐhuī

der Taktstock
指挥棒
zhǐhuībàng

die Solistin
独唱家
dúchàngjiā

die Opernsängerin
歌剧演员
gējù yǎnyuán

die Noten
乐谱
yuèpǔ

die Ouvertüre	序曲 xùqǔ
das Quartett	四重奏乐团 sìchóngzòu yuètuán
die Sonate	奏鸣曲 zòumíngqǔ
die Tonhöhe	音高 yīn'gāo
ein Instrument stimmen	给乐器调音 gěi yuèqì tiáoyīn
der Orchestergraben	乐池 yuèchí
der Chor	合唱团 héchàngtuán
die Oper	歌剧 gējù

DIE MUSIK – 音乐 yīnyuè

Die Musikinstrumente – 乐器 yuèqì

das Cello
大提琴
dàtíqín

der Bogen
琴弓
qíngōng

die Geige
小提琴
xiǎotíqín

die akustische Gitarre
原声吉他
yuánshēng jítā

die Harfe
竖琴
shùqín

die elektrische Gitarre
电吉他
diàn jítā

die Bassgitarre
低音吉他
dīyīn jítā

die Tuba
大号
dàhào

die Posaune
长号
chánghào

das Fagott
大管
dàguǎn

die Oboe
双簧管
shuānghuángguǎn

das Horn
圆号
yuánhào

die Trompete
小号
xiǎohào

die Pikkoloflöte
短笛
duǎndí

das Saxofon
萨克斯
sàkèsī

die Klarinette
单簧管
dānhuángguǎn

die Querflöte
长笛
chángdí

DIE MUSIK – 音乐 yīnyuè

Die Musikinstrumente – 乐器 yuèqì

das Tamburin
铃鼓
línggǔ

das Becken
铜钹
tóngbó

die/das Hi-Hat
踩镲
cǎichǎ

das Schlagzeug
架子鼓
jiàzigǔ

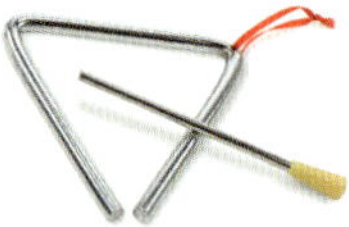

die/der/das Triangel
三角铁
sānjiǎotiě

die Rassel
沙球
shāqiú

die Bongos
邦戈鼓
bānggēgǔ

die Kesselpauke
定音鼓
dìngyīngǔ

die Kastagnetten
响板
xiǎngbǎn

die Schellenrassel
铃棒
língbàng

die Panflöte
排箫
páixiāo

der Schlagzeugstock
鼓槌
gǔchuí

die Mundharmonika
口琴
kǒuqín

der Dudelsack
风笛
fēngdí

das Akkordeon
手风琴
shǒufēngqín

der Flügel
三角钢琴
sānjiǎo gāngqín

DIE MUSIK – 音乐 yīnyuè

die Notation
记谱法
jìpǔfǎ

der Violinschlüssel
高音谱号
gāoyīn pǔhào

die Notenlinie
五线谱表
wǔxiànpǔbiǎo

der Bassschlüssel
低音谱号
dīyīn pǔhào

das Vorzeichen
调号
diàohào

die Taktangabe
拍号
pāihào

die Note
音符
yīnfú

das Kreuz
升半音
shēngbànyīn

der Taktstrich
小节线
xiǎojiéxiàn

die klassische Musik
古典音乐
gǔdiǎn yīnyuè

das Heavy Metal
重金属音乐
zhòngjīnshǔ yīnyuè

der Rap
说唱音乐
shuōchàng yīnyuè

der Hip-Hop
嘻哈音乐
xīhā yīnyuè

der Reggae	雷鬼音乐	léiguǐ yīnyuè
die Popmusik	流行音乐	liúxíng yīnyuè
die Countrymusik	乡村音乐	xiāngcūn yīnyuè
die Indie-Musik	独立音乐	dúlì yīnyuè
der Blues	布鲁斯	bùlǔsī
der/das Techno	高科技电子音乐	gāokējì diànzǐ yīnyuè
der Soul	灵魂乐	línghúnyuè
die Disko	迪斯科	dísīkē

der Jazz
爵士乐
juéshìyuè

der Rock
摇滚乐
yáogǔnyuè

DIE MUSIK - 音乐 yīnyuè

Das Konzert - 音乐会 yīnyuèhuì

das Rockkonzert
摇滚音乐会
yáogǔn yīnyuèhuì

① *der Scheinwerfer*
聚光灯
jùguāngdēng

② *das Mikrofon*
话筒
huàtǒng

③ *die Band*
乐队
yuèduì

④ *der Bassist*
低音吉他手
dīyīn jítāshǒu

⑤ *der Verstärker*
功放
gōngfàng

⑥ *der Gitarrist*
吉他手
jítāshǒu

⑦ *der Schlagzeuger*
鼓手
gǔshǒu

⑧ *der Frontmann*
主唱
zhǔchàng

die Konzerthalle
音乐大厅
yīnyuè dàtīng

die Fans
歌迷
gēmí

das Musikfestival
音乐节
yīnyuèjié

der DJ
唱片骑师
chàngpiàn qíshī

das Mischpult
混音台
hùnyīntái

singen	歌唱 gēchàng
mitsingen	跟唱 gēnchàng
pfeifen	吹口哨 chuīkǒushào
die Zugabe	加演节目 jiāyǎn jiémù
das Crowdsurfing	人群冲浪 rénqún chōnglàng
der/das Rave	狂野派对 kuángyě pàiduì
das Lied	歌曲 gēqǔ
der Liedtext	歌词 gēcí

DIE MUSIK – 音乐 yīnyuè

Musik hören – 听音乐 tīng yīnyuè

die Stereoanlage
立体音响系统
lìtǐ yīnxiǎng xìtǒng

der MP3-Player
MP3播放器
MP3-bōfàngqì

der CD-Spieler
CD播放机
CD-bōfàngjī

der Lautstärkeregler
音量控制
yīnliàng kòngzhì

die Lautsprecherbox
音箱
yīnxiāng

die Schallplatte
唱片
chàngpiàn

der Plattenspieler
唱片机
chàngpiànjī

die USB-Schnittstelle
USB接口
USB-jiēkǒu

das Radio
收音机
shōuyīnjī

das Gesangstück	声乐作品 shēngyuè zuòpǐn
die Komposition	乐曲 yuèqǔ
das Instrumentalstück	器乐作品 qìyuè zuòpǐn
akustisch	声学的 shēngxuéde
der Refrain	副歌 fùgē
die Melodie	曲调 qǔdiào
der Beat	节拍 jiépāi
die Kassette	磁带 cídài

der Kopfhörer
头戴式耳机
tóudàishì ěrjī

HOBBYS – 业余爱好 yèyú àihǎo

gravieren
镂刻
lòukè

schnitzen
雕刻
diāokè

Briefmarken sammeln
集邮
jíyóu

die Modelleisenbahn
铁路模型
tiělù móxíng

modellieren
塑造
sùzào

die Bildhauerei
雕塑
diāosù

töpfern
制陶
zhìtáo

Mosaik legen
拼贴马赛克图案
zhìzuò mǎsàikè tú'àn

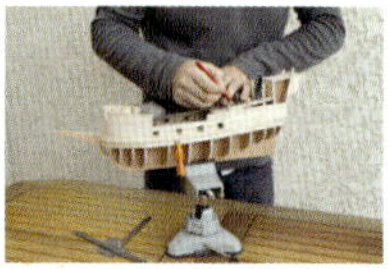

der Modellbau
模型制作
móxíng zhìzuò

Schmuck herstellen
首饰制作
shǒushì zhìzuò

lesen
阅读
yuèdú

kochen
烹饪
pēngrèn

gärtnern
做园艺
zuò yuányì

das Origami	折纸 zhézhǐ
das Pappmaschee	混凝纸 hùnníngzhǐ
das Scrapbooking	剪贴簿制作 jiǎntiēbù zhìzuò
Möbel restaurieren	修复家具 xiūfù jiājù
im Chor singen	参加合唱团 cānjiā héchàngtuán
Filme drehen	制作影片 zhìzuò yǐngpiān
Vögel beobachten	观赏鸟类 guānshǎng niǎolèi
das kreative Schreiben	创意写作 chuàngyì xiězuò

HOBBYS – 业余爱好 yèyú àihǎo

Kunst und Basteln – 艺术美工 yìshù yǔ měigōng

der *Buntstift*
彩色铅笔
cǎisè qiānbǐ

die *Wasserfarbe*
水彩
shuǐcǎi

der *Wachsmalstift*
彩色蜡笔
cǎisè làbǐ

die *Lackfarbe*
油漆
yóuqī

die *Ölkreide*
粉蜡笔
yóulàbǐ

die *Kreide*
粉笔
fěnbǐ

die *Ölfarbe*
油画颜料
yóuhuà yánliào

die *Acrylfarbe*
丙烯颜料
bǐngxī yánliào

die *Pastellkreide*
彩色粉笔
cǎisè fěnbǐ

der *Filzstift*
毡头笔
zhāntóubǐ

die *Tusche*
墨
mò

die *Zeichenkohle*
炭笔
tànbǐ

die *Gouache*
水粉
shuǐfěn

der *Klebstoff*
胶水
jiāoshuǐ

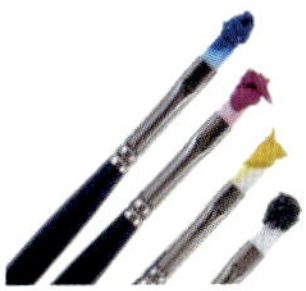

der *Pinsel*
画笔/毛笔
huàbǐ/máobǐ

die *Palette*
调色板
tiáosèbǎn

HOBBYS – 业余爱好 yèyú àihǎo

Kunst und Basteln – 艺术美工 yìshù yǔ měigōng

die Aquarellmalerei
水彩画术
shuǐcǎihuàshù

die Ölmalerei
油画术
yóuhuàshù

die Collage
拼贴画术
pīntiēhuàshù

die Wandmalerei
壁画术
bìhuàshù

die Tuschezeichnung
水墨画术
shuǐmòhuàshù

die abstrakte Malerei
抽象画术
chōuxiànghuàshù

die Landschaftsmalerei
风景画术
fēngjǐnghuàshù

die Porträtmalerei
肖像画术
xiàoxiànghuàshù

die Bleistiftzeichnung
铅笔画术
qiānbǐhuàshù

das Stillleben
静物画
jìngwùhuà

das Graffiti
涂鸦
túyā

der Siebdruck
丝网印刷
sīwǎng yìnshuā

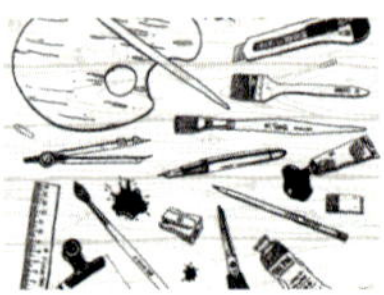

die Skizze
素描
sùmiáo

die Aktmalerei
裸体画术
luǒtǐhuàshù

die Leinwand
画布
huàbù

der Karton
硬纸板
yìngzhǐbǎn

HOBBYS – 业余爱好 yèyú àihǎo

Kunst und Basteln – 艺术美工 yìshù yǔ měigōng

die Farbe
颜色
yánsè

das Schwarz
黑色 hēisè

das Schwarzbraun
黑褐色 hēihèsè

das Hellbraun
浅褐色 qiǎnhèsè

das Smaragdgrün
祖母绿色 zǔmǔlǜsè

das Gelbgrün
黄绿色 huánglǜsè

das Blau
蓝色 lánsè

das Violett
紫色 zǐsè

das Blutrot
血红色 xuèhóngsè

das Rosa
玫红色 méihóngsè

das Gelborange
橙黄色 chénghuángsè

das Orange
橙色 chéngsè

das Hellgelb
浅黄色 qiǎnhuángsè

das Grau
灰色 huīsè

das Braun
褐色 hèsè

das Olivgrün
橄榄绿色 gǎnlǎnlǜsè

das Grün
绿色 lǜsè

das Cyan
青色 qīngsè

das Dunkelblau
深蓝色 shēnlánsè

das Lila
淡紫色 dànzǐsè

das Pink
粉红色 fěnhóngsè

das Rot
红色 hóngsè

das Ocker
赭石色 zhěshísè

das Gelb
黄色 huángsè

das Weiß
白色 báisè

HOBBYS – 业余爱好 yèyú àihǎo

Nähen und Stricken – 缝纫与针织 féngrèn yǔ zhēnzhī

der Kopf
机头
jītóu

der Fadenhebel
挑线杆
tiǎoxiàn'gǎn

die Fadenführung
导线器
dǎoxiànqì

der Garnrollenstift
线柱
xiànzhù

die Nähmaschine
缝纫机
féngrènjī

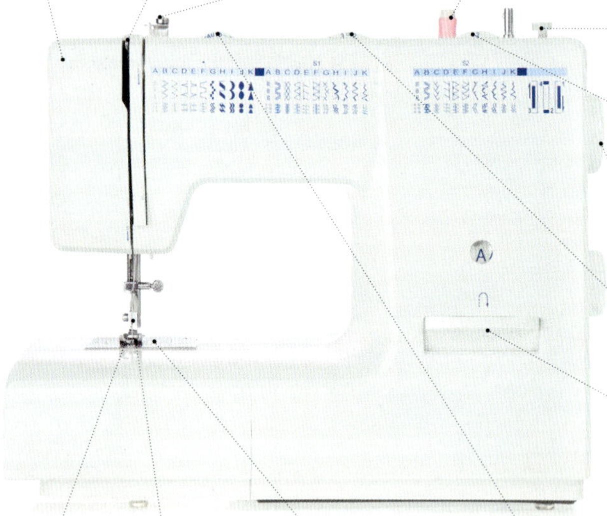

der Spuler
线轴
xiànzhóu

der Stichbreitenwähler
针步宽窄调整器
zhēnbùkuānzhǎi tiáozhěngqì

das Handrad
手轮
shǒulún

der Stichwähler
针步选择器
zhēnbù xuǎnzéqì

die Rückwärtsnähtaste
倒缝扳手
dàoféng bānshǒu

die Nadel
针
zhēn

der Nähfuß
压脚
yājiǎo

die Stichplatte
针板
zhēnbǎn

der Nähfußdruckregler
压脚调节钮
yājiǎo tiáojiéniǔ

die Overlock
锁边机
suǒbiānjī

das Maßband
带尺
dàichǐ

die Spule
缝纫机梭芯
féngrèn jīsuōxīn

das Nähgarn
线
xiàn

HOBBYS – 业余爱好 yèyú àihǎo

Nähen und Stricken – 缝纫与针织 féngrèn yǔ zhēnzhī

die Schneiderpuppe
裁缝人体模特
cáifeng réntǐ móxíng

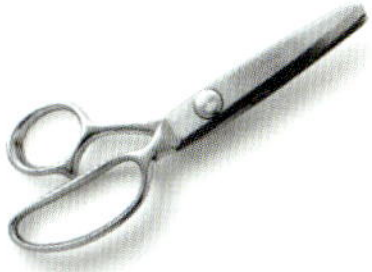

die Schere
剪刀
jiǎndāo

das Nähkästchen
针线盒
zhēnxiànhé

das Nadelkissen
针垫
zhēndiàn

das Schnittmuster
版型
bǎnxíng

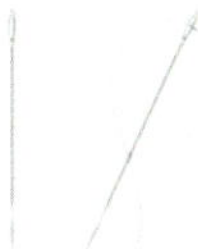

die Nähnadel
缝纫针
féngrènzhēn

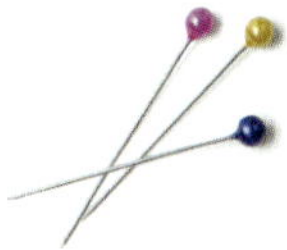

die Stecknadel
大头针
dàtóuzhēn

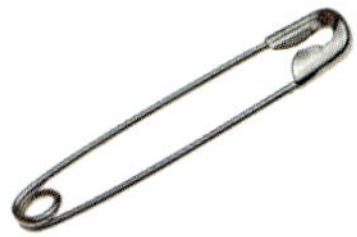

die Sicherheitsnadel
别针
biézhēn

der Stoff
布匹
bùpǐ

der Knopf
纽扣
niǔkòu

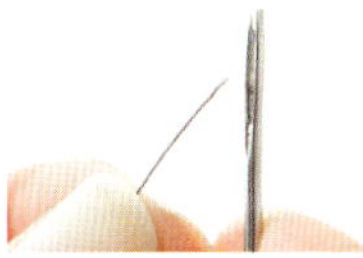

einen Faden einfädeln
穿线针
chuān xiànzhēn

der Einfädler
穿线针器
chuān xiànzhēnqì

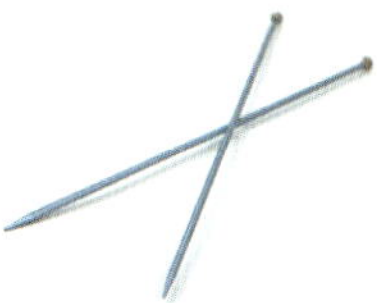

die Stricknadel
织针
zhīzhēn

die Wolle
毛线
máoxiàn

der Fingerhut
顶针
dǐngzhēn

der Nahtauftrenner
拆线器
chāixiànqì

HOBBYS – 业余爱好 yèyú àihǎo

Nähen und Stricken – 缝纫与针织 féngrèn yǔ zhēnzhī

nähen
缝纫
féngrèn

schneiden
裁剪
cáijiǎn

das Patchwork
拼布
pīnbù

häkeln
钩针编织
gōuzhēn biānzhī

der Kreuzstich
十字针法
shízì zhēnfǎ

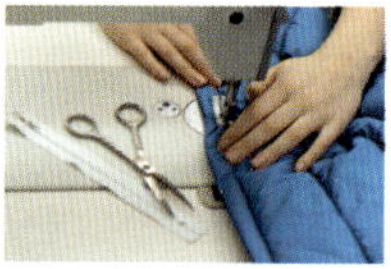

wattieren
用棉花填衬
yòng miánhuā tiánchèn

stricken
针织
zhēnzhī

stopfen
织补
zhībǔ

weben
织布
zhībù

Spitze klöppeln
编织花边
biānzhī huābiān

einen Teppich knüpfen
打结编织地毯
dǎjié biānzhī dìtǎn

der Reißverschluss
拉链
lāliàn

auftrennen
拆缝线
chāi féngxiàn

sticken	刺绣 cìxiù
das Leinen	麻布 mábù
die Seide	丝绸 sīchóu
das Nylon®	尼龙 nílóng
die Baumwolle	棉 mián
der Polyester	聚酯纤维 jùzhǐ xiānwéi
der Stich	针法 zhēnfǎ
heften	装订 zhuāngdìng

HOBBYS – 业余爱好 yèyú àihǎo

Das Kino – 电影院 diànyǐngyuàn

der Kinosaal
电影院放映厅
diànyǐngyuàn fàngyìngtīng

① *die Kinoleinwand*
银幕
yínmù

② *die Sitzreihe*
一排（座位）
yīpái (zuòwèi)

die Snackbar
小吃店
xiǎochīdiàn

das Getränk
饮料
yǐnliào

das Popcorn
爆米花
bàomǐhuā

die Kinokasse
电影售票处
diànyǐng shòupiàochù

die Komödie
喜剧
xǐjù

der Horrorfilm
恐怖片
kǒngbùpiàn

der Liebesfilm
爱情片
àiqíngpiàn

der Zeichentrickfilm	动画片	dònghuàpiàn
der Western	西部片	xībùpiàn
die Voraufführung	电影试映	diànyǐng shìyìng
das Filmplakat	电影海报	diànyǐng hǎibào
die Premiere	首映	shǒuyìng
der Thriller	惊悚片	jīngsǒngpiàn
der Sciencefictionfilm	科幻片	kēhuànpiàn
jugendfrei	适合各个年龄段	shìhé gègè niánlíng

der 3D-Film
3D电影
3D-diànyǐng

HOBBYS – 业余爱好 yèyú àihǎo

Fotografieren – 摄影 shèyǐng

die Programmwählscheibe
模式转盘
móshì zhuànpán

die Spiegelreflexkamera
单反相机
dānfǎn xiàngjī

der Blitzschuh
热靴
rèxuē

der (ausklappbare) Blitz
(弹出式) 闪光灯
(tánchūshì) shǎnguāngdēng

der/das Zoom
变焦镜头
biànjiāo jìngtóu

das Objektiv
镜头
jìngtóu

der Auslöser
快门释放按钮
kuàimén shìfàng'ànniǔ

das Kameragehäuse
相机机身
xiàngjī jīshēn

der Blendenregler
光圈刻度盘
guāngquān kèdùpán

das Selbstauslöser-Lichtsignal
自动拍摄 定时器指示灯
zìdòng pāishè dìngshíqì zhǐshìdēng

die Einwegkamera
一次性相机
yīcìxìng xiàngjī

die Sofortbildkamera
即时相机
jíshí xiàngjī

die Analogkamera
胶卷相机
jiāojuǎn xiàngjī

die Digitalkamera
数码相机
shùmǎ xiàngjī

das Stativ
三脚架
sānjiǎojià

der Aufsteckblitz
热靴闪光灯
rèxuē shǎnguāngdēng

der Filter
滤色镜
lǜsèjìng

der Objektivdeckel
镜头盖
jìngtóugài

HOBBYS – 业余爱好 yèyú àihǎo

Fotografieren – 摄影 shèyǐng

der Film
胶卷
jiāojuǎn

das Fotostudio
照相馆
zhàoxiàngguǎn

ein Foto machen
照相
zhàoxiàng

die Bildbearbeitung
图像编辑
túxiàng biānjí

die Compact-Flash-Karte
CF卡
CF-kǎ

sich fotografieren lassen
摆好姿势拍照
bǎihǎo zīshì pāizhào

die Kameratasche
相机包
xiàngjībāo

die Dunkelkammer
暗室
ànshì

die Speicherkarte
存储卡
cúnchǔkǎ

unscharf
未对焦
wèiduìjiāo

überbelichtet
曝光过度
bàoguāng guòdù

unterbelichtet
曝光不足
bàoguāng bùzú

das Hochformat	肖像格式	xiàoxiàng géshì
das Querformat	风景格式	fēngjǐng géshì
die Vergrößerung	放大照片	fàngdà zhàopiàn
der Rote-Augen-Effekt	红眼效应	hóngyǎn xiàoyìng
matt	无光泽的	wúguāngzéde
glänzend	有光泽的	yǒu guāngzéde
das Fotoalbum	相册	xiàngcè
das Negativ	底片	dǐpiàn

der digitale Bilderrahmen
数码相框
shùmǎ xiàngkuāng

HOBBYS – 业余爱好 yèyú àihǎo

Spiele – 游戏 yóuxì

die Spielkarte
纸牌
zhǐpái

das Karo
方块
fāngkuài

das Pik
黑桃
hēitáo

das Herz
红桃
hóngtáo

das Kreuz
梅花
méihuā

das Ass
A牌
A-pái

der Joker
王牌
wángpái

der König
K牌
K-pái

die Dame
Q牌
Q-pái

der Bube
J牌
J-pái

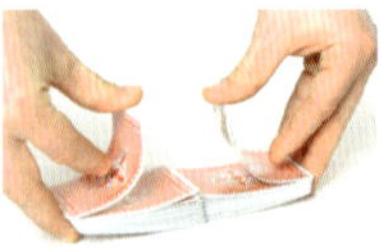

die Karten mischen
洗牌
xǐpái

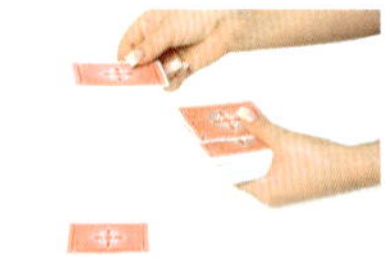

geben
发牌
fāpái

das Blatt
一手牌
yīshǒupái

Poker spielen
打扑克
dǎ pūkè

der Dominostein
多米诺骨牌
duōmǐnuò gǔpái

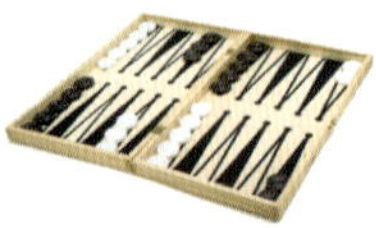

das Backgammon
西洋双陆棋
xīyáng shuānglùqí

das Damespiel
国际跳棋
guójì tiàoqí

das Puzzle
拼图
pīntú

HOBBYS – 业余爱好 yèyú àihǎo

Spiele – 游戏 yóuxì

der Zug
着
zhāo

das Brettspiel
棋盘游戏
qípán yóuxì

das Monopoly®
强手棋
qiángshǒuqí

das Mensch ärgere dich nicht®
鲁多先生
lǔduō xiānshēng

würfeln	掷色子 zhì shǎizi
mogeln	诈骗 zhàpiàn
das Glück	运气 yùnqì
das Pech	倒霉 dǎoméi
Wer ist dran?	轮到谁了? lúndào shéi le?
Du bist dran.	轮到你了。lúndào nǐ le.
gewinnen	赢 yíng
verlieren	输 shū

das Jenga®
叠叠高
diédiégāo

der Würfel
色子
shǎizi

FERIEN – 假日 jiàrì

Am Strand – 在海滩 zài hǎitān

der Strand
海滩
hǎitān

die Stranddüne
海滩沙丘
hǎitān shāqiū

der Sonnenuntergang
日落
rìluò

das Meer
海
hǎi

der Strandkorb
柳条顶沙滩蓬椅
liǔtiáodǐng shātān péngyǐ

der Sand
沙
shā

die Küste
海岸
hǎi'àn

die Strandpromenade
海滩人行漫步道
hǎitān rénxíng mànbùdào

der Liegestuhl
躺椅
tǎngyǐ

der Wasserball
沙滩球
shātānqiú

das Strandtuch
海滩浴巾
hǎitān yùjīn

die Kinderschaufel
儿童玩具铲
értóng wánjùchǎn

der Flip-Flop®
人字拖
rénzìtuō

der Eimer
桶
tǒng

FERIEN – 假日 jiàrì

Am Strand – 在海滩 zài hǎitān

der Sonnenschirm
遮阳伞
zhēyángsǎn

der Steinstrand
石滩
shítān

die Strandmuschel
海滩帐篷
hǎitān zhàngpeng

die Sandburg
沙堡
shābǎo

der Seetang
海草
hǎicǎo

die Sonnencreme
防晒霜
fángshàishuāng

das Strandresort
海滩度假村
hǎitān dùjiàcūn

der Steg
栈桥
zhànqiáo

das Kreuzworträtsel
填字游戏
tiánzì yóuxì

das Sudoku
数独
shùdú

das Strandhäuschen
海滩小屋
hǎitān xiǎowū

die Strandbar
海滩酒吧
hǎitān jiǔbā

die Ebbe	低潮 dīcháo
die Flut	高潮 gāocháo
die Strömung	海流 hǎiliú
der FKK-Strand	裸体海滩 luǒtǐ hǎitān
das Strandgut	海边残留物 hǎibiān cánliúwù
schnorcheln	浮潜 fúqián
der Sonnenbrand	晒伤 shàishāng
die Brandung	碎浪 suìlàng

sich sonnen
晒日光浴
shàirì guāngyù

FERIEN – 假日 jiàrì

Das Zelten – 野营 yěyíng

das Wohnmobil
旅行房车
lǚxíng fángchē

der Wohnwagen
拖挂式房车
tuōguàshì fángchē

der Campingbus
露营车
lùyíngchē

das Indianerzelt
圆锥帐篷
yuánzhuī zhàngpéng

der Campingstuhl
折叠椅
zhédiéyǐ

der Gasbrenner
燃气喷灯
ránqì pēndēng

der Grillrost
烧烤网
shāokǎowǎng

die Lagerfeuerstelle
营火堆
yínghuǒduī

der Campingplatz
营地
yíngdì

das Zelt
帐篷
zhàngpeng

der Zeltplatz
野营地
yěyíngdì

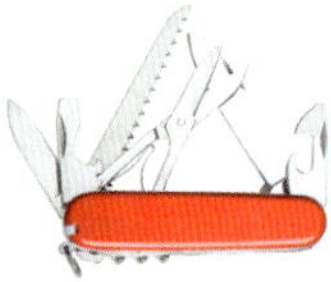

das Taschenmesser
小折刀
xiǎozhédāo

die Hängematte
吊床
diàochuáng

die Gasflasche	气瓶 qìpíng
das Propangas	丙烷 bǐngwán
die Stirnlampe	头灯 tóudēng
der Stromanschluss	电源插口 diànyuán chākǒu
die Duschen und Toiletten	公共厕所和淋浴 gōnggòng cèsuǒ hé línyù
der Feueranzünder	引火物 yǐnhuǒwù
die Holzkohle	木炭 mùtàn
der/das Insektenspray	驱虫剂 qūchóngjì

FERIEN – 假日 jiàrì

Das Zelten – 野营 yěyíng

der Schlafsack
睡袋
shuìdài

das Außenzelt
外帐篷
wài zhàngpéng

das Innenzelt
内帐篷
nèi zhàngpéng

der Zelteingang
帐篷门帘
zhàngpéng ménlián

die Zeltstange
帐篷的支柱
zhàngpéng de zhīzhù

der Zeltboden
地席
dìxí

der Reißverschluss
拉链
lāliàn

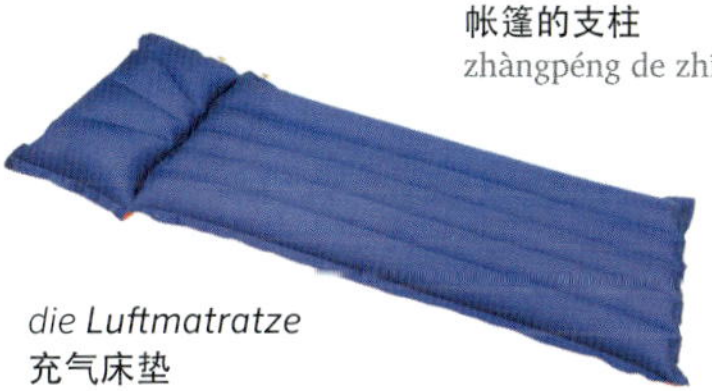

die Luftmatratze
充气床垫
chōngqì chuángdiàn

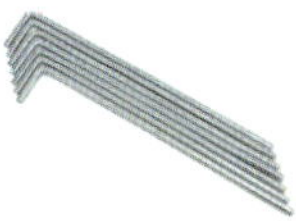

der Hering
帐篷钉
zhàngpéngdīng

die Taschenlampe
手电筒
shǒudiàntǒng

der Rucksack
背包
bēibāo

die Isomatte
防潮垫
fángcháodiàn

der Trekkingstock
登山杖
dēngshānzhàng

der Wanderschuh
徒步靴
túbùxuē

die Petroleumlampe	煤油灯 méiyóudēng
die Luftpumpe	气筒 qìtǒng
die Campingtoilette	野营马桶 yěyíng mǎtǒng
die Entsorgungsstation	垃圾处理站 lājī chǔlǐzhàn
die Regenhaut®	薄雨披 báoyǔpī
die Thermowäsche	保暖内衣 bǎonuǎn nèiyī
das Moskitonetz	蚊帐 wénzhàng
ein Zelt aufschlagen	搭帐篷 dā zhàngpéng
Kann ich hier mein Zelt aufschlagen?	我可以在这儿搭帐篷吗? wǒ kěyǐ zài zhè'r dā zhàngpéng ma?

der Wasserkanister
水容器桶
shuǐróng qìtǒng

KÖRPER UND GESUNDHEIT

身体与健康

shēntǐ yǔ jiànkāng

DER KÖRPER – 身体 shēntǐ

der Mann
男性
nánxìng

die Frau
女性
nǚxìng

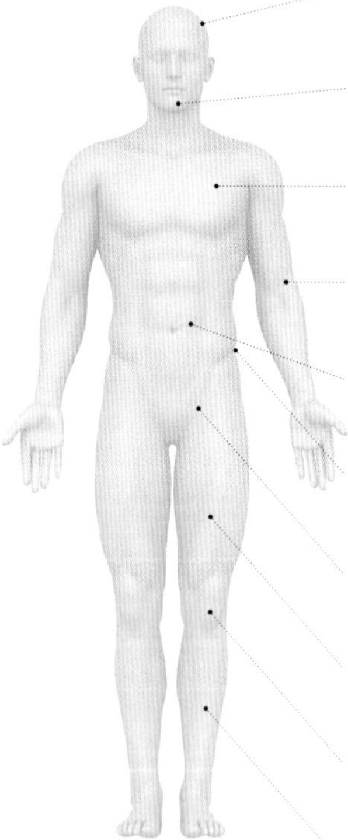

der Kopf
头
tóu

das Kinn
颏
kē

der Brustkorb
胸
xiōng

der Arm
臂
bì

der Bauch
腹
fù

die Hüfte
胯
kuà

die Leiste
腹股沟
fùgǔgōu

der Oberschenkel
大腿
dàtuǐ

das Knie
膝
xī

das Schienbein
胫
jìng

der Hals
颈
jǐng

die Schulter
肩
jiān

die Achselhöhle
腋窝
yèwō

die Brust
乳房
rǔfáng

die Brustwarze
乳头
rǔtóu

der Bauchnabel
肚脐
dùqí

die Schamgegend
阴部
yīnbù

das Bein
腿
tuǐ

der Unterschenkel
小腿
xiǎotuǐ

der Fuß
脚
jiǎo

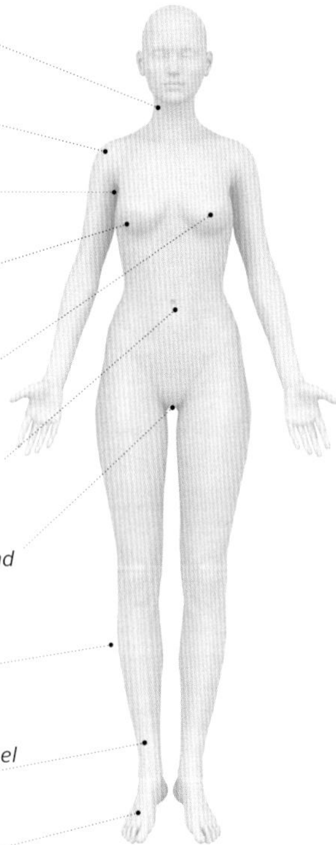

DER KÖRPER – 身体 shēntǐ

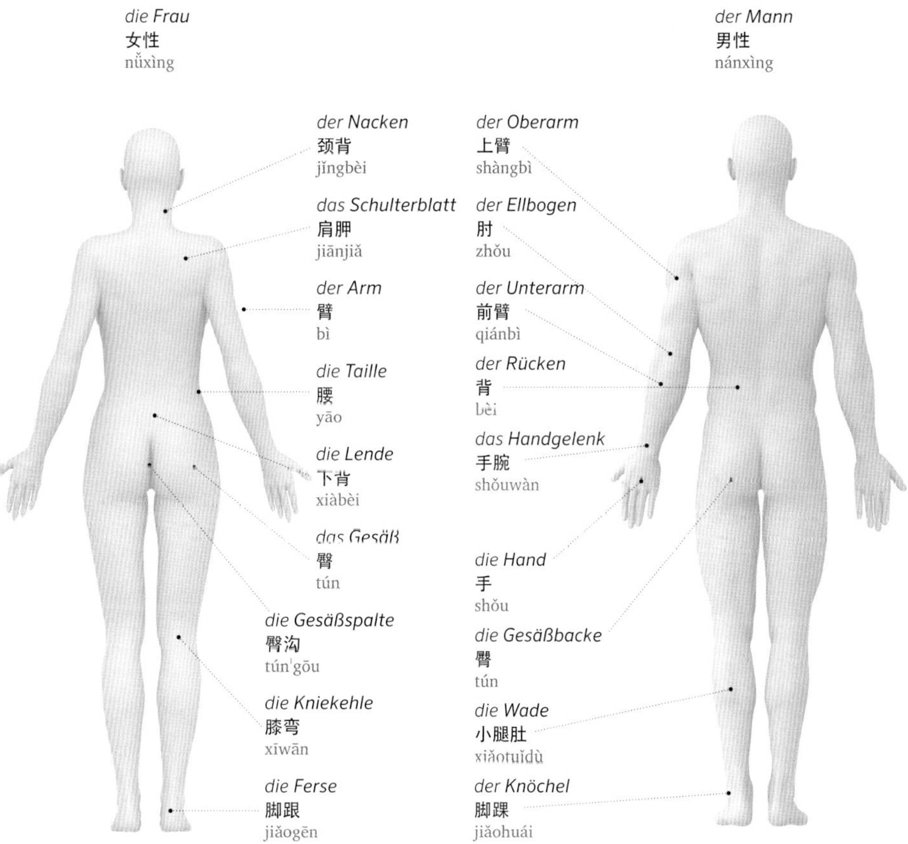

DER KÖRPER – 身体 shēntǐ

Die Hand und der Fuß – 手与脚 shǒu yǔ jiǎo

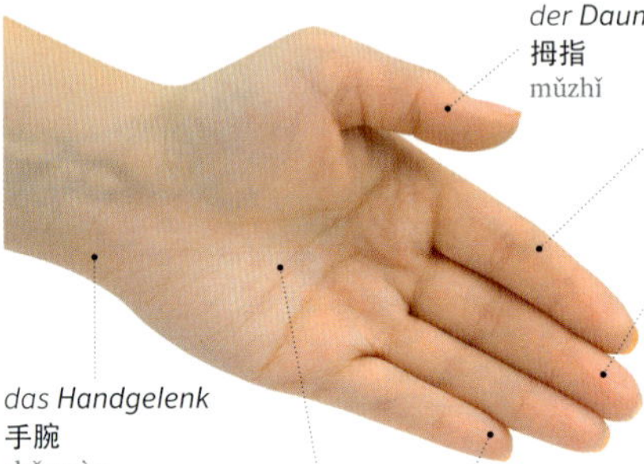

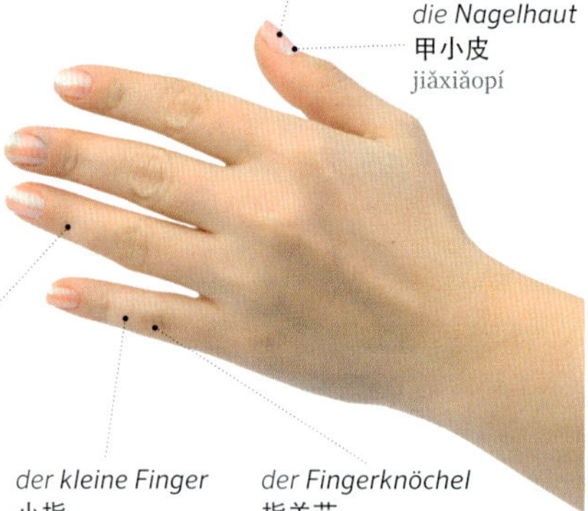

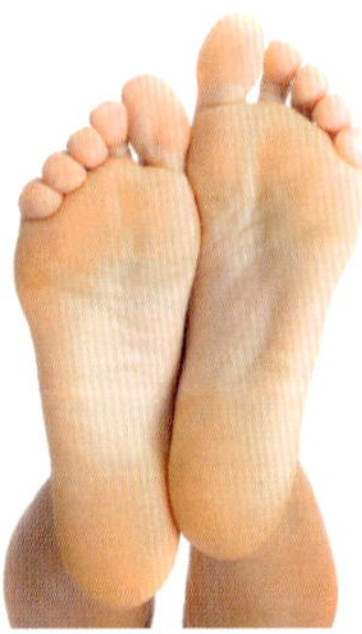

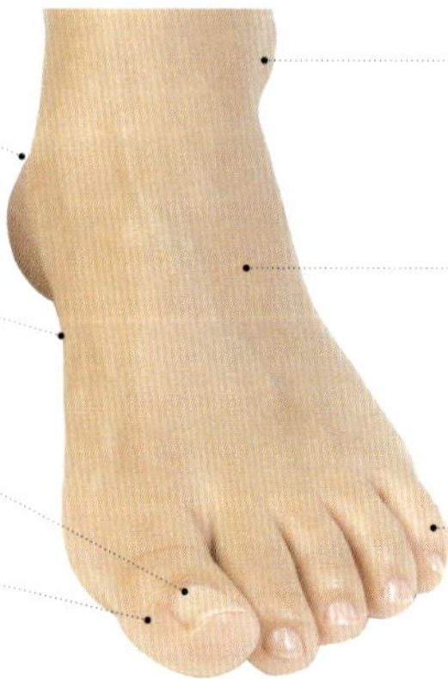

DER KÖRPER – 身体 shēntǐ

Der Kopf – 头部 tóubù

das Gehirn
脑
nǎo

das Großhirn
大脑
dà'nǎo

das Kleinhirn
小脑
xiǎonǎo

der Hirnstamm
脑干
nǎogàn

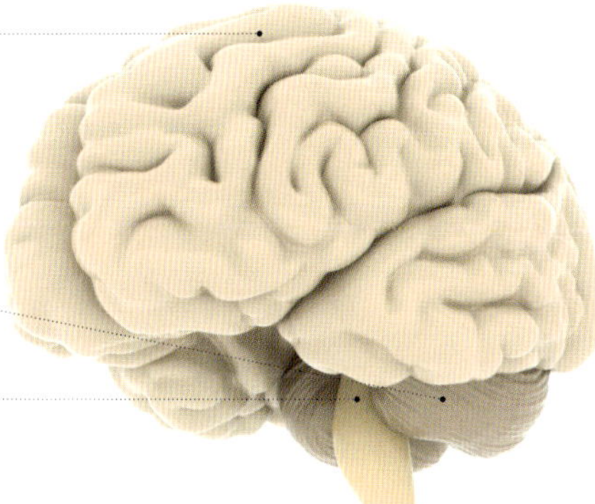

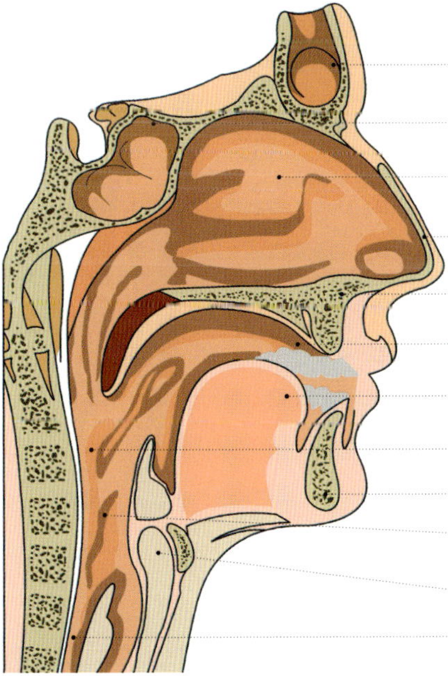

die Stirnhöhle
额窦
édòu

die Nasenhöhle
鼻腔
bíqiāng

der Oberkiefer
上颌
shànghe

die Zunge
舌
shé

der Unterkiefer
下颌
xiàhé

der Kehlkopf
喉
hóu

die Keilbeinhöhle
鼻窦
bídòu

das Nasenbein
鼻骨
bígǔ

der Gaumen
腭
è

der Rachen
咽
yān

die Kehle
咽喉
yānhóu

die Speiseröhre
食管
shíguǎn

DER KÖRPER – 身体 shēntǐ

Die Muskeln – 肌肉 jīròu

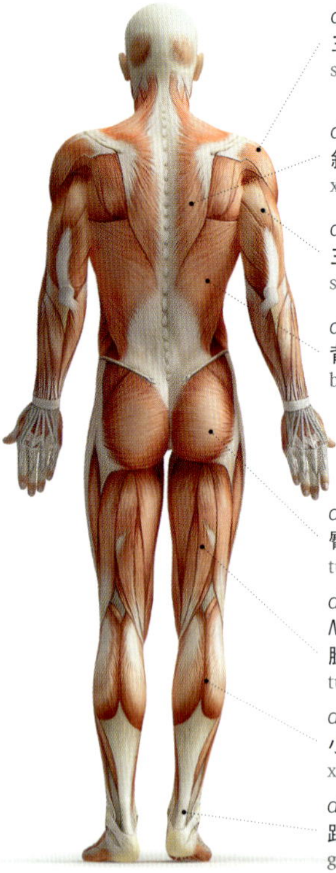

der Deltamuskel
三角肌
sānjiǎojī

der Kapuzenmuskel
斜方肌
xiéfāngjī

der Trizeps
三头肌
sāntóujī

der Rückenmuskel
背肌
bèijī

der Gesäßmuskel
臀肌
túnjī

die ischiocruralen Muskeln
腿后腱
tuǐhòujiàn

der Wadenmuskel
小腿肌
xiǎotuǐjī

die Achillessehne
跟腱
gēnjiàn

der Stirnmuskel
额肌
éjī

der Brustmuskel
胸肌
xiōngjī

der Bizeps
二头肌
èrtóujī

der Bauchmuskel
腹肌
fùjī

der Oberschenkelmuskel
股中间肌
gǔzhōngjiānjī

der vordere Schienbeinmuskel
胫前肌
jìngqiánjī

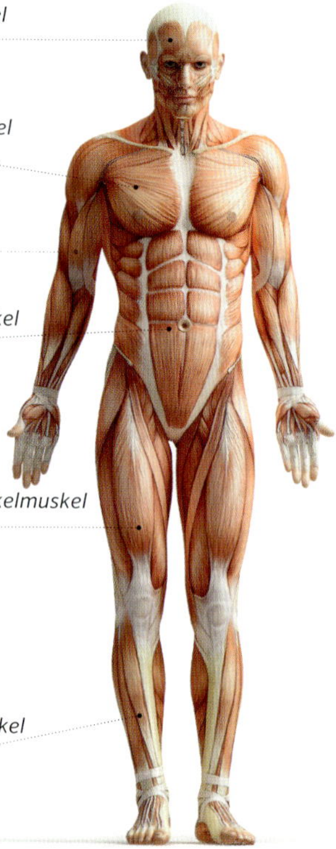

DER KÖRPER – 身体 shēntǐ

Das Skelett – 骨骼 gǔgé

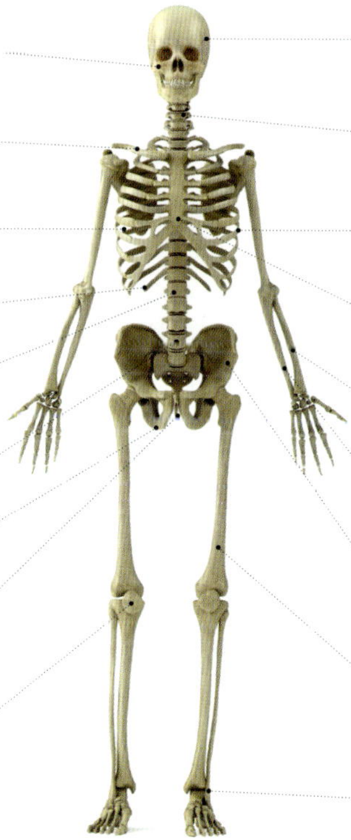

das Jochbein
颧骨
quángǔ

das Schlüsselbein
锁骨
suǒgǔ

der Brustkorb
胸廓
xiōngkuò

die freie Rippe
浮肋
fúlèi

die Wirbelsäule
脊柱
jǐzhù

der Lendenwirbel
腰椎
yāozhuī

das Sitzbein
坐骨
zuògǔ

das Steißbein
尾骨
wěigǔ

die Kniescheibe
膝盖骨
xīgàigǔ

der Schädel
颅骨
lúgǔ

der Halswirbel
颈椎
jǐngzhuī

die Rippe
肋骨
lèigǔ

das Brustbein
胸骨
xiōnggǔ

die Speiche
桡骨
ráogǔ

die Elle
尺骨
chǐgǔ

das Becken
骨盆
gǔpén

der Oberschenkelknochen
股骨
gǔgǔ

das Fersenbein
跟骨
gēngǔ

DER KÖRPER – 身体 shēntǐ

Die inneren Organe – 内部器官 nèibù qìguān

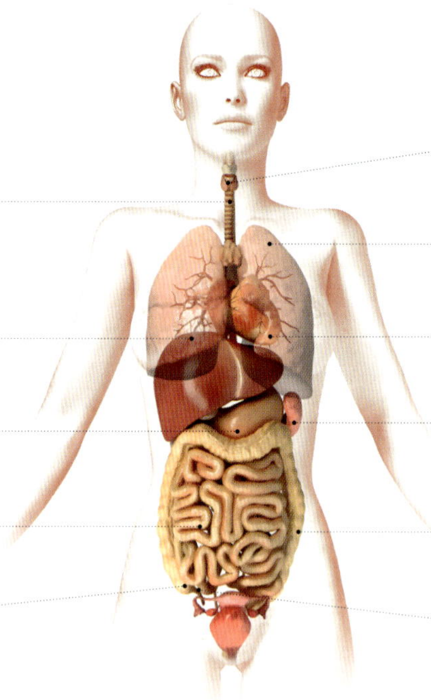

die Niere	肾脏 shènzàng
die Bauchspeicheldrüse	胰腺 yíxiàn
der Zwölffingerdarm	十二指肠 shí'èrzhǐcháng
die Gallenblase	胆囊 dǎnnáng
das Zwerchfell	横膈膜 hénggémó
das Gewebe	组织 zǔzhī
die Sehne	肌腱 jījiàn
die Drüse	腺体 xiàntǐ
der Knorpel	软骨 ruǎngǔ

DER KÖRPER – 身体 shēntǐ

Die Körpersysteme – 人体系统 réntǐ xìtǒng

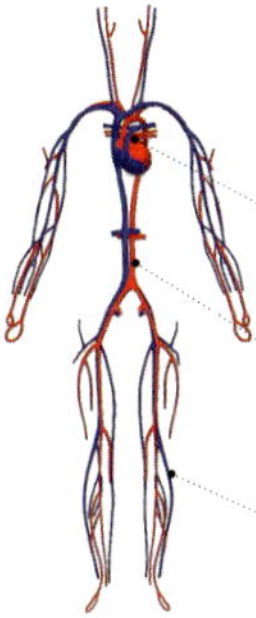

das Herz-Kreislauf-System
心血管系统
xīnxuèguǎn xìtǒng

das Herz
心脏
xīnzàng

die Arterie
动脉
dòngmài

die Vene
静脉
jìngmài

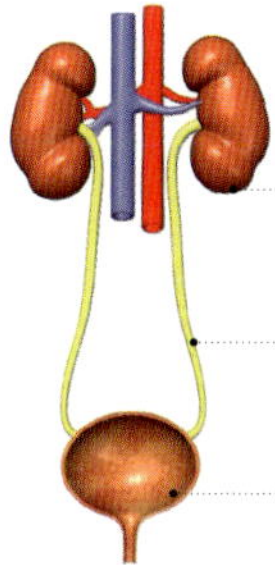

das Harnsystem
泌尿系统
mìniào xìtǒng

die Niere
肾脏
shènzàng

der Harnleiter
输尿管
shūniàoguǎn

die Harnblase
膀胱
pángguāng

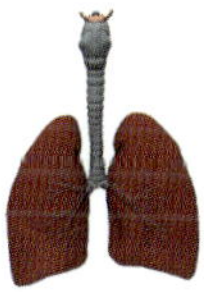

das Atmungssystem
呼吸系统
hūxī xìtǒng

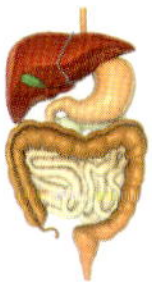

das Verdauungssystem
消化系统
xiāohuà xìtǒng

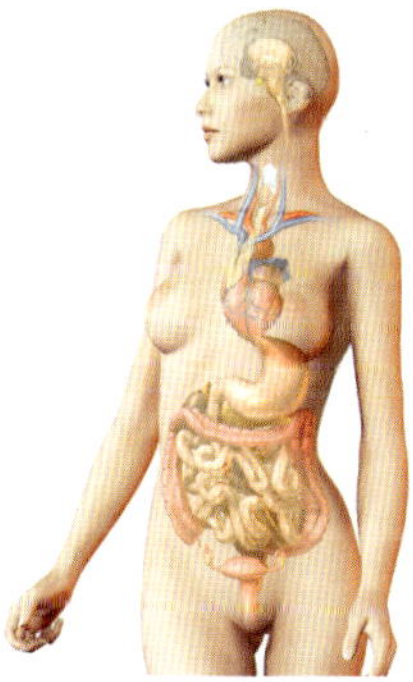

das endokrine System
内分泌系统
nèifēnmì xìtǒng

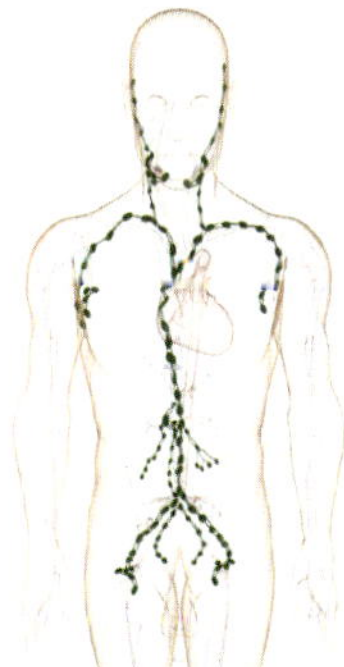

das lymphatische System
淋巴系统
línbā xìtǒng

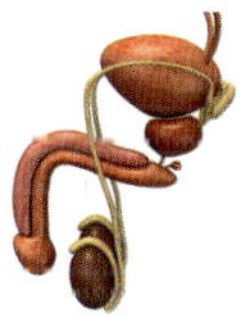

das männliche Fortpflanzungssystem
男性生殖系统
nánxìng shēngzhí xìtǒng

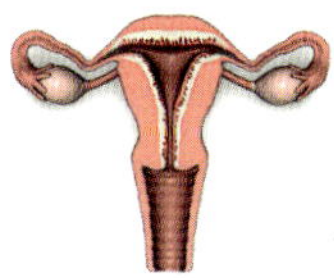

das weibliche Fortpflanzungssystem
女性生殖系统
nǚxìng shēngzhí xìtǒng

das Nervensystem	神经系统 shénjīng xìtǒng
der Blutkreislauf	血液循环 xuèyè xúnhuán
der Tastsinn	触觉 chùjué
der Sehsinn	视觉 shìjué
der Hörsinn	听觉 tīngjué
der Geruchssinn	嗅觉 xiùjué
der Geschmackssinn	味觉 wèijué
der Gleichgewichtssinn	平衡觉 pínghéngjué

DER KÖRPER – 身体 shēntǐ

Die Geschlechtsorgane – 性器官 xìngqìguān

die männlichen Geschlechtsorgane
男性生殖器
nánxìng shēngzhíqì

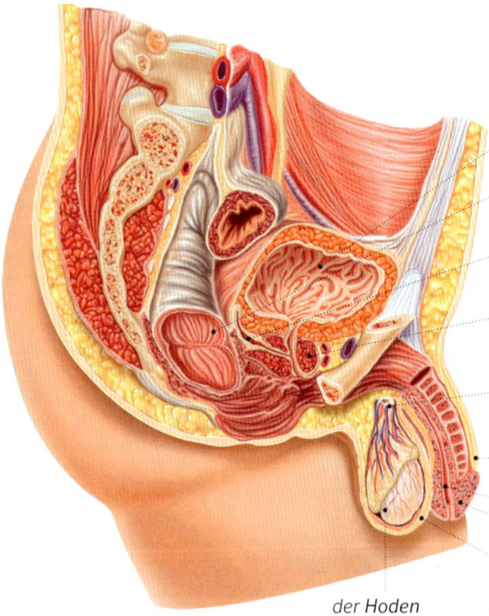

die Erektion	勃起 bóqǐ
die Vorhaut	阴茎包皮 yīnjīng bāopí
die Beschneidung	包皮环切术 bāopí huánqiēshù
der Samenerguss	射精 shèjīng
potent/impotent	有性交能力的/阳痿的 yǒu xìngjiāonénglìde/yángwěide
das Hormon	激素 jīsù
der Geschlechtsverkehr	性交 xìngjiāo
die Geschlechtskrankheit	性病 xìngbìng

DER KÖRPER – 身体 shēntǐ

Die Geschlechtsorgane – 性器官 xìngqìguān

die weiblichen Geschlechtsorgane
女性生殖器
nǚxìng shēngzhíqì

der Eileiter
输卵管
shūluǎnguǎn

der Eierstock
卵巢
luǎncháo

die Gebärmutter
子宫
zǐgōng

die Harnblase
膀胱
pángguāng

der Gebärmutterhals
宫颈
gōngjǐng

die Harnröhre
尿道
niàodào

die Schamlippe
阴唇
yīnchún

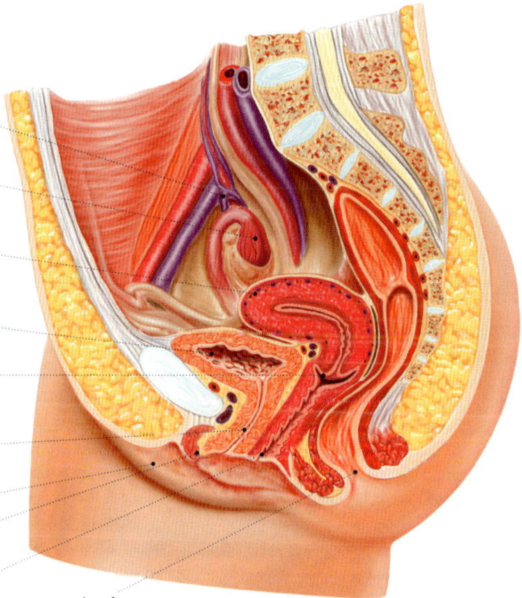

die Klitoris
阴蒂
yīndì

die Scheide
阴道
yīndào

der Anus
肛门
gāngmén

das Kondom
避孕套
bìyùntào

die Pille
口服避孕药
kǒufú bìyùnyào

die Spirale	子宫环 zǐgōnghuán
das Pessar	子宫托 zǐgōngtuō
das Diaphragma	子宫帽 zǐgōngmào
die Empfängnisverhütung	避孕 bìyùn
der Eisprung	排卵 páiluǎn
die Menstruation	月经 yuèjīng
unfruchtbar/fruchtbar	不生育的/能生育的 bù shēngyùde/néng shēngyùde
der Schwangerschaftsabbruch	人工流产 réngōng liúchǎn

SCHWANGERSCHAFT UND GEBURT – 怀孕与分娩 huáiyùn yǔ fēnmiǎn

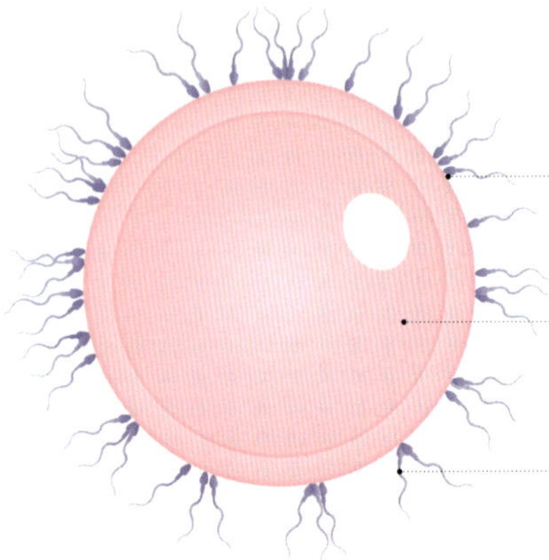

die Empfängnis
受孕
shòuyùn

die Befruchtung
受精
shòujīng

die Eizelle
卵子
luǎnzǐ

das Spermium
精子
jīngzǐ

die Ultraschallaufnahme
超声影像
chāoshēng yǐngxiàng

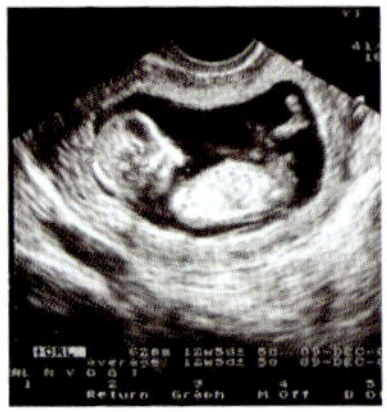

der/das Embryo
胎儿
tāi'ér

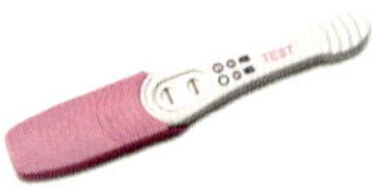

der Schwangerschaftstest
怀孕测试器
huáiyùn cèshìqì

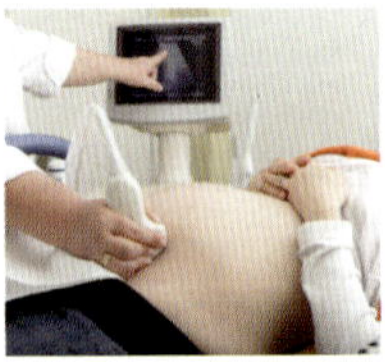

die Ultraschalluntersuchung
超声波检查
chāoshēngbō jiǎnchá

die Hebamme
助产士
zhùchǎnshì

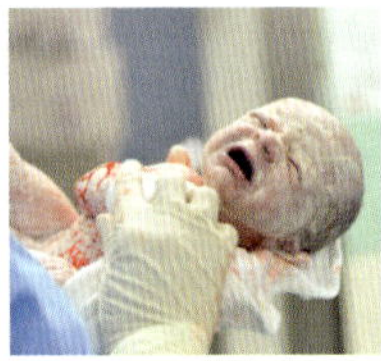

die Geburt
分娩
fēnmiǎn

schwanger	怀孕的 huáiyùnde
die Wehen	阵痛 zhèntòng
die Geburt einleiten	引产 yǐnchǎn
pressen	挤压 jǐyā
die Nabelschnur	脐带 qídài
die Plazenta	胎盘 tāipán
das Fruchtwasser	羊水 yángshuǐ
die Fruchtblase	羊膜囊 yángmó'náng

SCHWANGERSCHAFT UND GEBURT – 怀孕与分娩 huáiyùn yǔ fēnmiǎn

das Fläschchen
奶瓶
nǎipíng

der Messlöffel
量勺
liángsháo

das Milchpulver
奶粉
nǎifěn

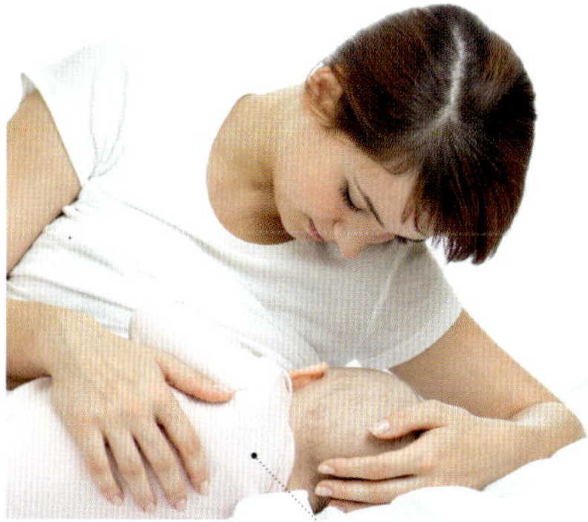

stillen
哺乳
bǔrǔ

der Säugling
婴儿
yīng'ér

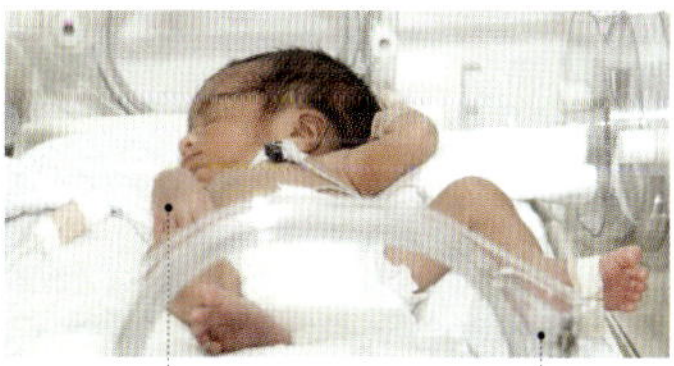

das Frühchen
早产儿
zǎochǎn'ér

der Brutkasten
早产儿培养箱
zǎochǎn'ér péiyǎngxiāng

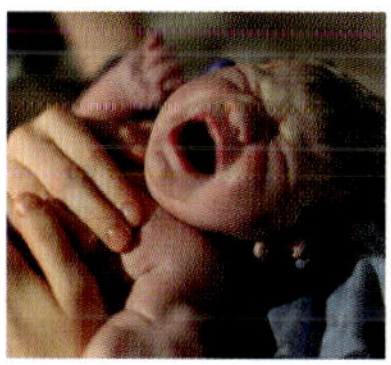

das Neugeborene
新生儿
xīnshēng'ér

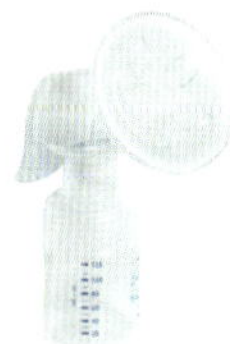

die Milchpumpe
吸奶器
xī'nǎiqì

der Kreißsaal	产房 chǎnfáng
der Kaiserschnitt	剖腹产 pōufùchǎn
die Frühgeburt	早产 zǎochǎn
die Fehlgeburt	流产 liúchǎn
die eineiigen Zwillinge	单卵双胞胎 dānluǎn shuāngbāotāi
die zweieiigen Zwillinge	异卵双胞胎 yìluǎn shuāngbāotāi
das Geburtsgewicht	出生体重 chūshēng tǐzhòng
die Impfung	注射疫苗 zhùshè yìmiáo

mit der Flasche füttern
用奶瓶喂
yòng nǎipíng wèi

DER ARZTBESUCH – 在诊所 zài zhěnsuǒ

das Wartezimmer
候诊室
hòuzhěnshì

den Blutdruck messen
量血压
liáng xuèyā

die Ärztin
医生
yīshēng

die Patientin
病人
bìngrén

die Manschette
血压仪套环
xuèyāyí tàohuán

das Rezept
处方
chǔfāng

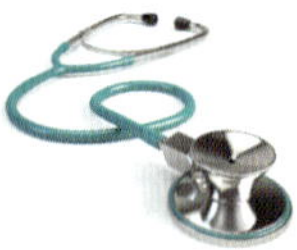

das Stethoskop
听诊器
tīngzhěnqì

das Sprechzimmer
诊查室
zhěncháshì

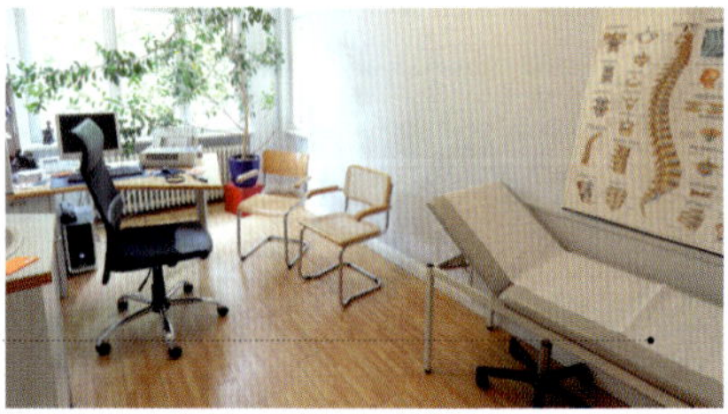

die Untersuchungsliege
检查床
jiǎncháchuáng

das Blutdruckmessgerät
血压监护仪
xuèyā jiānhùyí

die Sprechstunde	门诊时间 ménzhěn shíjiān
jemandem Blut abnehmen	采血样 cǎi xuèyàng
der Termin	日期 rìqī
die Behandlung	治疗 zhìliáo
die Diagnose	诊断 zhěnduàn
die Überweisung	转诊病人 zhuǎnzhěn bìngrén
die Ergebnisse	结果 jiéguǒ
die Krankenkasse	医疗保险公司 yīliáo bǎoxiǎn gōngsī

SYMPTOME UND KRANKHEITEN – 症状与疾病 zhèngzhuàng yǔ jíbìng

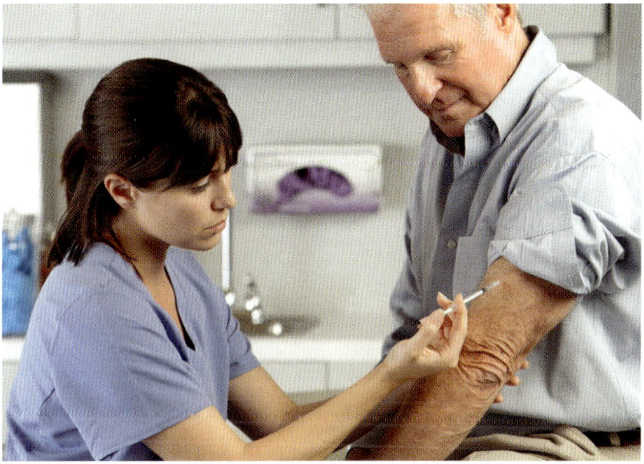

jemandem eine Spritze geben
给 … 注射
gěi … zhùshè

eine Spritze bekommen
接受注射
jiēshòu zhùshè

das Virus	病毒 bìngdú
der Infekt	感染 gǎnrǎn
die Allergie	过敏 guòmǐn
der Hautausschlag	皮疹 pízhěn
das Ekzem	湿疹 shīzhěn
die Migräne	偏头痛 piāntóutòng
das Nasenbluten	鼻出血 bíchūxuè
die Bindehautentzündung	结膜炎 jiémóyán
die Mittelohrentzündung	中耳炎 zhōng'ěryán
der Durchfall	腹泻 fùxiè
die Darmgrippe	肠胃炎 chángwèiyán
der Schwindel	眩晕 xuànyūn
die Übelkeit	恶心 ěxin
der Krampf	痉挛 jìngluán
die Bronchitis	支气管炎 zhīqìguǎnyán
die Blasenentzündung	膀胱炎 pángguāngyán

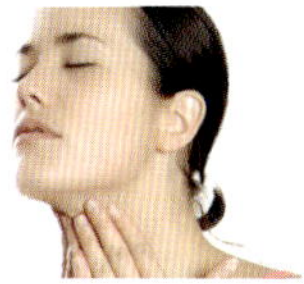

die Halsschmerzen
咽喉痛
yānhóutòng

die Kopfschmerzen
头痛
tóutòng

die Magenschmerzen
胃痛
wèitòng

die Zahnschmerzen
牙痛
yátòng

SYMPTOME UND KRANKHEITEN – 症状与疾病 zhèngzhuàng yǔ jíbìng

krank
生病的
shēngbìngde

der Schnupfen
鼻炎
bíyán

der Husten
咳嗽
késou

gesund
健康的
jiànkāngde

die Erkältung
感冒
gǎnmào

die Grippe
流感
liúgǎn

das Niesen
打喷嚏
dǎ pēntì

das Fieber
发烧
fāshāo

der Heuschnupfen
花粉热
huāfěnrè

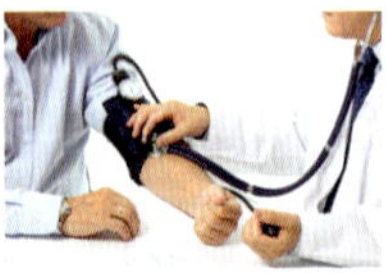

der hohe/niedrige Blutdruck
高/低血压
gāo/dī xuèyā

die Entzündung	炎症	yánzhèng
die Gürtelrose	带状疱疹	dàizhuàng pàozhěn
die Mangelerscheinung	缺乏症状	quēfá zhèngzhuàng
die Blutvergiftung	败血症	bàixuèzhèng
die Schuppenflechte	牛皮癣	niúpíxuǎn
die Kinderkrankheit	儿童疾病	értóng jíbìng
die Röteln	风疹	fēngzhěn
der/das Scharlach	猩红热	xīnghóngrè
die Windpocken	水痘	shuǐdòu
der Mumps	腮腺炎	sāixiànyán
der Keuchhusten	百日咳	bǎirìké
die Masern	麻疹	mázhěn
die Kinderlähmung	小儿麻痹症	xiǎo'ér mábìzhèng
der Wundstarrkrampf	破伤风	pòshāngfēng
die Tuberkulose	肺结核	fèijiéhé
die Rachitis	佝偻病	gōulóubìng
die Hirnhautentzündung	脑膜炎	nǎomóyán
die Diphtherie	白喉	báihóu
die Tollwut	狂犬病	kuángquǎnbìng

SYMPTOME UND KRANKHEITEN – 症状与疾病 zhèngzhuàng yǔ jíbìng

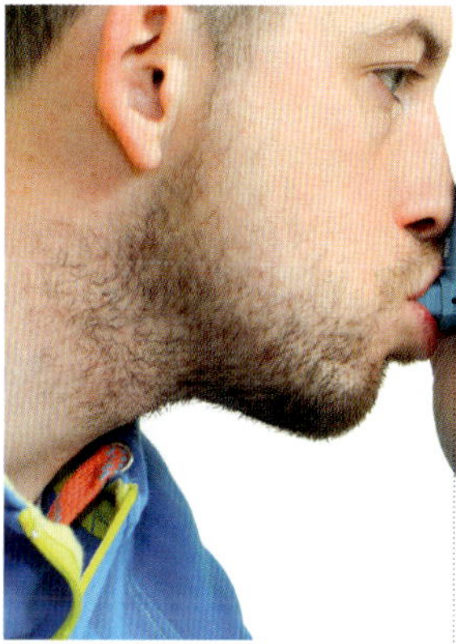

das Asthma
哮喘
xiàochuǎn

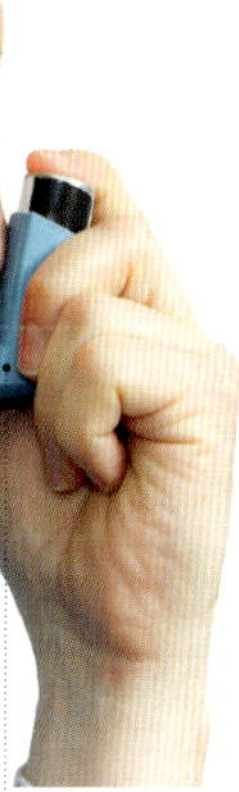

der Inhalator
吸入器
xīrùqì

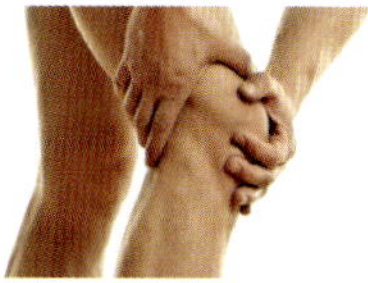

das Rheuma
风湿病
fēngshībìng

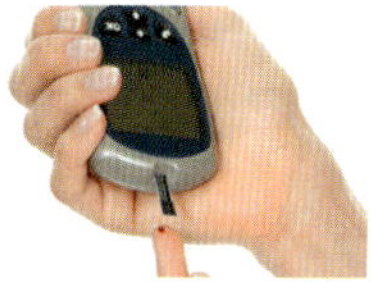

der Diabetes
糖尿病
tángniàobìng

die Schlafstörung
睡眠障碍
shuìmián zhàng'ài

das Aids
艾滋病
àizībìng

die Atemnot	呼吸困难 hūxī kùnnan
der Alzheimer	阿尔茨海默病 ā'ěrcíhǎimòbìng
die Demenz	痴呆症 chīdāizhèng
die Parkinsonkrankheit	帕金森病 pàjīnsēnbìng
der Krebs	癌症 áizhèng
das Geschwür	脓肿 nóngzhǒng
die Schilddrüsenkrankheit	甲状腺疾病 jiǎzhuàngxiàn jíbìng
der Herzinfarkt	心肌梗塞 xīnjī gěngsè
der Schlaganfall	中风 zhòngfēng
HIV-positiv/negativ	艾滋病阳性反应/阴性反应 àizībìng yángxìng fǎnyìng/yīnxìng fǎnyìng
die multiple Sklerose	多发性硬化 duōfāxìng yìnghuà
die Epilepsie	癫痫 diānxián
die Depression	抑郁症 yìyùzhèng
die Essstörung	进食障碍 jìnshí zhàng'ài
die Sucht	瘾 yǐn

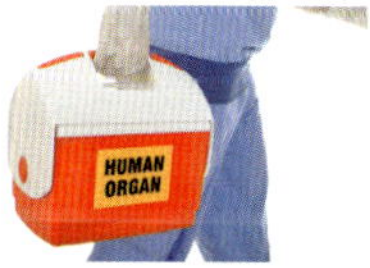

die Transplantation
移植
yízhí

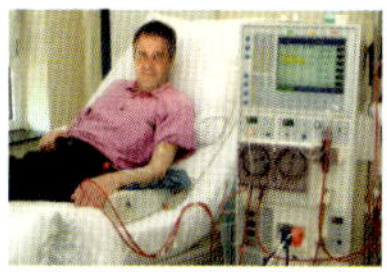

die Dialyse
肾透析
shèntòuxī

BEHINDERUNGEN – 残障 cánzhàng

der Blindenhund
导盲犬
dǎomángquǎn

der Blindenstock
盲人手杖
mángrén shǒuzhàng

der Rollstuhl
轮椅
lúnyǐ

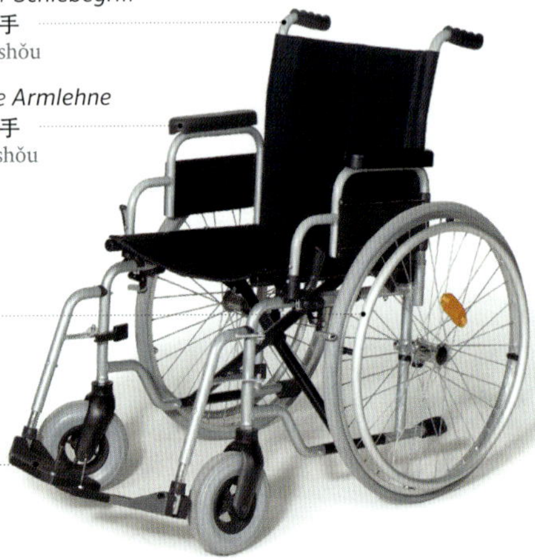

der Schiebegriff
把手
bǎshǒu

die Armlehne
扶手
fúshǒu

der Greifreifen
手轮圈
shǒulúnquān

die Fußstütze
踏脚板
tàjiǎobǎn

die Gebärdensprache
手语
shǒuyǔ

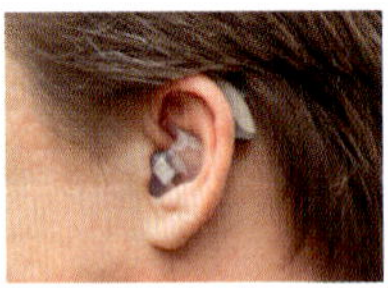

das Hörgerät
助听器
zhùtīngqì

der Rollator
助行车
zhùxíngchē

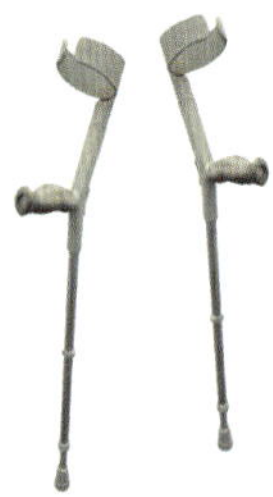

die Krücke
拐杖
guǎizhàng

die Prothese
假肢
jiǎzhī

gelähmt	麻痹的 mábìde
die spastische Lähmung	痉挛性麻痹 jìngluánxìng mábì
hinken	跛 bǒ
blind	盲的 mángde
schwerhörig	弱听的 ruòtīngde
gehörlos	聋的 lóngde
behindert	残疾的 cánjíde
schwerbehindert	重度残疾的 zhòngdù cánjíde

VERLETZUNGEN – 损伤 sǔnshāng

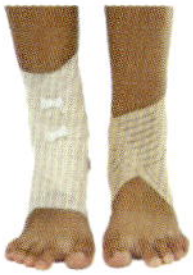

die Verstauchung
扭伤
niǔshāng

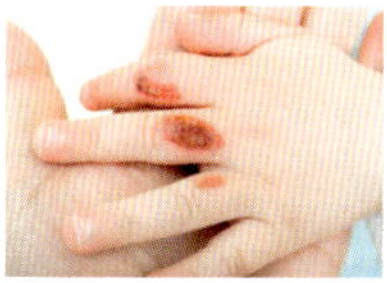

die Verbrennung
烫伤
tàngshāng

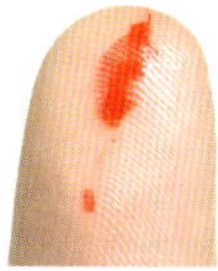

die Schnittwunde
割伤
gēshāng

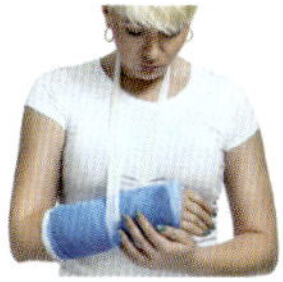

der Knochenbruch
骨折
gǔzhé

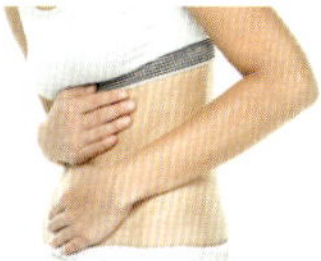

die Vergiftung
中毒
zhòngdú

der Insektenstich
昆虫蜇伤
kūnchóng zhēshāng

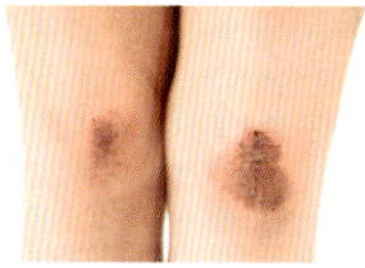

die Schürfwunde
擦伤
cāshāng

in Ohnmacht fallen
晕倒
yūndǎo

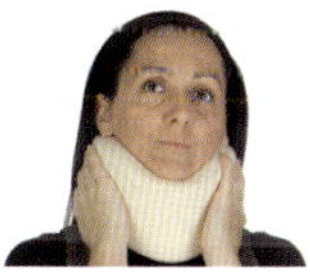

das Schleudertrauma
挥鞭伤
huībiānshāng

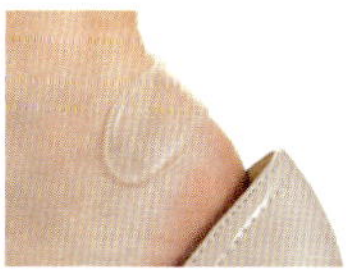

die Blase
水疱
shuǐpào

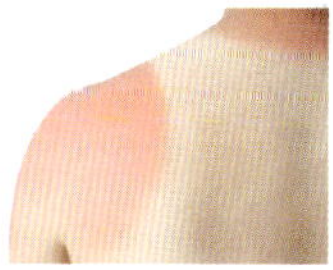

der Sonnenbrand
晒伤
shàishāng

der Bandscheiben-vorfall
腰椎间盘突出
yāozhuījiānpán tūchū

die Wunde	伤口 shāngkǒu
die Brandwunde	烧伤 shāoshāng
das Blut	血 xuè
bluten	出血 chūxuè
die Blutung	大出血 dàchūxuè
die Gehirnerschütterung	脑震荡 nǎozhèndàng
sich den Arm/einen Wirbel ausrenken	使手臂/脊椎关节脱臼 shǐ shǒubì/jǐzhuī guānjié tuō jiù
sich den Fuß verstauchen/brechen	扭伤脚踝/折断脚骨 niǔshāng jiǎohuái/zhéduàn jiǎogǔ

der elektrische Schlag
触电
chùdiàn

BEIM ZAHNARZT – 在牙科诊所 zài yákē zhěnsuǒ

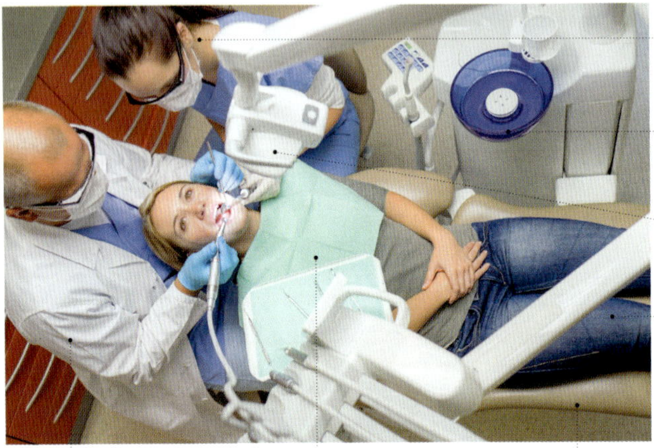

die Zahnarzthelferin
牙科护士
yákēhùshì

das Mundspülbecken
牙科漱口盆
yákē shùkǒupén

die Behandlungslampe
口腔灯
kǒuqiāngdēng

die Patientin
病人
bìngrén

der Zahnarzt
牙医
yáyī

der Patientenumhang
牙医的围裙
yákē de wéiqún

der Zahnarztstuhl
牙科治疗椅
yákē zhìliáoyǐ

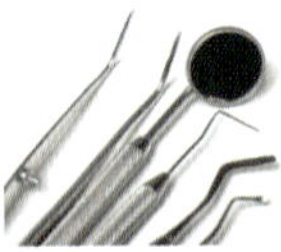

das Zahnarztbesteck
牙科器械
yákē qìxiè

der Mundschutz
外科手术口罩
wàikē shǒushù kǒuzhào

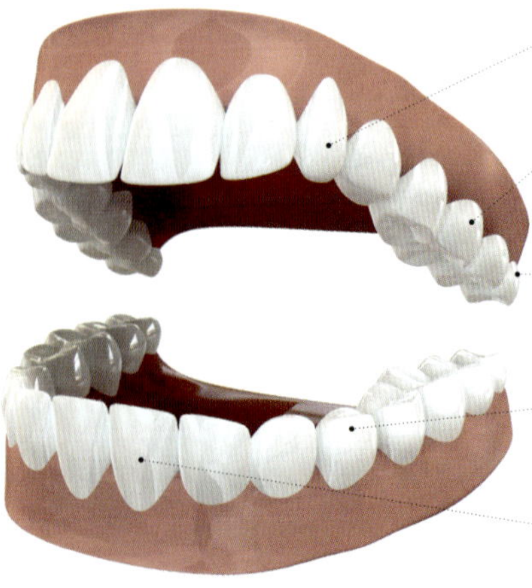

der Eckzahn
上尖牙
shàngjiānyá

der hintere Backenzahn
后磨牙
hòumóyá

der Weisheitszahn
智齿
zhìchǐ

der vordere Backenzahn
前磨牙
qiánmóyá

der Schneidezahn
切牙
qiēyá

BEIM ZAHNARZT – 在牙科诊所 zài yákē zhěnsuǒ

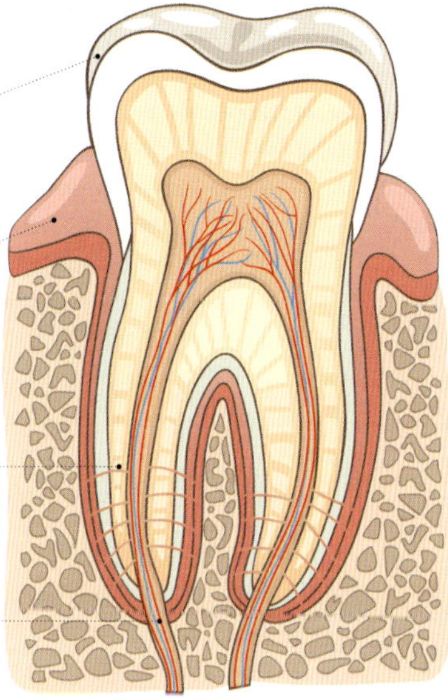

der Zahn
牙齿
yáchǐ

der Zahnschmelz
牙釉质
yáyòuzhì

das Zahnfleisch
牙龈
yáyín

die Zahnwurzel
牙根
yágēn

der Nerv
神经
shénjīng

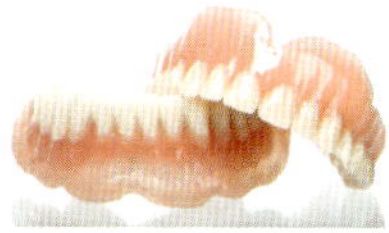

die Zahnprothese
假牙
jiǎyá

die Knirscherschiene
咬合板
yǎohébǎn

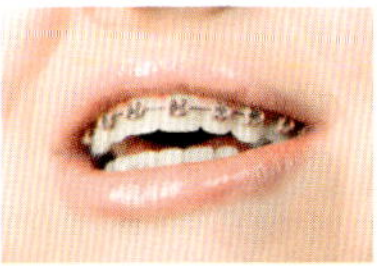

die Zahnspange
牙箍
yágū

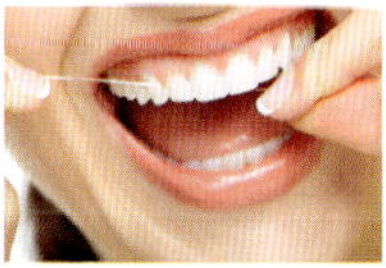

mit Zahnseide reinigen
用牙线清洁牙齿
yòng yáxiàn qīngjié yáchǐ

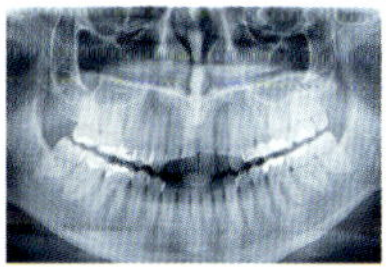

die Röntgenaufnahme
X射线影像
X-shèxiàn yǐngxiàng

die Krone
齿冠
chǐguàn

das Implantat	牙种植体	yázhǒngzhítǐ
einen Zahn ziehen	拔牙	báyá
die örtliche Betäubung	局部麻醉	júbù mázuì
die Mundhygiene	口腔卫生	kǒuqiāng wèishēng
der Zahnbelag	牙菌斑	yájūnbān
die Karies	龋齿	qǔchǐ
die Zahnfüllung	补牙材料	bǔyá cáiliào
die Wurzelbehandlung	牙根治疗	yágēn zhìliáo

das Mundwasser
漱口水
shùkǒushuǐ

BEIM AUGENOPTIKER – 在眼镜店 zài yǎnjìngdiàn

das Auge
眼睛
yǎnjing

die Pupille
瞳孔
tóngkǒng

der Sehnerv
视神经
shìshénjīng

die Linse
晶状体
jīngzhuàngtǐ

die Hornhaut
角膜
jiǎomó

die Netzhaut
视网膜
shìwǎngmó

die Iris
虹膜
hóngmó

die Brille
眼镜
yǎnjìng

das Brillengestell
镜架
jìngjià

das Brillenglas
镜片
jìngpiàn

der Kontaktlinsenbehälter
隐形眼镜盒
yǐnxíng yǎnjìnghé

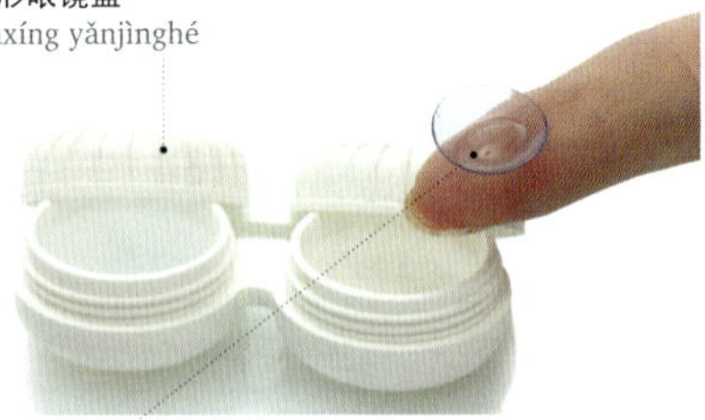

die Kontaktlinse
隐形眼镜
yǐnxíng yǎnjìng

die Optikerin
配镜师
pèijìngshī

der Sehtest
视力检查
shìlì jiǎnchá

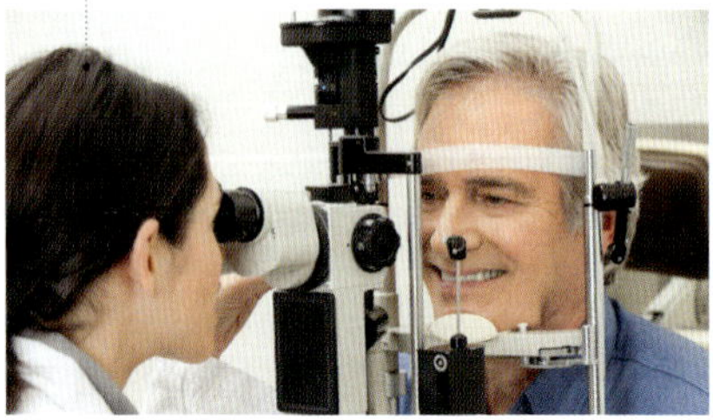

das Brillenputztuch	眼睛清洁布 yǎnjing qīngjiébù
die Augentropfen	滴眼液 dīyǎnyè
die Lesebrille	老花镜 lǎohuājìng
weitsichtig	远视的 yuǎnshìde
kurzsichtig	近视的 jìnshìde
die Gleitsichtbrille	变焦眼镜 biànjiāo yǎnjìng
der graue Star	白内障 báinèizhàng
der grüne Star	青光眼 qīngguāngyǎn

IM KRANKENHAUS – 在医院 zài yīyuàn

das Krankenzimmer
病房
bìngfáng

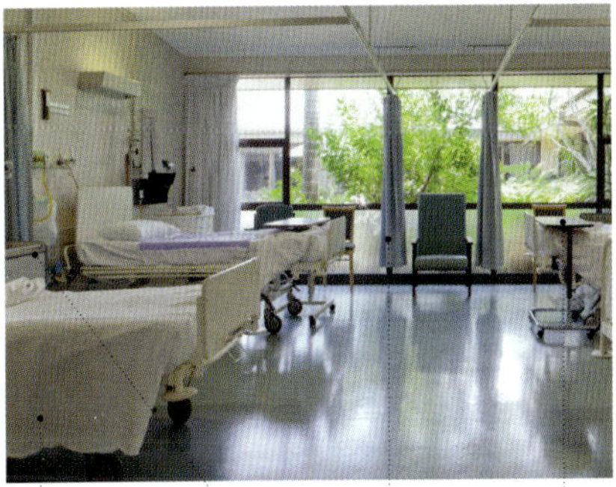

das Einzelzimmer
单人房
dānrénfáng

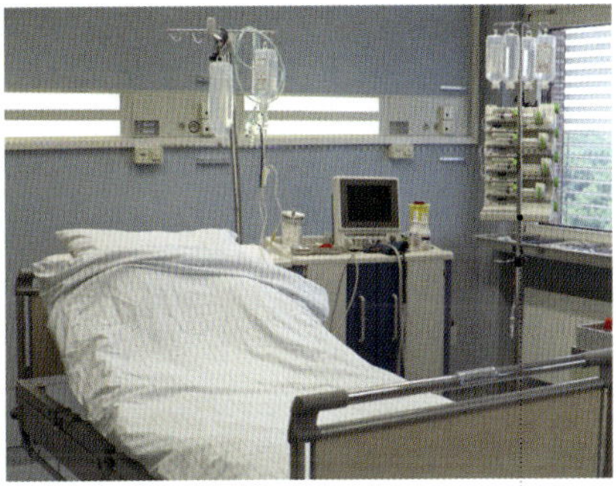

der Nachttisch
床头柜
chuángtóuguì

der Krankentisch
医用床边桌
yīyòng chuángbiānzhuō

der Infusionsständer
静脉输液架
jìngmài shūyèjià

das Krankenhausbett
病床
bìngchuáng

der Trennvorhang
分隔帘
fēngélián

aufgenommen werden	入院	rùyuàn
entlassen werden	出院	chūyuàn
der ambulante Patient	门诊病人	ménzhěn bìngrén
der stationäre Patient	住院病人	zhùyuàn bìngrén
die Besuchszeiten	探视时间	tànshì shíjiān
die Kinderstation	儿科病区	érkē bìngqū
die Neurologie	神经病科	shénjīngbìngkē
die Onkologie	肿瘤科	zhǒngliúkē
die Orthopädie	矫形外科	jiǎoxíng wàikē
die Kardiologie	心脏病科	xīnzàngbìngkē
die Gastroenterologie	胃肠病科	wèichángbìngkē
die Gynäkologie	妇科	fùkē
die Abteilung für Hals-Nasen-Ohrenheilkunde	耳鼻喉科	ěr-bí-hóukē
die Quarantäne	隔离检疫	gélí jiǎnyì

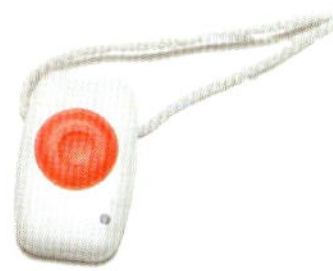

der Notrufknopf
紧急呼叫按钮
jǐnjí hūjiào ànniǔ

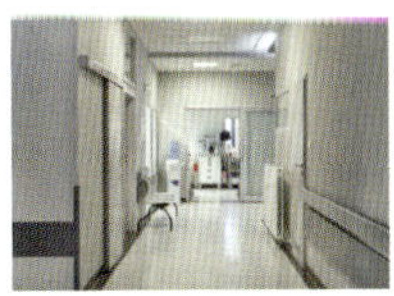

die Station
病区
bìngqū

IM KRANKENHAUS – 在医院 zài yīyuàn

Die Chirurgie – 外科手术 wàikē shǒushù

die Operation
手术
shǒushù

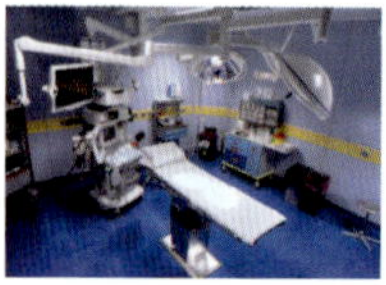

der Operationssaal
手术室
shǒushùshì

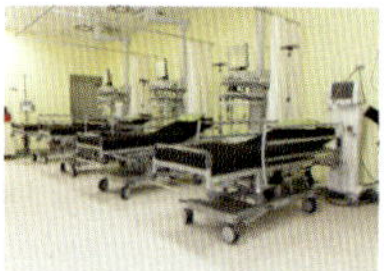

der Aufwachraum
恢复室
huīfùshì

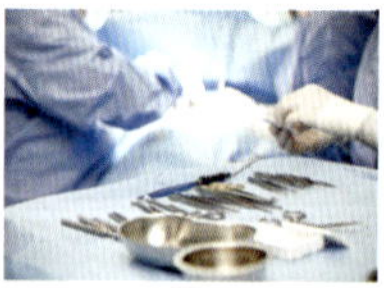

das Operationsbesteck
手术器械
shǒushù qìxiè

die Operationsleuchte
无影灯
wúyǐngdēng

der Chirurg
外科医生
wàikēyīshēng

der Mundschutz
外科手术口罩
wàikē shǒushù kǒuzhào

die OP-Schwester
手术室护士
shǒushùshì hùshi

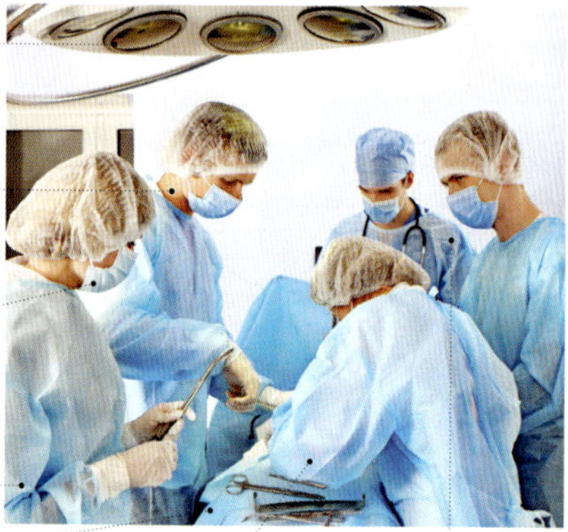

der Operationstisch
手术桌
shǒushùzhuō

der OP-Mantel
外科手术服
wàikē shǒushùfú

der Anästhesist
麻醉师
mázuìshī

die Narbe
疤
bā

die Fäden
缝合线
fénghéxiàn

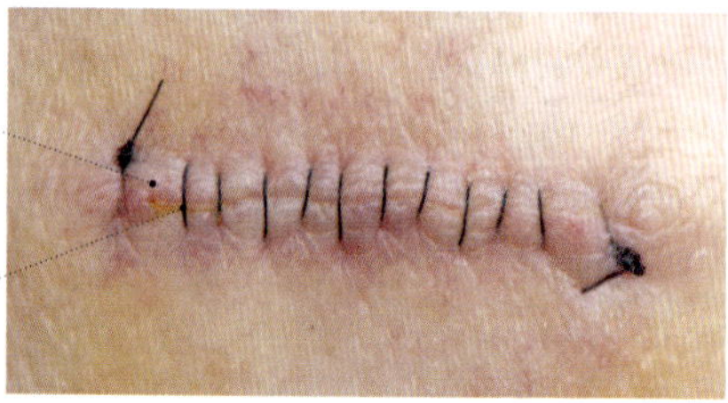

die Lokalanästhesie	局部麻醉 júbù mázuì
die Vollnarkose	全身麻醉 quánshēn mázuì
die Rehabilitation	病后疗养 bìnghòu liáoyǎng
die medizinische Nachversorgung	术后护理 shùhòu hùlǐ
die Bettruhe	卧床休息 wòchuáng xiūxi
die Genesung	复原 fùyuán
tot	死亡的 sǐwángde
der Tod	死亡 sǐwáng

IM KRANKENHAUS – 在医院 zài yīyuàn

Die Unfallstation – 急诊室 jízhěnshì

die Intensivstation
重症监护室
zhòngzhèng jiānhùshì

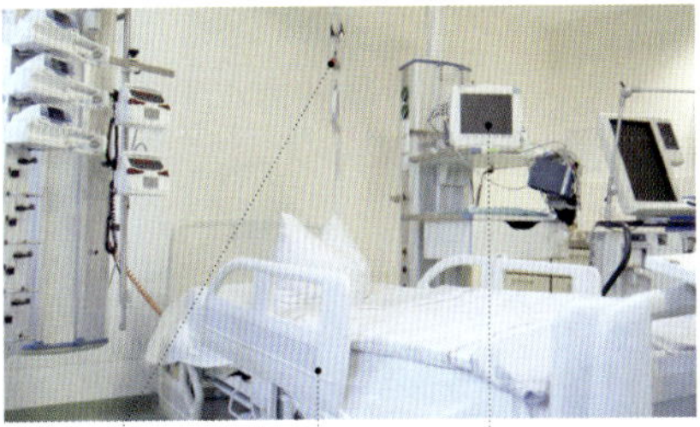

der Rufknopf
呼叫按钮
hūjiào ànniǔ

der Herzmonitor
心脏监护示波器
xīnzàng jiānhù shìbōqì

das Krankenhausbett
病床 bìngchuáng

die Notaufnahme
急诊室
jízhěnshì

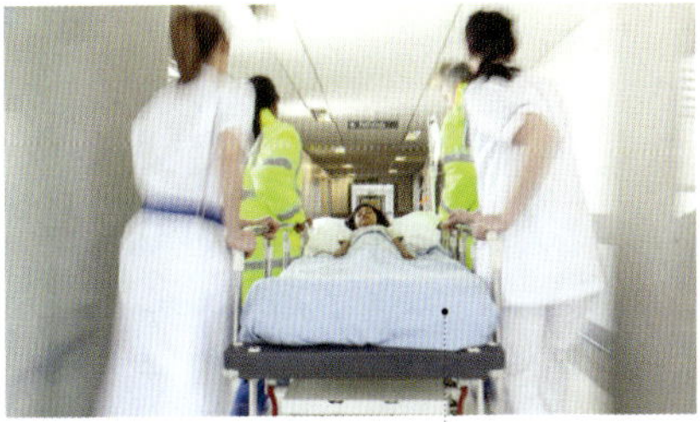

die Fahrtrage
担架车
dānjiàchē

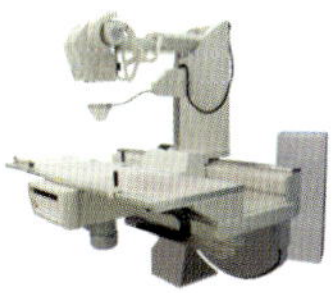

das Röntgengerät
X射线设备
X-shèxiàn shèbèi

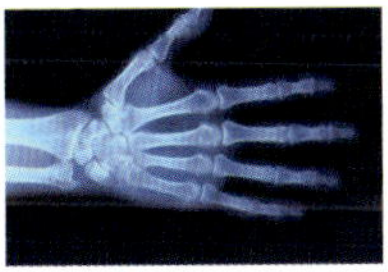

das Röntgenbild
X射线影像
X-shèxiàn yǐngxiàng

der Warteraum
候诊室
hòuzhěnshì

die Oberärztin
主治医师
zhǔzhì yīshī

die Computertomografie	计算机断层成像 jìsuànjī duàncéng chéngxiàng
die Strahlung	辐射 fúshè
eine Diagnose stellen	做出诊断 zuòchū zhěnduàn
das Koma	昏迷 hūnmí
bewusstlos	失去知觉的 shīqù zhījuéde
die Beatmung	通气 tōngqì
wieder zu Bewusstsein kommen	苏醒 sūxǐng
wieder gesund werden	痊愈 quányù

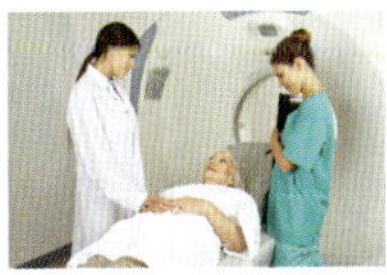

die Kernspintomografie
核磁共振成像
hécí gòngzhèn chéngxiàng

DIE APOTHEKE – 药房 yàofáng

das Medikament
药物
yàowù

die Kapsel
胶囊
jiāonáng

der Hustensaft
止咳药水
zhǐké yàoshuǐ

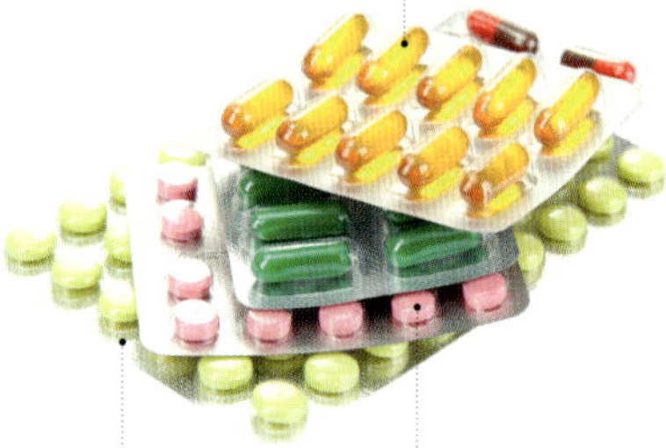

die Sichtverpackung
吸塑包装
xīsù bāozhuāng

die Tablette
药片
yàopiàn

die Dosierung
剂量
jìliàng

der Messbecher
量杯
liángbēi

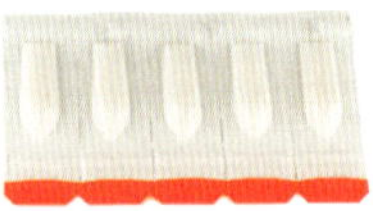

das Zäpfchen
栓剂
shuānjì

die Salbe
软膏
ruǎn'gāo

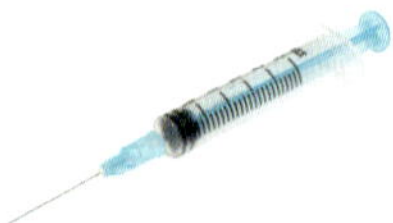

die Spritze
注射器
zhùshèqì

die Apothekerin
药师
yàoshī

die Tropfen
滴剂
dījì

der/das Spray
喷雾剂
pēnwùjì

die Vitamintablette
维生素片
wéishēngsùpiàn

die Brausetablette
泡腾片
pàoténgpiàn

DIE APOTHEKE – 药房 yàofáng

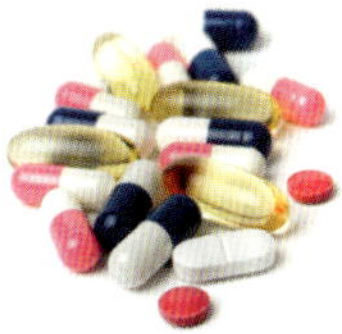

das Nahrungsergänzungsmittel
营养补充剂
yíngyǎng bǔchōngjì

das Sonnenschutzmittel
防晒霜
fángshàishuāng

der/das Mückenspray
防蚊喷剂
fángwénpēnjì

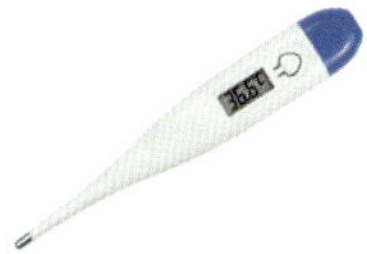

das/der Fieberthermometer
体温计
tǐwēnjì

die Nagelfeile
指甲锉
zhǐjiǎcuò

der Tampon
卫生棉条
wèishēng miántiáo

die Slipeinlage
卫生巾
wèishēngjīn

das Feuchttuch
湿巾
shījīn

der Lippenpflegestift
润唇膏
rùnchún'gāo

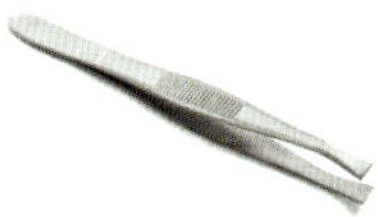

die Pinzette
镊子
nièzi

das Deodorant
除臭剂
chúchòujì

das/der Hustenbonbon
止咳糖
zhǐkétáng

das Symptom	症状 zhèngzhuàng
die Nebenwirkung	副作用 fùzuòyòng
der Beipackzettel	药品说明书 yàopǐn shuōmíngshū
die Hautpflege	皮肤 护理 pífūhùlǐ
das Schmerzmittel	止痛药 zhǐtòngyào
das Beruhigungsmittel	镇静药 zhènjìngyào
die Schlaftablette	安眠药 ānmiányào
das Verfallsdatum	到期日 dàoqīrì

der Ohrstöpsel
耳塞
ěrsāi

DIE ALTERNATIVMEDIZIN – 替代疗法 tìdàiliáofǎ

die Meditation
冥想
míngxiǎng

das Yoga
瑜伽
yújiā

das Tai-Chi
太极拳
tàijíquán

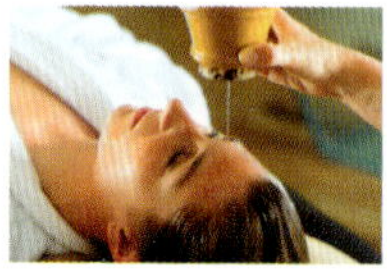

das Ayurveda
阿育吠陀疗法
āyùfèituó liáofǎ

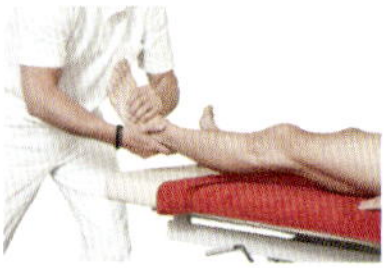

die Osteopathie
整骨术
zhěnggǔshù

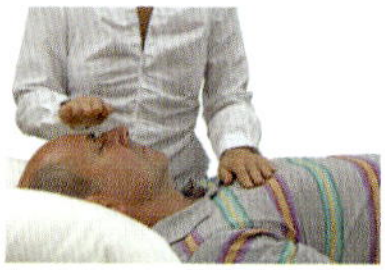

das Reiki
灵气疗法
língqì liáofǎ

die Massage
按摩
ànmó

die Hypnose
催眠术
cuīmiánshù

die traditionelle chinesische Medizin
中医
zhōngyī

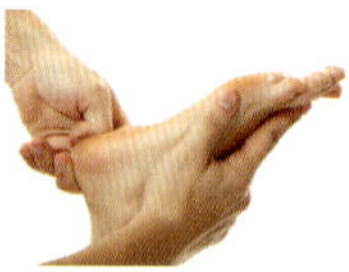

die Fußreflexzonen-massage
足底按摩
zúdǐ ànmó

das homöopathische Heilmittel
顺势治疗用药
shùnshì zhìliáo yòng yào

die Kräuterheilkunde
本草疗法
běncǎo liáofǎ

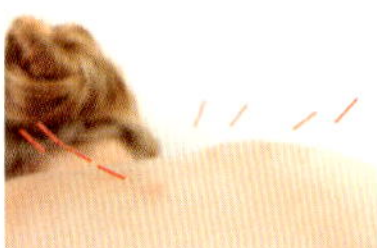

die Akupunktur
针灸
zhēnjiǔ

die Kur	疗养院的治疗 liáoyǎngyuàn de zhìliáo
die Palliativmedizin	姑息治疗 gūxī zhìliáo
die Entspannung	放松 fàngsōng
die Entgiftung	解毒 jiědú
die Entziehungskur	戒毒治疗 jièdú zhìliáo
einen Entzug machen	戒毒 jièdú
die Therapie	疗法 liáofǎ
die Lichttherapie	光线疗法 guāngxiàn liǎofǎ

WELLNESS – 保健 bǎojiàn

die Gesichtsbehandlung
面部护理
miànbù hùlǐ

die Kosmetikerin
美容师
měiróngshī

die Gesichtsmaske
面膜
miànmó

die Sauna
桑拿
sāngná

der Ofen
炭火炉
tànhuǒlú

die Bank
长凳
chángdèng

der Kopfkeil
楔形头枕
xiēxíng tóuzhěn

der Aufgusskübel
桑拿房用木桶
sāngnáfáng yòng mùtǒng

der Ruheraum
休息室
xiūxishì

das Mineralbad
矿泉浴
kuàngquányù

die Maniküre
指甲护理
zhǐjiǎ hùlǐ

die Pediküre
修脚
xiūjiǎo

die Wachsenthaarung	打蜡脱毛 dǎlà tuōmáo
das Dampfbad	蒸汽房 zhēngqìfáng
der Aufguss	热石泼水蒸汽冲击 rèshí pōshuǐ zhēngqì chōngjī
das Peeling	去角质 qùjiǎozhì
reinigen	清洗 qīngxǐ
Ich habe empfindliche/ trockene Haut.	我皮肤敏感/干。 wǒ pífū mǐngǎn/gān.
Ich habe fettige/ normale Haut.	我有油性/正常皮肤。 wǒ yǒu yóuxìng/zhèngcháng pífū.

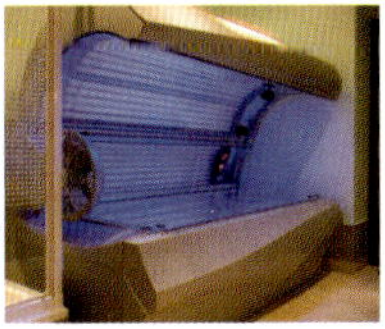

das Solarium
日光浴室
rìguāngyùshì

NOTFÄLLE

紧急情况

jǐnjí qíngkuàng

ERSTE HILFE – 急救 jíjiù

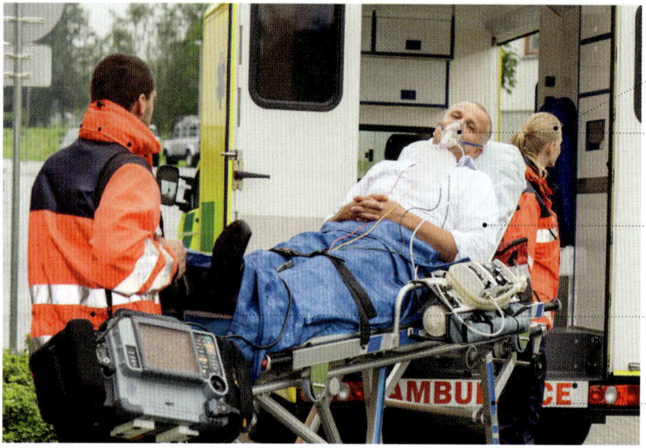

der Rettungswagen 救护车 jiùhùchē

die Sanitäterin 急救员 jíjiùyuán

die Sauerstoffmaske 氧气面罩 yǎngqì miànzhào

das Unfallopfer 事故受害者 shìgù shòuhàizhě

der Sanitäter 急救员 jíjiùyuán

die Trage 担架 dānjià

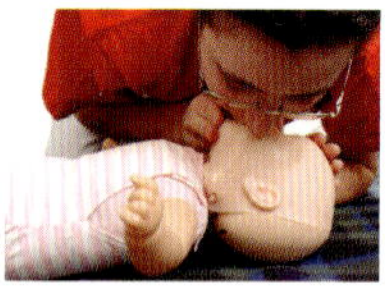

die Mund-zu-Mund-Beatmung 口对口人工呼吸 kǒu duì kǒu réngōng hūxī

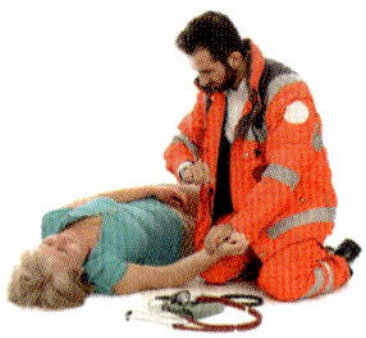

die Pulsmessung 脉搏测量 màibó cèliáng

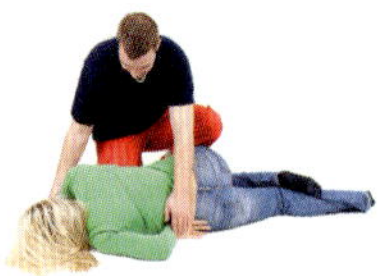

die stabile Seitenlage 复原体位 fùyuán tǐwèi

der Unfallort 事故现场 shìgù xiànchǎng

der Rettungsdienst 救护服务 jiùhù fúwù

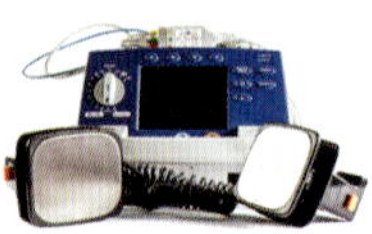

der Defibrillator 除颤器 chúchànqì

der Unfall	事故 shìgù
die Wiederbelebung	复苏 fùsū
die Herzdruckmassage	心肺复苏 xīnfèi fùsū
der Puls	脉搏 màibó
bewusstlos	昏迷的 hūnmíde
erste Hilfe leisten	进行急救 jìnxíng jíjiù
der Notarzt	急救医生 jíjiù yīshēng
die Notärztin	急救医生 jíjiù yīshēng

ERSTE HILFE - 急救 jíjiù

das Verbandszeug
伤口包扎材料
shāngkǒu bāozā cáiliào

der Verband
敷料
fūliào

das Leukoplast®
医用胶带
yīyòng jiāodài

das Pflaster
橡皮膏
xiàngpígāo

die Verbandschere
绷带剪
bēngdàijiǎn

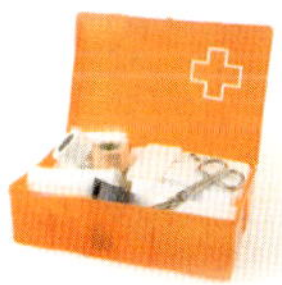

der Erste-Hilfe-Kasten
急救箱
jíjiùxiāng

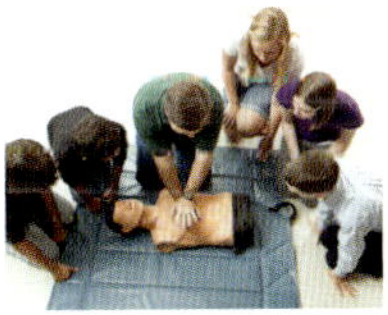

der Erste-Hilfe-Kurs
急救课程
jíjiù kèchéng

das Desinfektionsmittel
消毒剂
xiāodújì

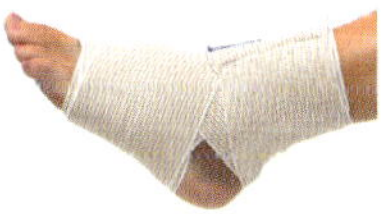

die Bandage
绷带
bēngdài

steril	无菌的 wújūnde
überleben	幸存 xìngcún
traumatisiert	受精神创伤的 shòu jīngshen chuāngshāngde
unter Schock stehen	处于休克状态 chǔyú xiūkèzhuàngtài
der Schock	休克 xiūkè
die Blutspende	血捐献 xuè juānxiàn
die Organspende	器官捐献 qìguān juānxiàn
das Adrenalin	肾上腺素 shènshàngxiànsù

die Mullbinde
纱布绷带
shābùbēngdài

DIE POLIZEI – 警察 jǐngchá

der Dienstgürtel
勤务腰带
qínwù yāodài

das Handfunkgerät
步话机
bùhuàjī

die Pistole
手枪
shǒuqiāng

der Schlagstock
警棍
jǐnggùn

die Handschellen
手铐
shǒukào

die Uniform
制服
zhìfú

der Fingerabdruck
指纹
zhǐwén

der Tatort
犯罪现场
fànzuì xiànchǎng

die Polizistin
警察
jǐngchá

der Polizist
警察
jǐngchá

das Polizeiabzeichen
警徽
jǐnghuī

der Zeuge	证人 zhèngrén
die Zeugin	证人 zhèngrén
der Verbrecher	罪犯 zuìfàn
die Verbrecherin	罪犯 zuìfàn
der Kriminalbeamte	刑警 xíngjǐng
die Kriminalbeamtin	刑警 xíngjǐng
der/die Verdächtige	(男/女) 犯罪嫌疑人 (nán/nǚ) fànzuìxiányírén
die Ermittlung	调查 diàochá

DIE POLIZEI – 警察 jǐngchá

das Polizeiauto
警车
jǐngchē

die Lichtleiste
警车灯
jǐngchēdēng

das Martinshorn
警笛
jǐngdí

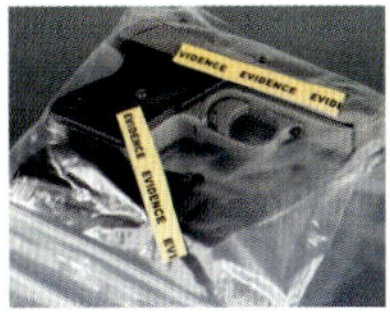

das Beweisstück
证据
zhèngjù

das Gefängnis
监狱
jiānyù

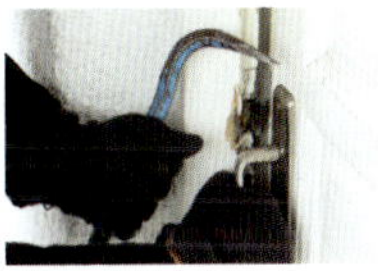

der Einbruch
非法闯入
fēifǎ chuǎngrù

der Diebstahl
偷窃
tōuqiè

die Festnahme
逮捕
dàibǔ

die Gewalt
暴力
bàolì

der Raubüberfall
抢劫
qiǎngjié

der Taschendiebstahl
扒窃
páqiè

die Entführung
绑架
bǎngjià

die Straftat	刑事犯罪 xíngshì fànzuì
die Körperverletzung	身体伤害 shēntǐ shānghài
die Vergewaltigung	强奸 qiángjiān
der Mord	谋杀 móushā
der Überfall	劫案 jié'àn
fliehen	逃跑 táopǎo
belästigen	骚扰 sāorǎo
die Schuld	罪责 zuìzé

die Polizeiabsperrung
警戒线
jǐngjièxiàn

DIE FEUERWEHR – 消防队 xiāofángduì

der Feuerlöscher
灭火器
mièhuǒqì

der Hydrant
消防栓
xiāofángshuān

der Feuerwehrmann
消防员
xiāofángyuán

das Visier
面罩
miànzhào

der Feuerwehrhelm
消防头盔
xiāofáng tóukuī

die Feuerwehrschutzjacke
消防服
xiāofángfú

der Reflexstreifen
反光条
fǎnguāngtiáo

der Feuerwehrschlauch
消防水龙带
xiāofáng shuǐlóngdài

die Brandbekämpfung
救火
jiùhuǒ

der Notausgang
紧急出口
jǐnjí chūkǒu

die Axt
消防斧
xiāofángfǔ

der Rauchmelder
烟雾报警器
yānwù bàojǐngqì

die Feuerwache
消防站
xiāofángzhàn

das Löschfahrzeug
消防车
xiāofángchē

IN DEN BERGEN – 在山区 zài shānqū

der Helm
头盔
tóukuī

der Karabiner
登山扣
dēngshānkòu

das Seil
救援绳
jiùyuánshéng

die Bergwacht
高山救援队
gāoshān jiùyuánduì

der Rettungseinsatz
救援行动
jiùyuán xíngdòng

die Einsatzkraft
救援人员
jiùyuán rényuán

der Rettungsschlitten
救援雪橇
jiùyuán xuěqiāo

das Schneemobil
雪地机动车
xuědì jīdòngchē

das Fangnetz
防护网
fánghùwǎng

die Lawine
雪崩
xuěbēng

das LVS-Gerät
雪崩收发器
xuěbēng shǒufāqì

der Rettungshund
救援犬
jiùyuánquǎn

der Rettungs-hubschrauber
救援直升机
jiùyuán zhíshēngjī

der Lawinenschutz
雪崩防护
xuěbēng fánghù

das Lawinen-warnschild
雪崩警示标志
xuěbēng jǐngshì biāozhì

DAS MEER – 在海上 zài hǎishàng

die Schwimmweste
救生衣
jiùshēngyī

der Rettungsring
救生圈
jiùshēngquān

der Sammelpunkt
安全集合点
ānquán jíhédiǎn

der Sturm
风暴
fēngbào

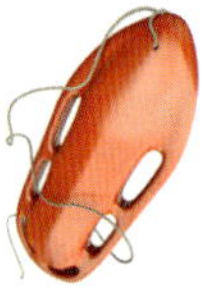

die Rettungsboje
救生浮标
jiùshēng fúbiāo

der Rettungsschwimmer
救生员
jiùshēngyuán

der Wachturm
海滩瞭望塔
hǎitān liàowàngtǎ

der Tsunami
海啸
hǎixiào

das Küstenwachboot
海岸警卫艇
hǎi'àn jǐngwèitǐng

das Rettungsboot
救生艇
jiùshēngtǐng

kentern
倾覆
qīngfù

der Schiffbruch
船沉
chuánchén

der/die Vermisste	(男/女) 失踪人 (nán/nǚ) shīzōngrén
das Rettungstau	救援缆绳 jiùyuán lǎnshéng
die Wetterbedingungen	天气条件 tiānqì tiáojiàn
der Seewetterbericht	海上天气预报 hǎishang tiānqì yùbào
die Suche	搜寻 sōuxún
ertrinken	淹死 yānsǐ
die Havarie	海难 hǎinàn
in Seenot geraten	遇到海难 yùdào hǎinàn

WEITERE NOTSITUATIONEN – 其他紧急情况 qítā jǐnjí qíngkuáng

die Explosion
爆炸
bàozhà

die Epidemie
流行病
liúxíngbìng

die Evakuierung
疏散
shūsàn

der Bombenalarm
炸弹警报
zhàdàn jǐngbào

die nukleare Katastrophe
核灾难
hézāinàn

die Notlandung
迫降
pòjiàng

der Terrorangriff
恐怖袭击
kǒngbù xíjī

retten
救援
jiùyuán

die Notrufnummer
紧急电话号
jǐnjí diànhuàhào

die Überwachungskamera
监控摄像机
jiānkòng shèxiàngjī

der Verletzte
受伤者
shòushāngzhě

die Verletzung
伤口
shāngkǒu

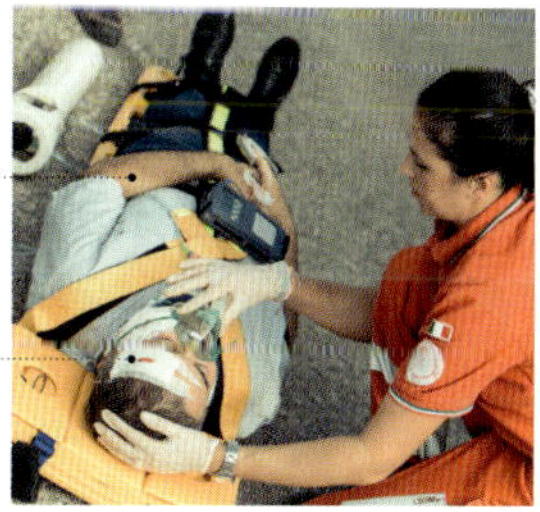

der/die Vermisste	(男/女) 失踪人 (nán/nǚ) shīzōngrén
die Suchmannschaft	搜救队 sōujiùduì
die Gefahr	危险 wēixiǎn
Hilfe!	救命！ jiùmìng!
Es ist ein Unfall passiert!	出事故了！ chū shìgù le!
Rufen Sie einen Rettungswagen!	打电话叫救护车！ dǎdiànhuà jiào jiùhùchē!
Rufen Sie die Polizei!	打电话叫警察！ dǎdiànhuà jiào jǐngchá!
Rufen Sie die Feuerwehr!	打电话叫消防队！ dǎdiànhuà jiào xiāofángduì!

Achtung, Gefahr!
危险,当心！
wēixiǎn, dāngxīn!

ERDE UND NATUR

地球与自然界

dìqiú yǔ zìránjiè

DER WELTRAUM – 太空 tàikōng

das Sonnensystem
太阳系
tàiyángxì

① *die Sonne*
太阳
tàiyáng

② *der Merkur*
水星
shuǐxīng

③ *die Venus*
金星
jīnxīng

④ *die Erde*
大地
dàdì

⑤ *der Mars*
火星
huǒxīng

die Mondphasen
月相
yuèxiàng

⑤ *die Mondsichel*
弦月
xiányuè

① *der zunehmende Mond*
盈月
yíngyuè

② *der Halbmond*
半月
bànyuè

③ *der Vollmond*
满月
mǎnyuè

④ *der abnehmende Mond*
残月
cányuè

DER WELTRAUM – 太空 tàikōng

⑥ *der Jupiter*
木星
mùxīng

⑦ *der Saturn*
土星
tǔxīng

⑧ *der Uranus*
天王星
tiānwángxīng

⑨ *der Neptun*
海王星
hǎiwángxīng

das Raumschiff
宇宙飞船
yǔzhòu fēichuán

① *der Außentank*
外部燃料箱
wàibù ránliàoxiāng

② *der Booster*
助推器
zhùtuīqì

③ *der Orbiter*
轨道飞行器
guǐdào fēixíngqì

DER WELTRAUM – 太空 tàikōng

die Sonnenfinsternis
日食
rìshí

die Galaxie
星系
xīngxì

die Milchstraße
银河
yínhé

der Komet
彗星
huìxīng

der Asteroid
小行星
xiǎoxíngxīng

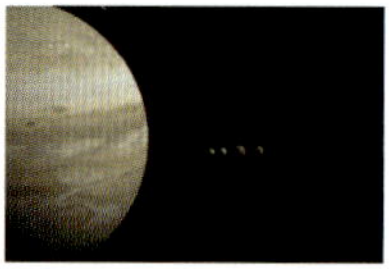

der Planet
行星
xíngxīng

der Meteor
流星
liúxīng

das Universum
宇宙
yǔzhòu

der Astronaut
宇航员
yǔhángyuán

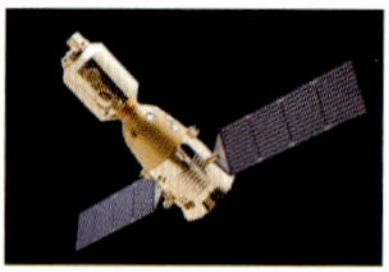

der Satellit
卫星
wèixīng

die Sternwarte
天文台
tiānwéntái

das Radioteleskop
射电望远镜
shèdiàn wàngyuǎnjìng

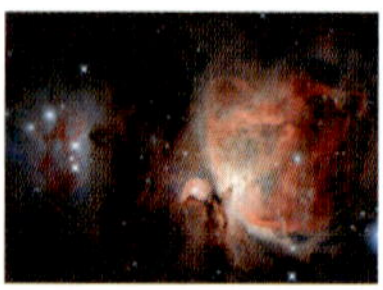

der Nebel
星云
xīngyún

das schwarze Loch	黑洞	hēidòng
die Schwerkraft	重力	zhònglì
die Umlaufbahn	轨道	guǐdào
das Lichtjahr	光年	guāngnián
der Urknall	大爆炸	dàbàozhà
der Stern	星辰	xīngchén
die Raumstation	空间站	kōngjiānzhàn
die Astronomie	天文学	tiānwénxué

DIE ERDE – 地球 dìqiú

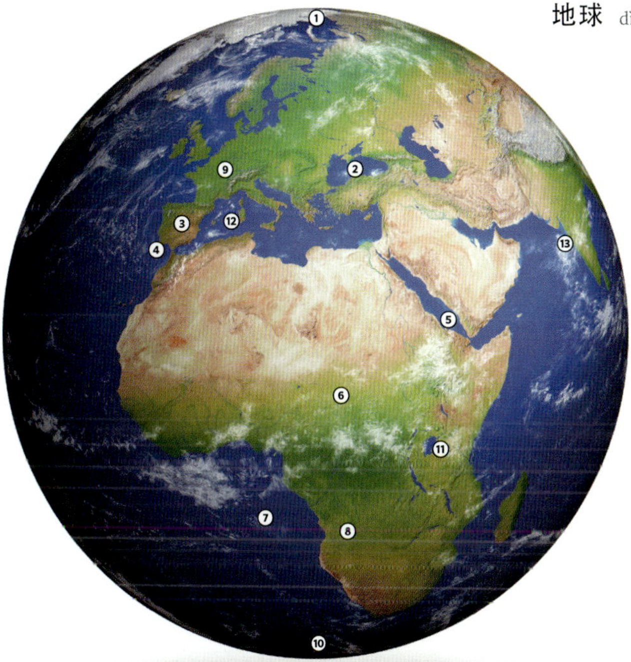

① *der Nordpol*
北极
běijí

② *das Binnenmeer*
内陆海
nèilùhǎi

③ *die Halbinsel*
半岛
bàndǎo

④ *die Meerenge*
海峡
hǎixiá

⑤ *der Golf*
海湾
hǎiwān

⑥ *der Kontinent*
大陆
dàlù

⑦ *das Meer*
海
hǎi

⑧ *das Land*
国家
guójiā

⑨ *die Gebirgskette*
山脉
shānmài

⑩ *der Südpol*
南极
nánjí

⑪ *der See*
湖泊
húpō

⑫ *die Insel*
岛屿
dǎoyǔ

⑬ *die Bucht*
海湾
hǎiwān

die Atmosphäre	大气 dàqì
der Erdmantel	地幔 dìmàn
die Erdkruste	地壳 dìqiào
der innere Erdkern	内地核 nèidìhé
der äußere Erdkern	外地核 wàidìhé
die Platte	板块 bǎnkuài
das Grundgestein	岩床 yánchuáng
die Erde	土壤 tǔrǎng

DIE WELTKARTE – 世界地图 shìjiè dìtú

① *das Nordpolarmeer*
北冰洋
běibīng yáng

⑥ *der Pazifische Ozean*
太平洋
tàipíng yáng

⑦ *der Atlantische Ozean*
大西洋
dàxī yáng

⑧ *der Indische Ozean*
印度洋
yìndù yáng

⑨ *das Arabische Meer*
阿拉伯海
ālābó hǎi

⑩ *das Karibische Meer*
加勒比海
jiālèbǐ hǎi

⑪ *das Mittelmeer*
地中海
dìzhōng hǎi

⑫ *die Nordsee*
北海
běi hǎi

⑬ *die Ostsee*
波罗的海
bōluódì hǎi

⑭ *das Kaspische Meer*
里海
lǐ hǎi

⑮ *das Schwarze Meer*
黑海
hēi hǎi

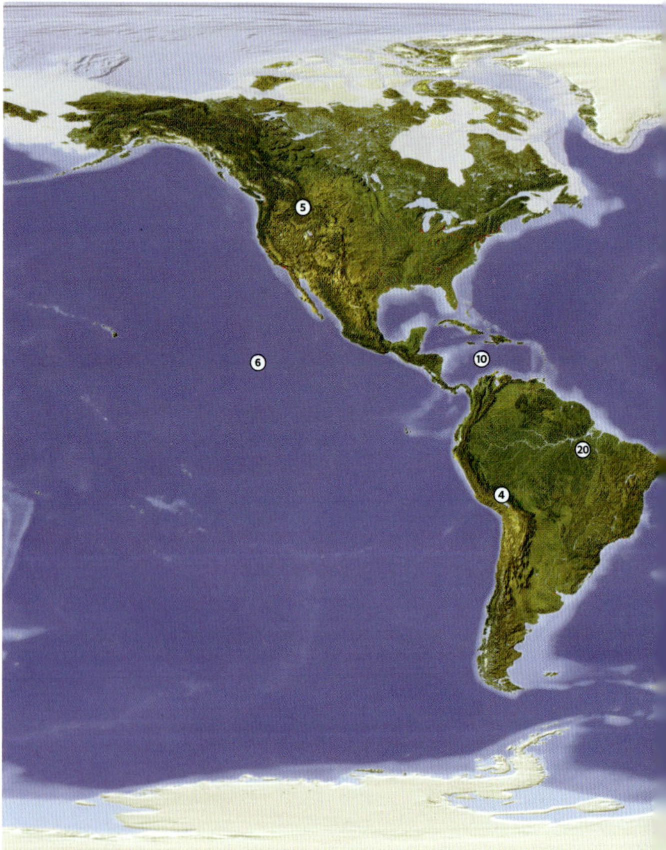

⑯ *der Ärmelkanal*
英吉利海峡
yīngjílì hǎixiá

⑰ *das Rote Meer*
红海
hóng hǎi

⑱ *das Südpolarmeer*
南冰洋
nánbīng yáng

② *der Himalaja*
喜马拉雅山脉
xǐmǎlāyǎ shānmài

③ *die Alpen*
阿尔卑斯山脉
ā'ěrbēisī shānmài

④ *die Anden*
安第斯山脉
āndìsī shānmài

⑤ *die Rocky Mountains*
落基山脉
luòjī shānmài

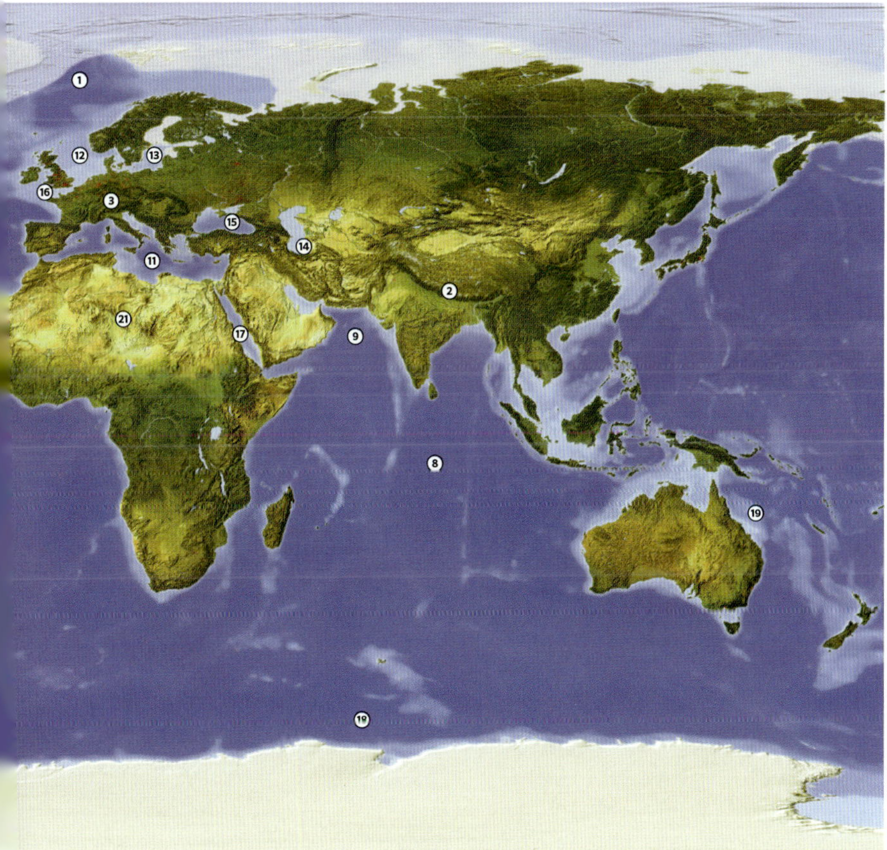

⑲ *das Great Barrier Reef*
大堡礁
dàbǎojiāo

⑳ *Amazonien*
亚马逊平原
yàmǎsūn píngyuán

㉑ *die Sahara*
撒哈拉沙漠
sāhālā shāmò

DIE WELTKARTE – 世界地图 shìjiè dìtú

die Nordhalbkugel
北半球
běibànqiú

die Arktis
北极地区
běijí dìqū

der nördliche Wendekreis
北回归线
běi huíguīxiàn

die westliche Hemisphäre
西半球
xībànqiú

die östliche Hemisphäre
东半球
dōngbànqiú

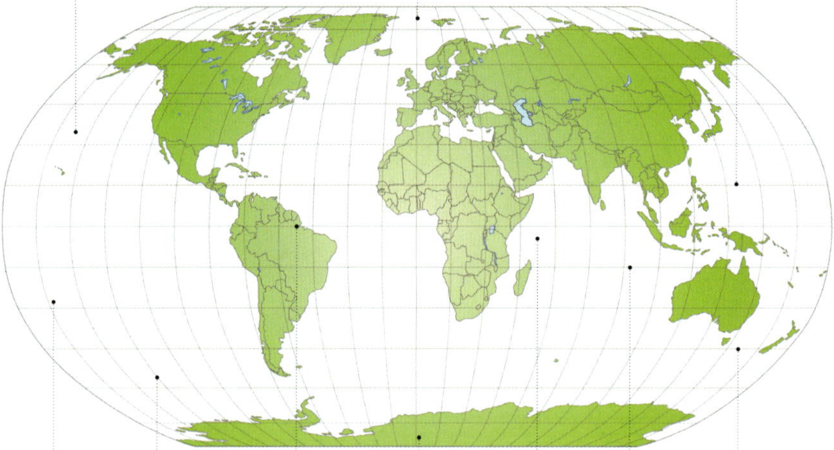

die geografische Länge
经度
jīngdù

die Antarktis
南极洲
nánjí zhōu

die geografische Breite
纬度
wěidù

die Südhalbkugel
南半球
nánbànqiú

der Äquator
赤道
chìdào

die Tropen
热带
rèdài

der südliche Wendekreis
南回归线
nán huíguīxiàn

der nördliche Polarkreis	北极圈 běijíquān
der südliche Polarkreis	南极圈 nánjíquān
das Land	国家 guójiā
der Staat	州/邦 zhōu/bāng
die Nation	民族 mínzú
das Territorium	领土 lǐngtǔ
das Fürstentum	侯爵领地 hóujuélǐngdì

das Königreich	王国 wángguó
die Republik	共和国 gònghéguó
die Kolonie	殖民地 zhímíndì
die Provinz	省 shěng
die Zone	地带 dìdài
die Region	地区 dìqū
die Hauptstadt	首都 shǒudū

UN-MITGLIEDSSTAATEN – 联合国成员国 liánhéguó chéngyuán

Europa – 欧洲 Ōuzhōu

Albanien
阿尔巴尼亚
ā'ěrbāníyà

Andorra
安道尔
āndào'ěr

Belgien
比利时
bǐlìshí

Bosnien und Herzegowina
波黑
bōhēi

Bulgarien
保加利亚
bǎojiālìyà

Dänemark
丹麦
dānmài

Deutschland
德国
déguó

die ehemalige jugoslawische Republik Mazedonien
前南斯拉夫马其顿共和国
qián nánsīlāfū mǎqídùn gònghéguó

Estland
爱沙尼亚
àishāníyà

Finnland
芬兰
fēnlán

Frankreich
法国
fǎguó

Griechenland
希腊
xīlà

Irland
爱尔兰
ài'ěrlán

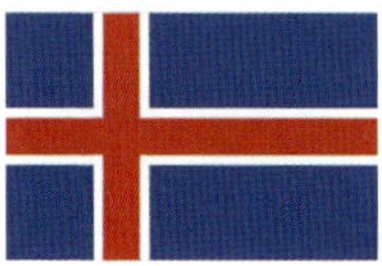

Island
冰岛
bīngdǎo

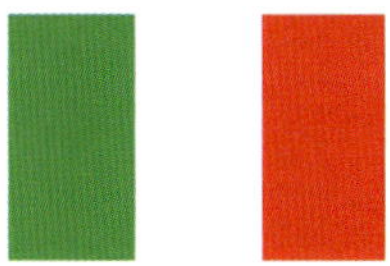

Italien
意大利
yìdàlì

Kroatien
克罗地亚
kèluódìyà

UN-MITGLIEDSSTAATEN – 联合国成员国 liánhéguó chéngyuán

Europa – 欧洲 Ōuzhōu

Lettland
拉脱维亚
lātuōwéiyà

Liechtenstein
列支敦士登
lièzhīdūnshìdēng

Litauen
立陶宛
lìtáowǎn

Luxemburg
卢森堡
lúsēnbǎo

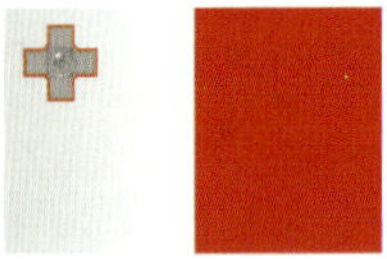

Malta
马耳他
mǎ'ěrtā

Moldawien
摩尔多瓦
mó'ěrduōwǎ

Monaco
摩纳哥
mónàgē

Montenegro
黑山
hēishān

die Niederlande
荷兰
hélán

Norwegen
挪威
nuówēi

Österreich
奥地利
àodìlì

Polen
波兰
bōlán

Portugal
葡萄牙
pútáoyá

Rumänien
罗马尼亚
luómǎníyà

Russland
俄罗斯
Éluósī

San Marino
圣马力诺
shèngmǎlìnuò

UN-MITGLIEDSSTAATEN – 联合国成员国 liánhéguó chéngyuán

Europa – 欧洲 Ōuzhōu

Schweden
瑞典
ruìdiǎn

die Schweiz
瑞士
ruìshì

Serbien
塞尔维亚
sài'ěrwéiyà

die Slowakei
斯洛伐克
sīluòfákè

Slowenien
斯洛文尼亚
sīluòwénníyà

Spanien
西班牙
xībānyá

Tschechien
捷克
jiékè

die Ukraine
乌克兰
wūkèlán

Ungarn
匈牙利
xiōngyálì

das Vereinigte Königreich
英国
yīngguó

Weißrussland
白俄罗斯
bái'éluósī

Zypern
塞浦路斯
sàipǔlùsī

Nord- und Mittelamerika – 北美洲与中美洲 běiměizhōu yǔ zhōngměizhōu

Antigua und Barbuda
安提瓜和巴布达
āntíguā hé bābùdá

die Bahamas
巴哈马
bāhāmǎ

Barbados
巴巴多斯
bābāduōsī

Belize
伯利兹
bólìzī

UN-MITGLIEDSSTAATEN – 联合国成员国 liánhéguó chéngyuán

Nord- und Mittelamerika – 北美洲与中美洲 běiměizhōu yǔ zhōngměizhōu

Costa Rica
哥斯达黎加
gēsīdálíjiā

Dominica
多米尼克
duōmǐníkè

die Dominikanische Republik
多米尼加共和国
duōmǐníjiā gònghéguó

El Salvador
萨尔瓦多
sà'ěrwǎduō

Grenada
格林纳达
gélínnàdá

Guatemala
危地马拉
wēidìmǎlā

Haiti
海地
hǎidì

Honduras
洪都拉斯
hóng

Jamaika
牙买加
yámǎijiā

Kanada
加拿大
jiānádà

Kuba
古巴
gǔbā

Mexiko
墨西哥
mòxīgē

Nicaragua
尼加拉瓜
níjiālāguā

Panama
巴拿马
bānámǎ

St. Kitts und Nevis
圣基茨和尼维斯
shèngjīcí hé níwéisī

St. Lucia
圣卢西亚
shènglúxīyà

UN-MITGLIEDSSTAATEN – 联合国成员国 liánhéguó chéngyuán

Nord- und Mittelamerika – 北美洲与中美洲 běiměizhōu yǔ zhōngměizhōu

St. Vincent und die Grenadinen
圣文森特和格林纳丁斯
shèngwénsēntè hé gélínnàdīngsī

Trinidad und Tobago
特立尼达和多巴哥
tèlìnídá hé duōbāgē

die Vereinigten Staaten
美国
měiguó

Südamerika – 南美洲 nánměizhōu

Argentinien
阿根廷
āgēntíng

Bolivien
玻利维亚
bōlìwéiyà

Brasilien
巴西
bāxī

Chile
智利
zhìlì

Ecuador
厄瓜多尔
Èguāduō'ěr

Guyana
圭亚那
guīyànà

Kolumbien
哥伦比亚
gēlúnbǐyà

Paraguay
巴拉圭
bālāguī

Peru
秘鲁
bìlǔ

Suriname
苏里南
sūlǐnán

Uruguay
乌拉圭
wūlāguī

Venezuela
委内瑞拉
wěinèiruìlā

UN-MITGLIEDSSTAATEN – 联合国成员国 liánhéguó chéngyuán

Afrika – 非洲 fēizhōu

Ägypten
埃及
āijí

Algerien
阿尔及利亚
ā'ěrjílìyà

Angola
安哥拉
āngēlā

Äquatorialguinea
赤道几内亚
chìdào jǐnèiyà

Äthiopien
埃塞俄比亚
āisài'ébǐyà

Benin
贝宁
bèiníng

Botswana
博茨瓦纳
bócíwǎnà

Burkina Faso
布基纳法索
bùjīnàfǎsuǒ

Burundi
布隆迪
bùlóngdí

die Demokratische Republik Kongo
刚果民主共和国
gāngguǒ mínzhǔ gònghéguó

Dschibuti
吉布提
jíbùtí

die Elfenbeinküste
象牙海岸/科特迪瓦
xiàngyá hǎi'àn/kētèdíwǎ

Eritrea
厄立特里亚
Èlìtèlǐyà

Gabun
加蓬
jiāpéng

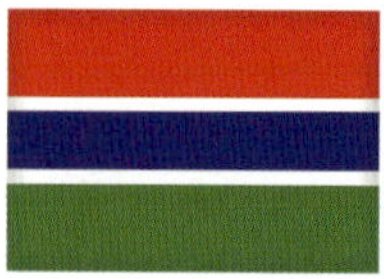

Gambia
冈比亚
gāngbǐyà

Ghana
加纳
jiānà

UN-MITGLIEDSSTAATEN – 联合国成员国 liánhéguó chéngyuán

Afrika – 非洲 fēizhōu

Guinea
几内亚
jǐnèiyà

Guinea-Bissau
几内亚比绍
jǐnèiyà bǐshào

Kamerun
喀麦隆
kāmàilóng

Kap Verde
佛得角
fódéjiǎo

Kenia
肯尼亚
kěnníyà

die Komoren
科摩罗
kēmóluó

Lesotho
莱索托
láisuǒtuō

Liberia
利比里亚
lìbǐlǐyà

Libyen
利比亚
lìbǐyà

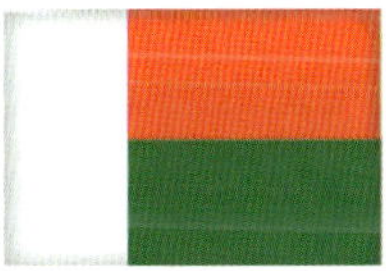

Madagaskar
马达加斯加
mǎdájiāsījiā

Malawi
马拉维
mǎlāwéi

Mali
马里
mǎlǐ

Mauretanien
毛里塔尼亚
máolǐtǎníyà

Mauritius
毛里求斯
máolǐqiúsī

Marokko
摩洛哥
móluògē

Mosambik
莫桑比克
mòsāngbǐkè

UN-MITGLIEDSSTAATEN – 联合国成员国 liánhéguó chéngyuán

Afrika – 非洲 fēizhōu

Namibia
纳米比亚
nàmǐbǐyà

(der) Niger
尼日尔
nírì'ěr

Nigeria
尼日利亚
nírìlìyà

die Republik Kongo
刚果共和国
gāngguǒ gònghéguó

Ruanda
卢旺达
lúwàngdá

Sambia
赞比亚
zànbǐyà

São Tomé und Príncipe
圣多美和普林西比
shèngduōměi hé pǔlínxībǐ

(der) Senegal
塞内加尔
sàinèijiā'ěr

die Seychellen
塞舌尔
sàishé'ěr

Sierra Leone
塞拉利昂
sàilālì'áng

Simbabwe
津巴布韦
jīnbābùwéi

Somalia
索马里
suǒmǎlǐ

Südafrika
南非
nánfēi

der Sudan
苏丹
sūdān

der Südsudan
南苏丹
nánsūdān

Swasiland
斯威士兰
sīwēishìlán

UN-MITGLIEDSSTAATEN – 联合国成员国 liánhéguó chéngyuán

Afrika – 非洲 fēizhōu

Tansania
坦桑尼亚
tǎnsāngníyà

Togo
多哥
duōgē

der Tschad
乍得
zhàdé

Tunesien
突尼斯
tūnísī

Uganda
乌干达
wūgāndá

die Zentralafrikanische Republik
中非共和国
zhōngfēi gònghéguó

Asien – 亚洲 yàzhōu

Afghanistan
阿富汗
āfùhàn

Armenien
亚美尼亚
yàměiníyà

Aserbaidschan
阿塞拜疆
āsàibàijiāng

Bahrain
巴林
bālín

Bangladesch
孟加拉国
mèngjiālāguó

Bhutan
不丹
bùdān

Brunei
文莱
wénlái

China
中国
zhōngguó

UN-MITGLIEDSSTAATEN – 联合国成员国 liánhéguó chéngyuán

Asien – 亚洲 yàzhōu

Georgien
格鲁吉亚
gélǔjíyà

Indien
印度
yìndù

Indonesien
印度尼西亚
yìndùníxīyà

(der) Irak
伊拉克
yīlākè

(der) Iran
伊朗
yīlǎng

Israel
以色列
yǐsèliè

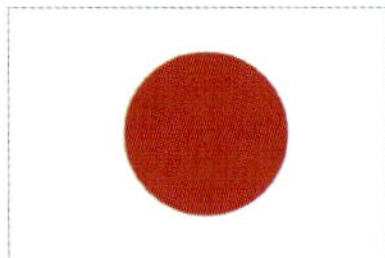

Japan
日本
rìběn

(der) Jemen
也门
yěmén

Jordanien
约旦
yuēdàn

Kambodscha
柬埔寨
jiǎnpǔzhài

Kasachstan
哈萨克斯坦
hāsàkèsītǎn

Kirgisistan
吉尔吉斯斯坦
jí'ěrjísīsītǎn

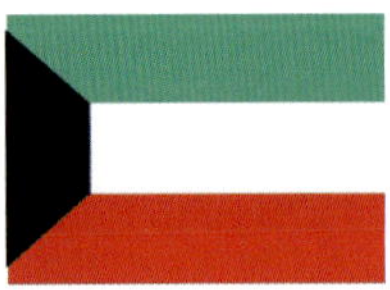

Kuwait
科威特
kēwēitè

Laos
老挝
lǎowō

(der) Libanon
黎巴嫩
líbānèn

Katar
卡塔尔
kǎtǎ'ěr

UN-MITGLIEDSSTAATEN – 联合国成员国 liánhéguó chéngyuán

Asien – 亚洲 yàzhōu

Malaysia
马来西亚
mǎláixīyà

die Malediven
马尔代夫
mǎ'ěrdàifū

die Mongolei
蒙古
ménggǔ

Myanmar
缅甸
miǎndiàn

Nepal
尼泊尔
ní

Nordkorea
朝鲜
cháoxiǎn

Oman
阿曼
āmàn

Osttimor
东帝汶
dōngdìwèn

Pakistan
巴基斯坦
bājīsītǎn

die Philippinen
菲律宾
fēilǜbīn

Saudi-Arabien
沙特阿拉伯
shātè ālābó

Singapur
新加坡
xīnjiāpō

Sri Lanka
斯里兰卡
sīlǐlánkǎ

Südkorea
韩国
hánguó

Syrien
叙利亚
xùlìyà

Tadschikistan
塔吉克斯坦
tǎjíkèsītǎn

UN-MITGLIEDSSTAATEN – 联合国成员国 liánhéguó chéngyuán

Asien – 亚洲 yàzhōu

Thailand
泰国
tàiguó

die Türkei
土耳其
tǔ'ěrqí

Turkmenistan
土库曼斯坦
tǔkùmànsītǎn

Usbekistan
乌兹别克斯坦
wūzībiékèsītǎn

die Vereinigten Arabischen Emirate
阿拉伯联合酋长国
ālābó liánhé qiúzhǎngguó

Vietnam
越南
yuènán

Ozeanien – 大洋洲 dàyángzhōu

Australien
澳大利亚
àodàlìyà

Fidschi
斐济
fěi

Kiribati
基里巴斯
jīlǐbāsī

die Marshallinseln
马绍尔群岛
mǎshào'ěr qúndǎo

Mikronesien
密克罗尼西亚
mìkèluóníxīyà

Nauru
瑙鲁
nǎolǔ

Neuseeland
新西兰
xīnxīlán

Palau
帕劳
pàláo

UN-MITGLIEDSSTAATEN – 联合国成员国 liánhéguó chéngyuán

Ozeanien – 大洋洲 dàyángzhōu

Papua-Neuguinea
巴布亚新几内亚
bābùyà xīnjǐnèiyà

die Salomonen
所罗门群岛
suǒluómén qúndǎo

Samoa
萨摩亚
sàmóyà

Tonga
汤加
tāngjiā

Tuvalu
图瓦卢
túwǎlú

Vanuatu
瓦努阿图
wǎnǔ'ātú

Internationale Organisationen – 国际组织 guójì zǔzhī

die Europäische Union (EU)
欧洲联盟（欧盟）
Ōuzhōu liánméng (Ōuméng)

die Vereinten Nationen (UN)
联合国
liánhéguó

die Organisation des Nordatlantikvertrags (NATO)
北大西洋公约组织（北约）
běidàxīyánggōngyuē zǔzhī (běiyuē)

die Afrikanische Union
非洲联盟
fēizhōu liánméng

die Arabische Liga
阿拉伯国家联盟
ālābóguójiā liánméng

die UNESCO
联合国教科文组织
liánhéguó jiào-kē-wén zǔzhī

das Commonwealth
英联邦
yīngliánbāng

DAS WETTER – 天气 tiānqì

sonnig
晴朗的
qínglǎngde

wolkig
多云的
duōyúnde

neblig
有雾的
yǒuwùde

windig
有风的
yǒufēngde

heiß
热的
rède

warm
暖和的
nuǎnhuode

kalt
冷的
lěngde

bedeckt
阴的
yīnde

vereist
结冰的
jiébīngde

verschneit
下雪的
xiàxuěde

regnerisch
下雨的
xiàyǔde

stürmisch
有风暴的
yǒu fēngbàode

feucht
湿润的
shīrùnde

die Temperatur	温度 wēndù
der Grad	度 dù
Celsius	摄氏度 shèshìdù
Fahrenheit	华氏度 huáshìdù
die Wettervorhersage	天气预报 tiānqì yùbào
Wie ist das Wetter?	天气怎么样? tiānqì zěnmeyàng?
Es ist schön/trüb/nasskalt.	天气很好/阴沉/又冷又潮。 tiānqì hěnhǎo/yīnchén/yòu lěng yòu cháo.
Es regnet/schneit.	天正在下雨/下雪。 tiān zhèng zài xiàyǔ/xiàxuě.

DAS WETTER – 天气 tiānqì

der Regen
雨
yǔ

der Regenbogen
彩虹
cǎihóng

der Sonnenschein
阳光
yángguāng

der Wind
风
fēng

das Gewitter
雷暴
léibào

der Donner
雷
léi

der Blitz
闪电
shǎndiàn

der Hagel
冰雹
bīngbáo

der Raureif
白霜
báishuāng

der Schnee
雪
xuě

der Frost
霜冻
shuāngdòng

das Eis
冰
bīng

die Brise	和风 héfēng
die Windgeschwindigkeit	风速 fēngsù
der Pollenflug	花粉计数 huāfěn jìshù
die UV-Strahlen	紫外线 zǐwàixiàn
der Ozon	臭氧 chòuyǎng
die Ozonschicht	臭氧层 chòuyǎngcéng
die Stratosphäre	平流层 píngliúcéng
die Troposphäre	对流层 duìliúcéng

der Smog
烟雾
yānwù

DAS WETTER – 天气 tiānqì

Naturkatastrophen – 自然灾害 zìrán zāihài

die Dürre
旱灾
hànzāi

der Hurrikan
飓风
jùfēng

der Tornado
龙卷风
lóngjuǎnfēng

der Monsun
季风
jìfēng

die Überschwemmung
洪灾
hóngzāi

das Erdbeben
地震
dìzhèn

der Vulkanausbruch
火山喷发
huǒshān pēnfā

der Tsunami
海啸
hǎixiào

der Erdrutsch
滑坡
huápō

der Waldbrand
林火
línhuǒ

die Hitzewelle
热浪
rèlàng

der Sturm
风暴
fēngbào

die Lawine
雪崩
xuěbēng

der Schneesturm
暴风雪
bàofēngxuě

der (tropische) Wirbelsturm
热带风暴
rèdài fēngbào

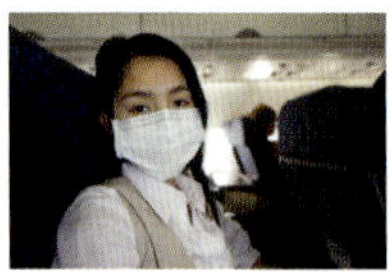

die Pandemie
大流行病
dà liúxíngbìng

DIE LANDSCHAFT – 景色 jǐngsè

der Berg 山 shān

der Gipfel 山峰 shānfēng

das Gebirge 山脉 shānmài

der Wald 森林 sēnlín

der Berghang 山坡 shānpō

der See 湖泊 húpō

der Felsen 岩石 yánshí

das Tal 山谷 shāngǔ

der Fluss 河 hé

die Flussmündung 河口 hékǒu

die Höhle 洞穴 dòngxué

die Klippe 悬崖 xuányá

die Küste 海岸 hǎi'àn

der Gletscher 冰川 bīngchuān

der Wasserfall 瀑布 pùbù

DIE LANDSCHAFT – 景色 jǐngsè

das Plateau
高原
gāoyuán

der Hügel
丘陵
qiūlíng

die Ebene
平原
píngyuán

die Schlucht
峡谷
xiágǔ

die Wüste
沙漠
shāmò

die Wiese
草地
cǎodì

das Feuchtgebiet
湿地
shīdì

die Heide
欧石楠荒野
ōushínán huāngyě

das Grasland
草原
cǎoyuán

der Geysir
间歇泉
jiànxiēquán

die Thermalquelle
温泉
wēnquán

der Vulkan
火山
huǒshān

die Bucht
海湾
hǎiwān

das Korallenriff
珊瑚礁
shānhújiāo

die Insel
岛屿
dǎoyǔ

der Gebirgsbach
山涧
shānjiàn

STEINE UND MINERALIEN – 岩石与矿物 yánshí yǔ kuàngwù

das Eisenerz
铁矿石
tiěkuàngshí

der Sandstein
沙岩
shāyán

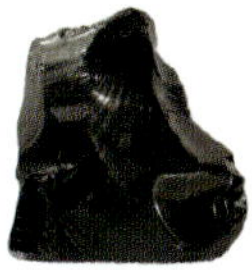

der Asphalt
地沥青
dìlìqīng

der Granit
花岗岩
huāgāngyán

der Kalkstein
石灰石
shíhuīshí

die Kreide
白垩
bái'è

die Kohle
煤炭
méitàn

der Schiefer
板岩
bǎnyán

der Marmor
大理石
dàlǐshí

der Schwefel
硫
liú

der Grafit
石墨
shímò

das Gold
金
jīn

das Silber
银
yín

das Kupfer
铜
tóng

das Quecksilber
汞
gǒng

der Bauxit
铝土矿
lǚtǔkuàng

STEINE UND MINERALIEN – 岩石与矿物 yánshí yǔ kuàngwù

Edel- und Halbedelsteine – 宝石与半宝石 bǎoshí yǔ bàn bǎoshí

der Rubin
红宝石
hóngbǎoshí

der Aquamarin
海蓝宝石
hǎilánbǎoshí

der Jade
玉
yù

der Smaragd
祖母绿
zǔmǔlǜ

der Saphir
蓝宝石
lánbǎoshí

der Amethyst
紫晶
zǐjīng

der Quarz
石英
shíyīng

der Diamant
钻石
zuànshí

der Turmalin
碧玺
bìxǐ

der Topas
黄晶
huángjīng

der Granat
石榴石
shíliúshí

das/der Tigerauge
虎眼石
hǔyǎnshí

der Opal
欧泊
ōubó

der Bernstein
琥珀
hǔpò

der Türkis
绿松石
lǜsōngshí

der Rosenquarz
粉水晶
fěnshuǐjīng

der Onyx
缟玛瑙
gǎomǎnǎo

die Perle
珍珠
zhēnzhū

der Lapislazuli
青金石
qīngjīnshí

der Citrin
黄水晶
huángshuǐjīng

PFLANZEN – 植物 zhíwù

Bäume – 树木 shùmù

die Weide
柳树
liǔshù

die Esche
白蜡树
báilàshù

die Buche
山毛榉
shānmáojǔ

die Ulme
榆树
yúshù

die Birke	白桦树 báihuàshù
der Ahorn	枫树 fēngshù
die Linde	椴树 duànshù
die Tanne	杉树 shānshù
die Fichte	云杉树 yúnshānshù
der Nadelbaum	针叶树 zhēnyèshù
der Laubbaum	落叶树 luòyèshù
der immergrüne Baum	长春树 chángchūnshù

der Eukalyptus
桉树
ānshù

PFLANZEN – 植物 zhíwù

Wildpflanzen – 野生植物 yěshēng zhíwù

die Flechte
地衣
dìyī

das Moos
苔藓
táixiǎn

die Distel
蓟花
jìhuā

der Pilz
蘑菇
mó

die Brennnessel
荨麻
qiánmá

der Fingerhut
洋地黄
yángdìhuáng

der Bärenklau
豕草
shǐcǎo

der Löwenzahn
蒲公英
púgōngyīng

das Gänseblümchen
雏菊
chújú

das Heidekraut
帚石楠
zhǒushínán

das Hasenglöckchen
蓝钟花
lánzhōnghuā

der Klee
三叶草
sānyècǎo

die Kamille
洋甘菊
yánggānjú

das Maiglöckchen
铃兰
línglán

die Pusteblume
蒲公英茸毛头
púgōngyīng róngmáotóu

die Butterblume
毛茛
máogèn

PFLANZEN – 植物 zhíwù

Zierblumen – 观赏花卉 guānshǎng huāhuì

das Schneeglöckchen
雪花莲
xuěhuālián

der Krokus
番红花
fānhónghuā

die Seerose
睡莲
shuìlián

der Lavendel
薰衣草
xūnyīcǎo

der Flieder	丁香 dīngxiāng
der/das Rhododendron	杜鹃花 dùjuānhuā
blühen	开花 kāihuā
duften	有香味 yǒu xiāngwèi
verwelken	枯萎 kūwěi
keimen	发芽 fāyá
die Frühlingsblume	春天的花 chūntiān de huā
der Nachtblüher	昼伏夜出的花朵 zhòufú yèchū de huāduo

die Petunie
矮牵牛花
ǎiqiānniúhuā

PFLANZEN – 植物 zhíwù

Zierblumen – 观赏花卉 guānshǎng huāhuì

die *Nelke*
康乃馨
kāngnǎixīn

die *Primel*
报春花
bàochūnhuā

die *Gerbera*
非洲菊
fēizhōujú

die *Tulpe*
郁金香
yùjīnxiāng

die *Narzisse*
水仙花
shuǐxiānhuā

die *Iris*
鸢尾花
yuānwěihuā

die *Chrysantheme*
菊花
júhuā

die *Hyazinthe*
风信子
fēngxìnzǐ

die *Ringelblume*
金盏花
jīnzhǎnhuā

das *Stiefmütterchen*
三色堇
sānsèjǐn

die *Orchidee*
兰花
lánhuā

der *Rosenstrauch*
玫瑰灌木
méiguī guànmù

die *Lilie*
百合花
bǎihéhuā

die *Sonnenblume*
向日葵
xiàngrìkuí

die *Geranie*
天竺葵
tiānzhúkuí

die *Hortensie*
绣球花
xiùqiúhuā

PFLANZEN – 植物 zhíwù

Gartenpflanzen – 园林植物 yuánlín zhíwù

der/das Efeu
常春藤
chángchūnténg

der Obstbaum
果树
guǒshù

die Baumblüte
开花期
kāihuāqī

der Trieb
芽
yá

der Formschnitt
树木修剪
shùmù xiūjiǎn

das Unkraut
杂草
zácǎo

blühen
开花
kāihuā

verwelken
枯萎
kūwěi

die Palme
棕榈树
zōnglǘshù

der Rasen
草坪
cǎopíng

die Blumenwiese
野花草地
yěhuā cǎodì

die Mohnblume
罂粟花
yīngsùhuā

die Kletterpflanze
攀缘植物
pānyuán zhíwù

einjährig
一年生的
yīnián shēngde

zweijährig
二年生的
èr nián shēngde

mehrjährig
多年生的
duō nián shēngde

TIERE – 动物 dòngwù

Säugetiere – 哺乳动物 bǔrǔ dòngwù

die Ratte
老鼠
lǎoshǔ

der Maulwurf
鼹鼠
yǎnshǔ

die Katze
猫
māo

der Hund
狗
gǒu

das Kaninchen
兔子
tùzi

das Meerschweinchen
豚鼠
túnshǔ

die Maus
小鼠
xiǎoshǔ

der Hamster
仓鼠
cāngshǔ

die Fledermaus
蝙蝠
biānfú

das Eichhörnchen
松鼠
sōngshǔ

der Igel
刺猬
cìwèi

das Frettchen
雪貂
xuědiāo

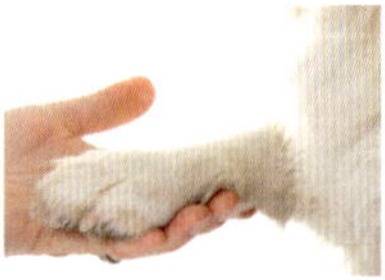

die Pfote
爪子
zhuǎzi

das Schnurrhaar	动物胡须 dòngwù húxū
das Fell	毛皮 máopí
das Maul	嘴巴 zuǐba
der Schwanz	尾巴 wěiba
das Horn	角 jiǎo
die Kralle	爪 zhǎo
die Tatze	爪子 zhuǎzi
der Huf	蹄 tí

TIERE – 动物 dòngwù

Säugetiere – 哺乳动物 bǔrǔ dòngwù

der Gepard
猎豹
lièbào

der Puma
美洲狮
měizhōushī

der Wolf
狼
láng

der Waschbär
浣熊
huànxióng

das Stinktier
臭鼬
chòuyòu

das Erdmännchen
獴
měng

der Leopard
豹
bào

der Dachs
獾
huān

der Fuchs
狐狸
húli

der Jaguar
美洲豹
měizhōubào

der Löwe
狮子
shīzi

der Tiger
老虎
lǎohǔ

der Bär
熊
xióng

der Eisbär
北极熊
běijíxióng

der Koala
考拉
kǎolā

der Pandabär
熊猫
xióngmāo

TIERE – 动物 dòngwù

Säugetiere – 哺乳动物 bǔrǔ dòngwù

das Schwein
猪
zhū

die Ziege
山羊
shānyáng

das Pferd
马
mǎ

die Giraffe
长颈鹿
chángjǐnglù

das Schaf
绵羊
miányáng

das Lama
美洲驼
měizhōutuó

der Esel
驴
lǘ

das Reh
狍
páo

das Rentier
驯鹿
xúnlù

das Kamel
骆驼
luòtuó

die Kuh
奶牛
nǎiniú

der Stier
公牛
gōngniú

das Nilpferd
河马
hémǎ

das Nashorn
犀牛
xīniú

der Elefant
大象
dàxiàng

das Zebra
斑马
bānmǎ

TIERE – 动物 dòngwù

Säugetiere – 哺乳动物 bǔrǔ dòngwù

das Walross
海象
hǎixiàng

der Seelöwe
海狮
hǎishī

der Seehund
海豹
hǎibào

der Delfin
海豚
hǎitún

der Schwertwal
虎鲸
hǔjīng

der Otter
水獭
shuǐtǎ

die Biberratte
河狸鼠
hélíshǔ

der Gorilla
大猩猩
dàxīngxīng

der Orang-Utan
红毛猩猩
hóngmáo xīngxīng

der Gibbon
长臂猿
chángbìyuán

der Pavian
狒狒
fèifèi

der Schimpanse
黑猩猩
hēixīngxīng

das Faultier
树懒
shùlǎn

der Ameisenbär
食蚁兽
shíyǐshòu

das Känguru
袋鼠
dàishǔ

das Jungtier
仔畜
zǐchù

TIERE – 动物 dòngwù

Vögel – 鸟类 niǎolèi

der Specht
啄木鸟
zhuómùniǎo

der Spatz
麻雀
máquè

der Kolibri
蜂鸟
fēngniǎo

der Tukan
巨嘴鸟
jùzuǐniǎo

das Rotkehlchen
知更鸟
zhīgēngniǎo

die Schwalbe
燕子
yànzi

der Habicht
苍鹰
cāngyīng

die Taube
鸽子
gēzi

der Rabe
渡鸦
dùyā

die Krähe
乌鸦
wūyā

der Fink
燕雀
yànquè

die Möwe
海鸥
hǎi'ōu

der Kanarienvogel
金丝雀
jīnsīquè

der Schnabel	喙 huì
das Küken	幼鸟 yòuniǎo
der Flügel	翅膀 chìbǎng
die Kralle	爪 zhǎo
die Feder	羽毛 yǔmáo
das Federkleid	羽衣 yǔyī
zwitschern	唧唧叫 jījījiào
flattern	拍翅膀 pāichìbǎng

TIERE – 动物 dòngwù

Vögel – 鸟类 niǎolèi

der Storch
鹳
guàn

der Flamingo
火烈鸟
huǒlièniǎo

der Strauß
鸵鸟
tuóniǎo

der Adler
鹰
yīng

der Pinguin
企鹅
qǐ'é

der Kakadu
凤头鹦鹉
fèngtóuyīngwǔ

der Papagei
鹦鹉
yīngwǔ

die Eule
猫头鹰
māotóuyīng

der Truthahn
火鸡
huǒjī

der Schwan
天鹅
tiān'é

die Gans
鹅
é

die Ente
鸭子
yāzi

der Hahn
公鸡
gōngjī

das Huhn
母鸡
mǔjī

die Wachtel
鹌鹑
ānchún

der Pfau
孔雀
kǒngquè

TIERE – 动物 dòngwù

Reptilien und Amphibien – 爬行动物与两栖动物 páxíng dòngwù yǔ liǎngqī dòngwù

die Schlange
蛇
shé

das Krokodil
鳄鱼
èyú

der Alligator
短吻鳄
duǎnwěn'è

die Eidechse
蜥蜴
xīyì

das Chamäleon
变色龙
biànsèlóng

der Leguan
鬣蜥
lièxī

die Schildkröte
乌龟
wūguī

die Wasserschildkröte
海龟
hǎiguī

der Frosch
青蛙
qīngwā

die Kröte
蟾蜍
chánchú

die Kaulquappe
蝌蚪
kēdǒu

der Salamander
蝾螈
róngyuán

der Gecko
壁虎
bìhǔ

der Panzer	甲壳 jiǎké
die Schuppen	鳞 lín
das Gift	毒液 dúyè
der Giftzahn	毒牙 dúyá
das wechselwarme Tier	冷血动物 lěngxuè dòngwù
kriechen	爬行 páxíng
zischen	发出嘶嘶声 fāchū sīsīshēng
quaken	呱呱叫 guāguā jiào

TIERE – 动物 dòngwù

Fische – 鱼类 yúlèi

der Kugelfisch
河豚
hétún

der Hornhecht
颌针鱼
hézhēnyú

der Piranha
水虎鱼
shuǐhǔyú

der Fliegende Fisch
飞鱼
fēiyú

der Fächerfisch
旗鱼
qíyú

der Rochen
鳐
yáo

der Weiße Hai
大白鲨
dàbáishā

der Tigerhai
鼬鲨
yòushā

der Goldfisch
金鱼
jīnyú

der Koi
锦鲤
jǐnlǐ

der Aal
鳗鱼
mányú

der Wels
鲶鱼
niányú

der Fischschwarm	鱼群 yúqún
die Flosse	鳍 qí
die Kiemen	鳃 sāi
das Tiefseetier	深海动物 shēnhǎi dòngwù
der Rogen	鱼卵 yúluǎn
der Süßwasserfisch	淡水鱼 dànshuǐyú
der Seefisch	海鱼 hǎiyú
das Aquarium	水族箱 shuǐzúxiāng

das Seepferdchen
海马
hǎimǎ

TIERE – 动物 dòngwù

Insekten und Spinnen – 昆虫与蜘蛛 kūnchóng yǔ zhīzhū

der Schmetterling
蝴蝶
húdié

die Raupe
毛虫
máochóng

die Puppe
蛹
yǒng

der Nachtfalter
蛾
é

die Biene
蜜蜂
mìfēng

die Hummel
熊蜂
xióngfēng

die Wespe
黄蜂
huángfēng

die Hornisse
欧洲黄蜂
Ōuzhōu huángfēng

die Fliege
苍蝇
cāng

die Stechmücke
蚊子
wénzi

die Zikade
蝉
chán

der Maikäfer
金龟子
jīnguīzǐ

die Libelle
蜻蜓
qīngtíng

die Gottesanbeterin
螳螂
tángláng

die Heuschrecke
蚱蜢
zhàměng

die Grille
蟋蟀
xīshuài

TIERE – 动物 dòngwù

Insekten und Spinnen – 昆虫与蜘蛛 kūnchóng yǔ zhīzhū

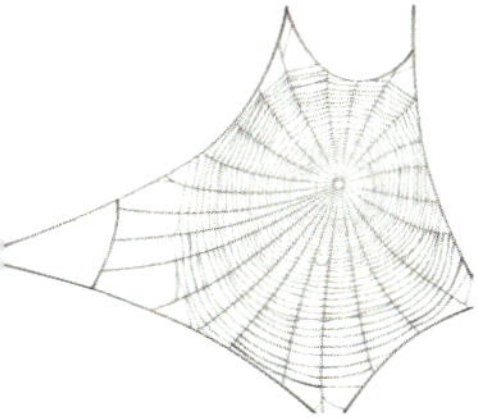

das Spinnennetz
蜘蛛网
zhīzhūwǎng

die Spinne
蜘蛛
zhīzhū

der Floh
跳蚤
tiàozǎo

die Assel
等足目
děngzúmù

die Stinkwanze
盾蝽
dùnchūn

der Marienkäfer
瓢虫
piáochóng

die Schabe
蟑螂
zhānglàng

der Wasserläufer
黾蝽
miǎnchūn

der Hundertfüßer
蜈蚣
wúgōng

die Nacktschnecke
蛞蝓
kuòyú

die Schnecke
蜗牛
wōniú

der Wurm
蠕虫
rúchóng

die Termite
白蚁
báiyǐ

die Ameise
蚂蚁
mǎyǐ

die Zecke
蜱
pí

der Skorpion
蝎子
xiēzi

ZAHLEN UND MAßE

数字与度量

shùzì yǔ dùliàng

DIE ZAHLEN – 数字 shùzì

Die Kardinalzahlen – 基数 jīshù

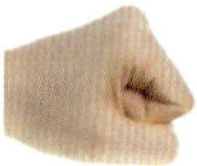

null
零
líng

eins
一
yī

zwei
二
èr

drei
三
sān

vier
四
sì

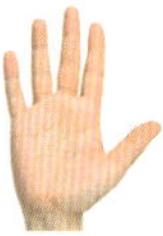

fünf
五
wǔ

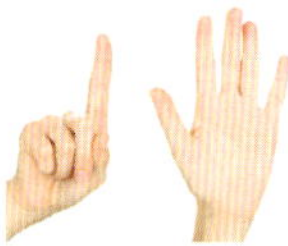

sechs
六
liù

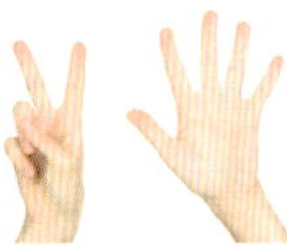

sieben
七
qī

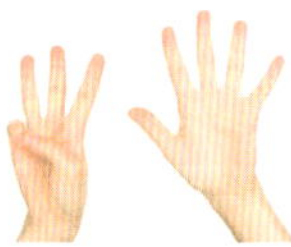

acht
八
bā

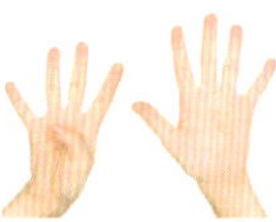

neun
九
jiǔ

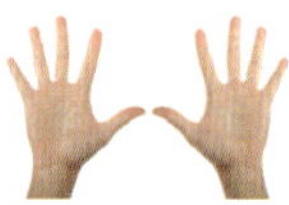

zehn
十
shí

elf	十一	shíyī
zwölf	十二	shí'èr
dreizehn	十三	shísān
vierzehn	十四	shísì
fünfzehn	十五	shíwǔ
sechzehn	十六	shíliù
siebzehn	十七	shíqī
achtzehn	十八	shíbā
neunzehn	十九	shíjiǔ
zwanzig	二十	èrshí
einundzwanzig	二十一	èrshíyī
zweiundzwanzig	二十二	èrshí'èr
dreiundzwanzig	二十三	èrshísān
dreißig	三十	sānshí
vierzig	四十	sìshí
fünfzig	五十	wǔshí
sechzig	六十	liùshí
siebzig	七十	qīshí
achtzig	八十	bāshí
neunzig	九十	jiǔshí
hundert	一百	yībǎi

DIE ZAHLEN – 数字 shùzì

Die Kardinalzahlen – 基数 jīshù

zweihundertzweiundzwanzig	二百二十二 èrbǎi èrshí'èr
tausend	一千 yīqiān
zehntausend	一万 yīwàn
zwanzigtausend	两万 liǎngwàn
fünfzigtausend	五万 wǔwàn
fünfundfünfzigtausend	五万五千 wǔwàn wǔqiān
hunderttausend	十万 shíwàn
eine Million	一百万 yībǎiwàn
eine Milliarde	十亿 shíyì
eine Billion	一万亿 yīwànyì

Die Ordinalzahlen – 序数 xùshù

erste(r, s)	第一 dì-yī
zweite(r, s)	第二 dì-èr
dritte(r, s)	第三 dì-sān
vierte(r, s)	第四 dì-sì
fünfte(r, s)	第五 dì-wǔ
sechste(r, s)	第六 dì-liù
siebte(r, s)	第七 dì-qī
achte(r, s)	第八 dì-bā
neunte(r, s)	第九 dì-jiǔ
zehnte(r, s)	第十 dì-shí
elfte(r, s)	第十一 dì-shíyī
zwölfte(r, s)	第十二 dì-shí'èr
dreizehnte(r, s)	第十三 dì-shísān
vierzehnte(r, s)	第十四 dì-shísì
fünfzehnte(r, s)	第十五 dì-shíwǔ
sechzehnte(r, s)	第十六 dì-shíliù
siebzehnte(r, s)	第十七 dì-shíqī
achtzehnte(r, s)	第十八 dì-shíbā
neunzehnte(r, s)	第十九 dì-shíjiǔ
zwanzigste(r, s)	第二十 dì-èrshí
einundzwanzigste(r, s)	第二十一 dì-èrshíyī
zweiundzwanzigste(r, s)	第二十二 dì-èrshí'èr

DIE ZAHLEN – 数字 shùzì

Die Ordinalzahlen – 序数 xùshù

dreißigste(r, s)	第三十 dì-sānshí
vierzigste(r, s)	第四十 dì-sìshí
fünfzigste(r, s)	第五十 dì-wǔshí
sechzigste(r, s)	第六十 dì-liùshí
siebzigste(r, s)	第七十 dì-qīshí
achtzigste(r, s)	第八十 dì-bāshí
neunzigste(r, s)	第九十 dì-jiǔshí
hundertste(r, s)	第一百 dì-yībǎi
zweihunderterste(r, s)	第二百零一 dì-èrbǎi língyī
zweihundertfünfundzwanzigste(r, s)	第二百二十五 dì-èrbǎi èrshíwǔ
dreihundertste(r, s)	第三百 dì-sānbǎi
tausendste(r, s)	第一千 dì-yīqiān
zehntausendste(r, s)	第一万 dì-yīwàn
millionste(r, s)	第一百万 dì-yībǎiwàn
zehnmillionste(r, s)	第一千万 dì-yīqiānwàn
vorletzte(r, s)	倒数第二的 dàoshǔ dì-èrde
letzte(r, s)	最后的 zuìhòude

Die Bruchzahlen – 分数 fēnshù

ein halber/ein halbes/eine halbe	二分之一 èr fēn zhī yī
ein Drittel	三分之一 sān fēn zhī yī
ein Viertel	四分之一 sì fēn zhī yī
ein Fünftel	五分之一 wǔ fēn zhī yī
ein Achtel	八分之一 bā fēn zhī yī
drei Viertel	四分之三 sì fēn zhī sān
zwei Fünftel	五分之二 wǔ fēn zhī èr
siebeneinhalb	七又二分之一 qī yòu èr fēn zhī yī
zwei Siebzehntel	十七分之二 shíqī fēn zhī èr
fünf und drei Achtel	五又八分之三 wǔ yòu bā fēn zhī sān

DIE ZAHLEN – 数字 shùzì

Weitere Zahlwörter – 更多数字 gēngduō shùzì

einmal	一次 yī cì
zweimal	两次 liǎng cì
dreimal	三次 sān cì
viermal	四次 sì cì
mehrmals	多次的 duōcìde
manchmal	有时候 yǒushíhou
niemals	从不 cóngbù
einfach	一倍 yī bèi
doppelt/zweifach	两倍 liǎng bèi
dreifach	三倍 sān bèi
vierfach	四倍 sì bèi
fünffach	五倍 wǔ bèi
sechsfach	六倍 liù bèi
mehrfach/vielfach	多倍的 duōbèide

ein Paar	一对 yīduì
ein halbes Dutzend	半打 bàn dǎ
ein Dutzend	一打 yī dǎ
ein Gros	大多数 dà duōshù
ein paar	一些 yīxiē
wenige	少量 shǎoliàng
einige	几个 jǐgè
etliche	好多 hǎoduō
manche	有的 yǒude
viele	许多 xǔduō
beide	两者 liǎngzhě
sämtliche	全部 quánbù
alle	一切 yīqiè
jeder/jede/jedes	每一个 měiyīgè

der Taschenrechner 计算器 jìsuànqì

die Quadratwurzel 平方根 píngfānggēn

das Prozent 百分比 bǎifēnbǐ

die Ziffer 数字 shùzì

der Dezimalpunkt 小数点 xiǎoshùdiǎn

dividieren 除 chú

multiplizieren 乘 chéng

subtrahieren 减 jiǎn

addieren 加 jiā

ist gleich 等于 děngyú

DIE ZEIT – 时间 shíjiān

Die Uhrzeit – 时刻 shíkè

ein Uhr
凌晨1点
língchén 1 diǎn

zwei Uhr
凌晨2点
língchén liǎng diǎn

drei Uhr
凌晨3点
língchén 3 diǎn

vier Uhr
凌晨4点
língchén 4 diǎn

fünf Uhr
凌晨5点
língchén 5 diǎn

sechs Uhr
早上6点
zǎoshang 6 diǎn

sieben Uhr
早上7点
zǎoshang 7 diǎn

acht Uhr
早上8点
zǎoshang 8 diǎn

neun Uhr
早上9点
zǎoshang 9 diǎn

zehn Uhr
上午10点
shàngwǔ 10 diǎn

elf Uhr
上午11点
shàngwǔ 11 diǎn

zwölf Uhr mittags
中午12点
zhōngwǔ (shi'èr) 12 diǎn

dreizehn Uhr
下午1点
xiàwǔ 1 diǎn

die Stunde	小时 xiǎoshí
die Minute	分钟 fēnzhōng
eine halbe Stunde	半个小时 bànge xiǎoshí
die Sekunde	秒 miǎo
Wie viel Uhr ist es?	请问现在几点呢？qǐngwèn, xiànzài jǐdiǎn ne?
Es ist zwei Uhr.	现在两点了。xiànzài liǎng diǎn le.
Um wie viel Uhr?	在几点钟呢？ zài jǐ diǎnzhōng ne?
Um sieben Uhr.	在7点。zài 7 diǎn.

DIE ZEIT – 时间 shíjiān

Die Uhrzeit – 时刻 shíkè

vierzehn Uhr
下午2点
xiàwǔ liǎng diǎn

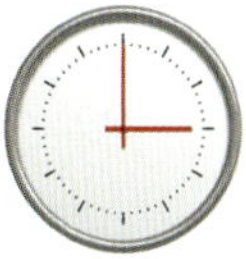

fünfzehn Uhr
下午3点
xiàwǔ 3 (sān) diǎn

sechzehn Uhr
下午4点
xiàwǔ 4 (sì) diǎn

siebzehn Uhr
下午5点
xiàwǔ 5 (wǔ) diǎn

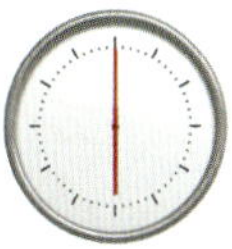

achtzehn Uhr
下午6点
xiàwǔ 6 (liù) diǎn

neunzehn Uhr
晚上7点
wǎnshang 7 (qī) diǎn

zwanzig Uhr
晚上8点
wǎnshang 8 (bā) diǎn

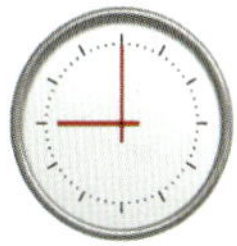

einundzwanzig Uhr
晚上9点
wǎnshang 9 (jiǔ) diǎn

zweiundzwanzig Uhr
晚上10点
wǎnshang 10 (shí) diǎn

dreiundzwanzig Uhr
晚上11点
wǎnshang 11 (shíyī) diǎn

Mitternacht
午夜
wūyè

fünf nach zwölf
12点5分
12 (shí'èr) diǎn 5 (wǔ) fēn

halb elf	10点半	10 (shí) diǎn bàn
zwanzig vor sieben	6点40	6 (liù) diǎn 40 (sìshí)
Viertel vor zwölf	12点差1刻	12 (shí'èr) diǎn chà 1(yī) kè
Wann?	什么时候?	shénme shíhou?
Vor/in zehn Minuten.	10分钟以前/后。	10 (shí) fēnzhōng yǐqián./yǐhòu.
Gegen Mittag.	正午左右。	zhèngwǔ zuǒyòu.
Seit wann?	什么时候开始的?	shénme shíhou kāishǐde?
Seit gestern.	昨天开始的。	zuótiān kāishǐde.

Viertel nach neun
9点1刻
9 (jiǔ) diǎn 1 (yī) kè

DIE ZEIT – 时间 shíjiān

Tag und Nacht – 白天与夜晚 báitiān yǔ yèwǎn

die Mitternacht
午夜
wūyè

die Morgendämmerung
曙光
shǔguāng

der Sonnenaufgang
日出
rìchū

der Morgen
早晨
zǎochén

der Mittag
中午
zhōngwǔ

der Nachmittag
下午
xiàwǔ

der Sonnenuntergang
日落
rìluò

die Abenddämmerung
黄昏
huánghūn

der Abend
晚上
wǎnshang

der Frühling
春天
chūntiān

der Sommer
夏天
xiàtiān

der Herbst
秋天
qiūtiān

der Winter
冬天
dōngtiān

heute	今天 jīntiān
morgen	明天 míngtiān
übermorgen	后天 hòutiān
gestern	昨天 zuótiān
vorgestern	前天 qiántiān
Welches Datum haben wir heute?	今天的日期是什么？ jīntiān de rìqī shì shénme?
der 9. September 2018	2018年9月9日/号。 2018 (èrlíng yībā) nián 9 (jiǔ) yuè 9 (jiǔ) rì/hào.
der Feiertag	法定节假日 fǎdìng jiéjiàrì

DIE ZEIT – 时间 shíjiān

Der Kalender – 日历 rìlì

der Sonntag 星期日 xīngqīrì

der Dienstag 星期二 xīngqī'èr

der Donnerstag 星期四 xīngqīsì

der Samstag 星期六 xīngqīliù

der Montag 星期一 xīngqīyī

der Mittwoch 星期三 xīngqīsān

der Freitag 星期五 xīngqīwǔ

der Wochentag 工作日 gōngzuòrì

die Woche 星期 xīngqī

der Tag 天 tiān

das Wochenende 周末 zhōumò

das Datum 日期 rìqī

das Jahr 年 nián

der Monat 月（份） yuè(fèn)

der Januar	1月（份）	1 (yī) yuè(fèn)
der Februar	2月（份）	2 (èr) yuè(fèn)
der März	3月（份）	3 (sān) yuè(fèn)
der April	4月（份）	4 (sì) yuè(fèn)
der Mai	5月（份）	5 (wǔ) yuè(fèn)
der Juni	6月（份）	6 (liù) yuè(fèn)

der Juli	7月（份）	7 (qī) yuè(fèn)
der August	8月（份）	8 (bā) yuè(fèn)
der September	9月（份）	9 (jiǔ) yuè(fèn)
der Oktober	10月（份）	10 (shí) yuè(fèn)
der November	11月（份）	11 (shíyī) yuè(fèn)
der Dezember	12月（份）	12 (shí'èr) yuè(fèn)

MAßE – 度量 dùliàng

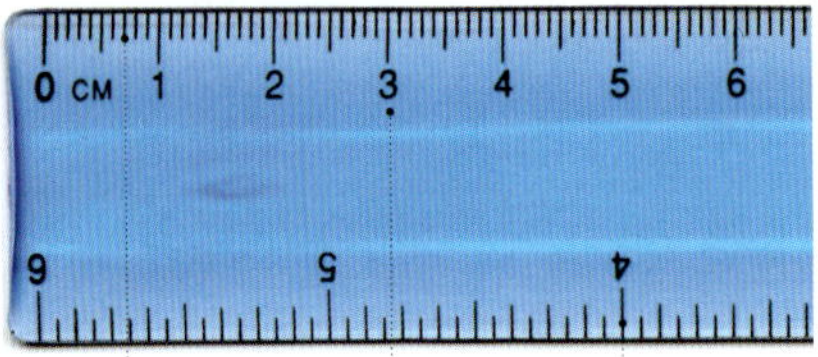

der/das Millimeter
毫米
háomǐ

der/das Zentimeter
厘米
límǐ

der Zoll
英寸
yīngcùn

der/das Liter
升
shēng

der/das Milliliter
毫升
háoshēng

die Unze
盎司
àngsī

das Pint
品脱
pǐntuō

der Kilometer
公里
gōnglǐ

die Meile
英里
yīnglǐ

das Yard
码
mǎ

der Acre/Morgen
公亩
gōngmǔ

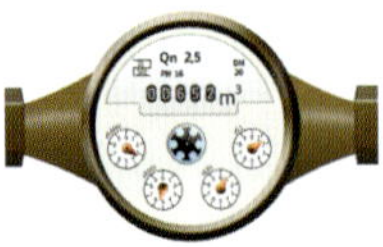

der/das Kubikmeter
立方米
lìfāngmǐ

der Fuß	英尺 yīngchǐ
der/das Meter	米 mǐ
der/das Quadratmeter	平方米 píngfāngmǐ
der Quadratfuß	平方英尺 píngfāng yīngchǐ
der/das Hektar	公顷 gōngqǐng
die Tasse	一杯容量 yī bēi róngliàng
der Esslöffel	一大汤匙容量 yī dà tāngchí róngliàng
der Teelöffel	一茶匙容量 yī chá chí róngliàng

DAS GEWICHT – 重量 zhòngliàng

die Tonne
吨
dūn

das Kilogramm
公斤
gōngjīn

das Gramm
克
kè

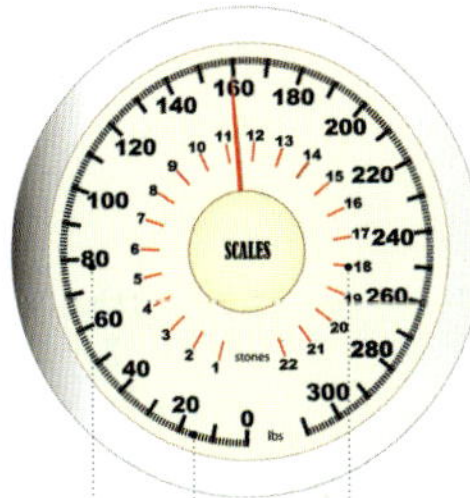

das Pfund
斤
jīn

die Unze
英两
yīngliǎng

das Stone
(= 6,35 kg)
英石
yīngshí

DIE WÄHRUNG – 货币 huòbì

$

der Dollar
美元
měiyuán

£

das Pfund
镑
bàng

€

der Euro
欧元
ōuyuán

¥

der Yen
日元
rìyuán

der Baht	泰铢 tàizhū
die Rupie	卢比 lúbǐ
der Dinar	第纳尔 dìnà'ěr
der Franc	法郎 fǎláng
der Schweizer Franken	瑞士法郎 ruìshì fǎláng
die Krone	克朗 kèlǎng

der Rand	兰特 lántè
der Peso	比索 bǐsuǒ
der Real	雷阿尔 léiā'ěr
der Yuan	元 yuán
die Lira	里拉 lǐlā
der Rubel	卢布 lúbù

DIE WICHTIGSTEN SÄTZE –
重要短句 zhòngyào duǎnjù

DIE VERBEN –
动词 dòngcí

INDEX –
目录 mùlù

DIE WICHTIGSTEN SÄTZE – 重要短句 zhòngyào duǎnjù

Mit diesen nützlichen Wörtern und Sätzen drücken Sie sich in den wichtigsten und häufigsten Situationen mit Sicherheit aus.

IM GESPRÄCH – 会话中 huìhuà zhōng

BEGRÜßEN UND VERABSCHIEDEN – 欢迎及告别 huānyíng jí gàobié

Guten Tag!	您好！你好！你们好！ Nín hǎo! Nǐ hǎo! Nǐmen hǎo!
Guten Abend!	晚上好! wǎnshàng hǎo!
Hallo!	嗨! Hài!
Auf Wiedersehen!	再见! Zàijiàn!
Tschüss!	回见! Huíjiàn!

HÖFLICHKEIT – 礼貌 lǐmào

bitte	请 qǐng
danke	谢谢 xièxie
bitte schön	不用谢! Bú yòng xiè!
Ja, bitte.	好的。 Hǎo de.
Nein, danke.	不，谢谢。 Bù, xièxie!
Keine Ursache!	不客气! Bù kèqi!
Entschuldigung!	对不起! Duìbùqǐ!
Entschuldigen Sie, ...	请问，… Qǐng wèn, …
Das tut mir leid.	很抱歉! Hěn bàoqiàn!
Wie geht's?	怎么样? Zěnmeyàng?
Wie geht es Ihnen/dir/euch?	您/你/你们好吗? Nín/Nǐ/Nǐmen hǎo ma?
Danke, gut. Und Ihnen/dir?	谢谢，还好。您/你 呢? Xièxie, hái hǎo. Nín/Nǐ ne?

KOMMUNIKATION – 远程通信 yuǎnchéng tōngxìn

Wie bitte?	您说什么? Nín shuō shénme?
Ich verstehe.	我懂了。Wǒ dǒngle.
Ich verstehe nicht.	我不懂。 Wǒ bù dǒng.
Könnten Sie das bitte wiederholen?	您能 … 吗? Nín néng … ma?
Könnten Sie bitte langsamer sprechen?	您能说慢点吗? Nín néng shuō màn diǎn ma?
Könnten Sie das bitte aufschreiben?	您能写下来吗? Nín néng xiěxià lái ma?
Was bedeutet ...?	… 意味着什么? … yì wèi zhe shénme?

SICH VORSTELLEN – 互相介绍 hùxiāng jièshào

Wie heißt du?	你叫什么名字? (Vorname) Nǐ jiào shénme míngzì?
Wie heißen Sie?	您贵姓? (Nachname) nín guì xìng?
Ich heiße ...	我叫 … Wǒ jiào …
Woher kommen Sie?	您从哪里来? Nín cóng nǎlǐ lái?
Woher kommst du?	你从哪里来? Nǐ cóng nǎlǐ lái?
Ich komme aus ...	我从 … 来。 Wǒ cóng … lái.

Das/Er ist mein Mann.	这/他是我的丈夫。 Zhè/Tā shì wǒde zhàngfu.
Das/Sie ist meine Frau.	这/她是我的妻子。 Zhè/Tā shì wǒde qīzi.
Das/Er ist mein Partner.	这/他是我的对象/伴侣。 Zhè/Tā shì wǒde duìxiàng/bànlǚ.
Das/Sie ist meine Partnerin.	这/她是我的对象/伴侣。 Zhè/Tā shì wǒde duìxiàng/bànlǚ.
Das/Er ist mein Sohn.	这/他是我的儿子。 Zhè/Tā shì wǒde érzi.
Das/Sie ist meine Tochter.	这/她是我的女儿。 Zhè/Tā shì wǒde nü'ér.
Hier ist meine E-Mail-Adresse.	这是我的电子邮件地址。 Zhè shì wǒde diànzǐ yóujiàndìzhǐ.
Hier ist meine Telefonnummer.	这是我的电话号码。 Zhè shì wǒde diànhuà hàomǎ.

BEIM TELEFONIEREN – 通电话中 tōngdiànhuà zhōng

Ich hätte gern eine SIM-Karte, bitte.	我想买一张手机卡。 Wǒ xiǎng mǎi yīzhāng shǒujīkǎ.
Mein Akku ist leer.	我的（可充电）电池没电了。 Wǒde (kě chōngdiàn) diànchí méi diànle.
Hier spricht ..	我是 … Wǒ shì …
Mit wem spreche ich bitte?	请问，我在跟谁讲话呢？ Qǐngwèn, wǒ zài gēn shéi jiǎnghuà ne?
Kann ich bitte Herrn/Frau .. sprechen?	我可以请 … 先生/女士听电话吗？ Wǒ kěyi qǐng … xiānshēng/nǚshì tīng diànhuà ma?
Tut mir leid, er/sie ist nicht da.	很抱歉，他/她不在。 Hěn bàoqiàn, tā/tā bu zài.
Kann er/sie dich/Sie zurückrufen?	他/她可以给您/你回电话吗？ Tā/Tā kěyǐ gěi nín/nǐ huí diànhuà ma?

UNTERWEGS – 路上 lùshàng

TOILETTE UND BAD – 洗手间，卫生间，厕所 xǐshǒujiān, wèishēngjiān, cèsuǒ

Wo ist bitte der Waschraum/das Bad/die Toilette?	请问洗手间/卫生间/厕所在哪里？ Qǐngwèn xǐshǒujiān/wèishēngjiān/cèsuǒ zài nǎlǐ?
Damen	女 nǚ
Herren	男 nán
die Damentoilette	女厕 nǚ cè
die Herrentoilette	男厕 nán cè

BAHN – 火车 huǒchē

Wann fährt der nächste Zug ab?	下一班火车几点发车？ Xià yī bān huǒchē jǐdiǎn fāchē?
Wo muss ich umsteigen?	我应该在哪里换车？ Wǒ yīnggāi zài nǎlǐ huànchē?
Von welchem Gleis fährt der Zug nach …?	去 … 的火车从哪个站台开出？ Qù … de huǒchē cóng nǎgè zhàntái kāichū?
Ist dieser Platz noch frei?	这个座位有人坐吗？ Zhège zuòwèi yǒu rén zuò ma?
Hält dieser Zug in …?	这趟火车在 … 停车吗？ Zhè tàng huǒchē zài … tíngchē ma?

BUS – 公共汽车 gōnggòngqìchē

Welche Linie fährt nach …?	几路（公共）汽车去 …？ Jǐ lù (gōng gòng) qì chē qù …?
Welche Linie fährt zum Bahnhof?	几路（公共）汽车去火车站？ Jǐ lù (gōnggòng) qìchē qù huǒchēzhàn?

Wann fährt der nächste Bus nach ...?	去 … 的下一路（公共）汽车什么时候开? Qù … de xià yī lù gōnggòng qìchē shén me shíhòu kāi?
Wo muss ich aussteigen?	我应该在哪里下车? Wǒ yīnggāi zài nǎlǐ xià chē?
Wie viele Haltestellen sind es?	有多少站呢? Yǒu duōshǎo zhàn ne?
Fährt dieser Bus nach ...?	这路（公共）汽车去 … 吗? Zhè lù (gōnggòng) qìchē qù … ma?

AUTO – 汽车 qìchē

der Führerschein	机动车驾驶证 jīdòngchē jiàshǐzhèng
Entschuldigen Sie bitte, wie komme ich nach ...?	请问，我开车去 … 怎么走? Qǐngwèn, wǒ kāichē qù … zěnme zǒu?
Entschuldigen Sie bitte, wo ist ...?	请问，… 在哪里? Qǐngwèn, … zài nǎlǐ?
Wie weit ist es?	有多远? Yǒu duō yuǎn?

BEIM ARZT – 看病 kànbìng

Ich bin krankenversichert.	我上了医疗保险。 Wǒ shàng le yīliáo bǎoxiǎn.
Ich möchte von einer Ärztin behandelt werden, bitte.	我想让一位女医生治疗。 Wǒ xiǎng ràng yīwèi nǚ yīshēng zhìliáo.
Es tut hier weh.	这儿疼。 Zhè er téng.
Ich bin ohnmächtig geworden.	我昏过去了。 Wǒ hūn guòqùle.
Ich habe mich erbrochen.	我吐了。 wǒ tǔle.
Ich habe Herzbeschwerden.	我有心脏病。 wǒ yǒu xīnzàngbìng.
Ich habe Atembeschwerden.	我呼吸困难。 Wǒ hūxī kùnnán.
Ich habe Zahnschmerzen.	我牙疼。 Wǒ yáténg.
Ich habe eine Füllung verloren.	我的牙填料丢了。 Wǒ de yátiánliào diūle.
Ich bin allergisch gegen Antibiotika.	我对抗菌素/抗生素过敏。 Wǒ duì kàngjūnsù/kàngshēngsù guòmǐn.
Ich bin allergisch gegen Bienen.	我对蜜蜂过敏。 Wǒ duì mìfēng guòmǐn.
Ich bin allergisch gegen Pollen.	我对花粉过敏。 Wǒ duì huāfěn guòmǐn.
Ich bin Diabetiker/Diabetikerin.	我患有糖尿病。 Wǒ huànyǒu tángniàobìng.
Ist es ansteckend?	会传染吗? Huì chuánrǎn ma?
Ich brauche ein Rezept für ...	我需要 … 的药方。 Wǒ xùyào … de yàofāng.
Ich nehme Medikamente gegen ..	我服用 … 药。 Wǒ fúyòng … yào.

DIE VERBEN – 动词 dòngcí

Wenn es darum geht, eigene Sätze zu bilden, hilft Ihnen unsere ausführliche Verbliste, wo Sie auch abstrakte Verben, die sich nicht abbilden lassen, nachschlagen und übersetzen können.

A

abbeißen	咬掉	yǎodiào
abbiegen	拐弯	guǎiwān
abbringen	劝阻	quànzǔ
abfahren	开走	kāizǒu
abfärben	掉色	diàosè
abfinden	容忍	róngrěn
abfragen	考问	kǎowèn
abführen	带走	dàizǒu
abfüllen	灌入	guànrù
abgeben	交给	jiāogěi
abgewöhnen	戒除	jièchú
abgrenzen	划清界限	huàqīng jièxiàn
abhaken	打勾	dǎgōu
abhalten	阻止	zǔzhǐ
abhärten	磨炼	móliàn
abhauen	走开	zǒukāi
abheben	起飞	qǐfēi
abholen	接人	jiērén
abklären	澄清	chéngqīng
abklingen	消退	xiāotuì
abkochen	煮沸	fèiténg
abkühlen	冷却	lěngquè
abkürzen	缩写	suōxiě
abladen	倾倒	qīngdào
ablaufen	到期	dàoqī
ablecken	舔掉	tiǎndiào
ablegen	放下	fàngxià
ablehnen	拒绝	jùjué
ablenken	转移	zhuǎnyí
abmagern	变瘦	biànshòu
abmalen	临摹	línmó
abmelden	退出	tuìchū
abmessen	测定	cèdìng
abnehmen	减肥	jiǎnféi
abnutzen	消磨	xiāomó
abonnieren	订阅	dìngyuè
abprallen	弹回	tánhuí
abputzen	擦净	cājìng
abraten	劝阻	quànzǔ
abräumen	清除	qīngchú
abreagieren	发泄	fāxiè
abrechnen	结算	jiésuàn
abregen	冷静下来	lěngjìng xiàlái
abreisen	启程	qǐchéng
abreißen	撕下	sīxià
abrunden	四舍	sìshě
abrutschen	滑落	huáluò
absagen	取消	qǔxiāo
abschaffen	废除	fèichú
abschalten	关掉	guāndiào
abschätzen	评估	pínggū

abschauen	抄袭 chāoxí
abschicken	寄（出） jì (chū)
abschleppen	拖走 tuōzǒu
abschließen	锁上 suǒshàng
abschminken	卸妆 xièzhuāng
abschneiden	切断 qiēduàn
abschreiben	抄写 chāoxiě
abschwächen	减弱 jiǎnruò
abschweifen	跑题 pǎotí
abschwellen	消肿 xiāozhǒng
absehen	放弃 fàngqì
absenden	发出 fāchū
absetzen	放下 fàngxià
absichern	确保 quèbǎo
absinken	下沉 xiàchén
abspeichern	保存 bǎocún
abspielen	发生 fāshēng
abspringen	脱离 tuōlí
abspülen	冲洗 chōngxǐ
abstammen	源于 yuányú
abstehen	竖着 shùzhe
abstellen	放下 fàngxià
absterben	死 sǐ
abstimmen	投票表决 tóupiào biǎojué
abstoßen	使反感 shǐ fǎngǎn
abstreiten	否认 fǒurèn
abstumpfen	变冷漠 biàn lěngmò
abstürzen	坠毁 zhuìhuǐ
abstützen	支撑 zhīchēng
absuchen	搜索 sōusuǒ
abtreiben	堕胎 duòtāi
abtrocknen	擦干 cāgān
abtropfen	滴干 dīgān
abverlangen	要求 yāoqiú
abwägen	权衡 quánhéng
abwarten	等待 děngdài
abwaschen	冲洗 chōngxǐ
abwechseln	轮流 lúnliú
abwehren	打退 dǎtuì
abweichen	偏离 piānlí
abweisen	坚决拒绝 jiānjué jùjué
abwerten	贬值 biǎnzhí
abwischen	擦净 cā
abzahlen	付清 fùqīng
abziehen	撤回 chèhuí
achten	尊重 zūnzhòng
ächzen	呻吟 shēnyín
addieren	加上 jiāshàng
adoptieren	收养 shōuyǎng
adressieren	写姓名地址 xiě xìngmíng dìzhǐ
agieren	行动 xíngdòng
ähneln	相像 xiāngxiàng
ahnen	猜到 cāidào
aktivieren	激活 jīhuó
aktualisieren	更新 gēngxīn
akzeptieren	接受 jiēshòu
alarmieren	报警 bàojǐng
amputieren	截肢 jiézhī

amüsieren	消遣	xiāoqiǎn
analysieren	分析	fēnxī
anbauen	种植	zhòngzhí
anbeten	崇拜	chóngbài
anbiedern	讨好	tǎohǎo
anbieten	提供	tígōng
anblicken	凝视	níngshì
anbrüllen	向 ... 吼叫	xiàng ... hǒujiào
andauern	持续	chíxù
ändern	改变	gǎibiàn
andeuten	暗示	ànshì
androhen	威胁	wēixié
aneignen	学会	xuéhuì
anekeln	令人厌恶	lìng rén yànwù
anerkennen	承认	chéngrèn
anfangen	开始	kāishǐ
anfassen	触摸	chùmō
anfertigen	制作	zhìzuò
anfeuern	鼓励	gǔlì
anflehen	恳求	kěnqiú
anfordern	要求	yāoqiú
anfreunden	交朋友	jiāo péngyou
anfühlen	摸	mō
anführen	带领	dàilǐng
angeben	夸耀	kuāyào
angehören	属于	shǔyú
angeln	钓鱼	diàoyú
angewöhnen	养成...的习惯	yǎngchéng... de xíguàn
angleichen	相适应	xiāngshìyìng
angreifen	进攻	jìngōng
ängstigen	使 ... 惊恐	shǐ ... jīngkǒng
angucken	看	kàn
anhaben	穿着	chuānzhe
anhalten	使停住	shǐ tíngzhù
anhängen	附上	fùshàng
anhimmeln	对...崇拜得五体投地	duì ... chóngbài de wútǐtóudì
anhören	听取	tīngqǔ
anklagen	控告	kònggào
ankleben	粘贴	zhāntiē
anklicken	点击	diǎnjī
anklopfen	敲门	qiāomén
anknüpfen	建立	jiànlì
ankommen	到达	dàodá
ankreuzen	打叉	dǎchā
ankündigen	宣布	xuanbu
anlächeln	含笑看着	hánxiào kànzhe
anlachen	笑着看	xiàozhe kān
anlehnen	靠	kào
anleiten	指导	zhǐdǎo
anlocken	吸引	xīyǐn
anlügen	对...说谎	duì...shuōhuǎng
anmachen	打开	dǎkāi
anmaßen	无理要求	wúlǐ yāoqiú
anmelden	登记	dēngjì
anmerken	说明	shuōmíng
annähern	靠近	kàojìn
annehmen	认为	rènwéi
annullieren	宣告无效	xuāngào wúxiào

anordnen	安排 ānpái
anpacken	对付 duìfù
anpassen	适应 shìyìng
anpflanzen	耕种 gēngzhòng
anprobieren	试穿 shìchuān
anreden	招呼 zhāohu
anrufen	打电话 dǎ diànhuà
ansagen	宣告 xuāngào
ansammeln	积累 jīlěi
anschalten	开动 kāidòng
anschauen	注视 zhùshì
anschieben	推 tuī
anschleichen	悄悄靠近 qiāoqiāo kàojìn
anschließen	连接 liánjiē
anschmiegen	偎依 wēiyī
anschnallen	绑安全带 bǎng ānquándài
anschnauzen	责骂 zémà
anschreien	对 ... 大喊大叫 duì ... dàhǎn dàjiào
anschuldigen	指控 zhǐkòng
anschweigen	对 ... 不发一言 duì ... bùfāyīyán
anschwellen	肿胀 zhǒngzhàng
anschwindeln	对 ... 当面撒谎 duì ... dāngmiàn sāhuǎng
ansehen	观看 guānkàn
anspannen	绷紧 bēngjǐn
anspielen	暗指 ànzhǐ
anspitzen	削尖 xiāojiān
anspornen	鼓励 gǔlì
ansprechen	和 ... 攀谈 hé ... pāntán
anspringen	起动 qǐdòng
anspucken	对 ... 啐唾沫 duì ... cuì tuòmò
anstarren	盯着看 dīngzhe kàn
anstecken	感染 gǎnrǎn
anstehen	排队 páiduì
ansteigen	增长 zēngzhǎng
anstellen	排队 páiduì
anstimmen	开始唱歌 kāishǐ chànggē
anstoßen	碰撞 pèngzhuàng
anstrahlen	照耀 zhàoyào
anstreben	力求 lìqiú
anstreichen	粉刷 fěnshuā
anstrengen	努力 nǔlì
antreffen	碰到 pèngdào
antreiben	推动 tuīdòng
antreten	开始 kāishǐ
antun	使 ... 遭受 shǐ ... zāoshòu
antworten	回答 huídá
anvertrauen	吐露 tǔlù
anweisen	指示 zhǐshì
anwenden	使用 shǐyòng
anwidern	令 ... 厌恶 lìng ... yànwù
anzeigen	显示 xiǎnshì
anziehen	穿 chuān
anzünden	点燃 diǎnrán
anzweifeln	怀疑 huáiyí
applaudieren	鼓掌 gǔzhǎng
arbeiten	工作 gōngzuò

ärgern	激怒 jīnù
atmen	呼吸 hūxī
aufarbeiten	重新评价 chóngxīn píngjià
aufatmen	松了一口气 sōng le yī kǒuqì
aufbauen	建立 jiànlì
aufbewahren	保管 bǎoguǎn
aufblasen	使 ... 充气 shǐ ... chōngqì
aufbleiben	熬夜 áoyè
aufbrauchen	用完 yòngwán
aufbrausen	大发雷霆 dàfā léitíng
aufbrechen	出发 chūfā
aufbringen	唤起 huànqǐ
aufdecken	揭示 jiēshì
aufdrängen	强加 qiángjiā
aufdrehen	旋松 xuánsōng
aufeinander-folgen	相继 xiāngjì
aufessen	吃完 chīwán
auffallen	引人注目 yǐn rén zhùmù
auffangen	接住 jiēzhù
auffassen	理解 lǐjiě
auffordern	要求 yāoqiú
aufführen	表演 biǎoyǎn
aufgeben	放弃 fàngqì
aufgreifen	抓住 zhuāzhù
aufhaben	打开了 dǎkāi le
aufhalten	阻止 zǔzhǐ
aufhängen	悬挂 xuánguà
aufheben	拾起 shíqǐ
aufhetzen	煽动 shāndòng

aufholen	赶上 gǎnshàng
aufhören	停止 tíngzhǐ
aufkleben	贴上 tiēshàng
aufladen	给 ... 充电 gěi ... chōngdiàn
auflassen	使 ... 开着 shǐ ... kāizhe
auflauern	打埋伏 dǎmáifú
aufleben	活跃起来 huóyuè qǐlái
auflehnen	反抗 fǎnkàng
auflockern	使松散 shǐ sōngsǎn
auflösen	解散 jiěsàn
aufmachen	打开 dǎkāi
aufmuntern	鼓舞 gǔwǔ
aufnehmen	录制 lùzhì
aufpassen	注意 zhùyì
aufplatzen	爆裂 bàoliè
aufpumpen	打气 dǎqì
aufraffen	振作 zhènzuò
aufräumen	整理 zhěnglǐ
aufrechterhal-ten	保持 bǎochí
aufregen	激动 jīdòng
aufrunden	五入 wǔrù
aufsammeln	捡拾 jiǎnshí
aufschieben	推迟 tuīchí
aufschließen	开锁 kāisuǒ
aufschreiben	写下 xiěxià
aufspringen	弹开 tánkāi
aufstacheln	刺激 cìjī
aufstehen	起身 qǐshēn
aufstellen	制定出 zhìdìng chū

aufstützen	支撑 zhīchēng
aufsuchen	去 qù
auftauchen	浮出水面 fúchū shuǐmiàn
aufteilen	划分 huàfēn
auftragen	涂抹 túmǒ
auftreiben	搞到 gǎodào
auftreten	发生 fāshēng
aufwachen	醒来 xǐnglái
aufwachsen	长大 zhǎngdà
aufwärmen	重新煮热 chóngxīn zhǔrè
aufwecken	叫醒 jiàoxǐng
aufweichen	泡软 pàoruǎn
aufweisen	表明 biǎomíng
aufwischen	擦干 cāgān
aufwühlen	掘出 juéchū
aufzählen	列举 lièjǔ
aufzeichnen	记录 jìlù
aufzeigen	指出 zhǐchū
aufzwingen	强加 qiángjiā
ausarbeiten	制定 zhìdìng
ausatmen	呼气 hūqì
ausbessern	修补 xiūbǔ
ausbleiben	缺席 quēxí
ausbrechen	逃跑 táopǎo
ausbreiten	展开 zhǎnkāi
ausdehnen	膨胀 péngzhàng
ausdenken	想出 xiǎngchū
auseinander-brechen	断裂 duànliè
ausfallen	被取消 bèi qǔxiāo
ausfragen	盘问 pánwèn
ausfüllen	填写 tiánxiě
ausgeben	花费 huāfèi
ausgehen	外出 wàichū
ausgleichen	补偿 bǔcháng
aushaben	放学 fàngxué
aushalten	忍受 rěnshòu
aushelfen	帮助...摆脱困境 bāngzhù...bǎituō kùnjìng
auskennen	熟悉 shúxī
auskommen	和睦相处 hémù xiāngchǔ
auslachen	嘲笑 cháoxiào
auslaufen	流出 liúchū
ausleeren	倒空 dàokōng
ausleihen	借入 jièrù
ausloggen	退出 tuìchū
auslösen	引起 yǐnqǐ
ausmachen	关掉 guāndiào
ausmalen	想像 xiǎngxiàng
ausmessen	测量 cèliáng
ausnutzen	利用 lìyòng
auspacken	拆开 chāikāi
ausplaudern	泄露 xièlòu
auspressen	榨出 zhàchū
ausprobieren	试用 shìyòng
ausrasten	发火 fāhuǒ
ausrauben	抢劫 qiǎngjié
ausrechnen	计算出 jìsuàn chū
ausreden	劝阻 quànzǔ
ausreichen	足够 zúgòu

ausreisen	出境	chūjìng
ausrichten	转告	zhuǎngào
ausruhen	休息	xiūxi
ausrutschen	滑倒	huádǎo
ausschalten	关掉	guāndiào
ausscheiden	退职	tuìzhí
ausschimpfen	训斥	xùnchì
ausschlafen	睡够	shuì gòu
ausschließen	排除	páichú
ausschneiden	剪出	jiǎnchū
aussehen	显得	xiǎn dé
äußern	表示	biǎoshì
aussetzen	中断	zhōngduàn
aussprechen	发音	fāyīn
ausstehen	忍受	rěnshòu
aussteigen	下车	xiàchē
aussterben	灭绝	mièjué
ausstrecken	伸出	shēnchū
aussuchen	挑选	tiāoxuǎn
austauschen	替换	tìhuàn
austeilen	分发	fēnfā
austoben	嬉闹	xī nào
austreten	离开	líkāi
austricksen	欺骗	qīpiàn
austrinken	喝光	hēguāng
ausüben	行使	xíngshǐ
auswählen	选择	xuǎnzé
auswandern	移居国外	yíjū guówài
auswaschen	洗掉	xǐdiào
auswechseln	更换	gēnghuàn
ausweichen	避开	bìkāi
auswerten	评定	píngdìng
auswirken	产生效果	chǎnshēng xiàoguǒ
auszählen	清点	qīngdiǎn
auszeichnen	表彰	biǎozhāng
ausziehen	脱下	tuōxià

B

babysitten	照看孩子 zhàokàn háizi
backen	烘焙 hōngbèi
baden	洗澡 xǐzǎo
baggern	挖掘 wājué
basteln	手工制作 shǒugōng zhìzuò
bauen	建造 jiànzào
beabsichtigen	企图 qǐtú
beachten	注意 zhùyì
beängstigen	使 ... 担忧 shǐ dānyōu
beanspruchen	占用 zhànyòng
beantragen	申请 shēnqǐng
beantworten	答复 dáfù
bearbeiten	处理 chǔlǐ
beatmen	进行人工呼吸 jìnxíng réngōng hūxī
beaufsichtigen	监督 jiāndū
beauftragen	委托 wěituō
bedanken	感谢 gǎnxiè
bedauern	遗憾 yíhàn
bedecken	遮盖 zhēgài
bedenken	思考 sīkǎo
bedeuten	意味着 yìwèi zhe
bedienen	服侍 fúshì
bedrängen	使烦恼 shǐ fánnǎo
bedrohen	威胁 wēixié
bedrücken	压抑 yāyì
beeilen	赶快 gǎnkuài
beeindrucken	给 ... 留下深刻印象 gěi ... liúxià shēnkè yìnxiàng
beeinflussen	影响 yǐngxiǎng
beeinträchtigen	妨碍 fángài
beenden	结束 jiéshù
beerdigen	埋葬 máizàng
befassen	从事 cóngshì
befehlen	命令 mìnglìng
befestigen	固定 gùdìng
befeuchten	润湿 rùnshī
befinden	位于 wèiyú
befolgen	遵从 zūncóng
befragen	询问 xúnwèn
befreien	脱离束缚 tuōlí shùfù
befriedigen	满足 mǎnzú
befruchten	使 ··· 受精 shǐ ... shòujīng
befürchten	害怕 hàipà
befürworten	赞成 zànchéng
begegnen	遇到 yùdào
begehen	犯（错误） fàn (cuòwù)
begehren	渴望 kěwàng
begeistern	使 ... 振奋 shǐ ... zhènfèn
beginnen	开始 kāishǐ
begleiten	陪同 péitóng
beglückwünschen	祝贺 zhùhè
begraben	掩埋 yǎnmái
begreifen	理解 lǐjiě
begrenzen	限制 xiànzhì
begründen	对 ... 说明理由 duì ... shuōmíng lǐyóu

begrüßen	欢迎 huānyíng
begünstigen	有利于 yǒulì yú
begutachten	鉴定 jiàndìng
behalten	保留 bǎoliú
behandeln	对待 duìdài
beharren	坚持 jiānchí
behaupten	声称 shēngchēng
beheben	消除 xiāochú
behelfen	应付 yìngfù
beherrschen	统治 tǒngzhì
beherzigen	牢记 láojì
behindern	阻碍 zǔ'ài
behüten	保护 bǎohù
beibehalten	保持 bǎochí
beibringen	教授 jiāoshòu
beichten	忏悔 chànhuǐ
beifügen	附上 fùshàng
beinhalten	包括 bāokuo
beipflichten	赞同 zàntóng
beirren	迷惑 míhuò
beißen	咬 yǎo
beistehen	帮助 bāngzhù
beitragen	贡献 gòngxiàn
beitreten	参加 cānjiā
bejahen	肯定 kěndìng
bejubeln	欢呼 huānhū
bekämpfen	反对 fǎnduì
bekehren	(使) 转变 (shǐ) zhuǎnbiàn
bekennen	承认 chéngrèn

beklagen	抱怨 bàoyuàn
bekleckern	溅污 jiànwū
bekommen	得到 dédào
bekräftigen	确认 quèrèn
beladen	装载 zhuāngzài
belasten	使负载 shǐ fùzài
belästigen	打扰 dǎrǎo
belauschen	偷听 tōutīng
beleidigen	侮辱 wǔrǔ
bellen	犬吠 quǎnfèi
belohnen	酬谢 chóuxiè
belügen	对...说谎 duì ... shuōhuǎng
bemerken	发觉 fājué
bemitleiden	同情 tóngqíng
bemühen	尽力 jìnlì
benachrich-tigen	通知 tōngzhī
benehmen	举止 jǔzhǐ
beneiden	羡慕 xiànmù
benennen	命名 mìngmíng
benoten	评分 píngfēn
benötigen	需要 xūyào
beobachten	观察 guānchá
beraten	向...提供建议 xiàng ... tígōng jiànyì
berechnen	计算 jìsuàn
bereden	讨论 tǎolùn
bereiten	引起 yǐnqǐ
bereithalten	准备好 zhǔnbèi hǎo
bereitmachen	做好准备 zuòhǎo zhǔnbèi

bereuen	后悔	hòuhuǐ
berichten	报告	bàogào
berichtigen	改正	gǎizhèng
berücksichtigen	考虑	kǎolǜ
beruhigen	使 ... 安静	shǐ ... ānjìng
berühren	接触	jiēchù
beschädigen	损坏	sǔnhuài
beschaffen	设法搞到	shèfǎ gǎodào
beschäftigen	从事	cóngshì
bescheinigen	书面证明	shūmiàn zhèngmíng
beschenken	赠送	zèngsòng
beschimpfen	辱骂	rǔmà
beschleunigen	加快	jiākuài
beschließen	决定	juédìng
beschmutzen	弄脏	nòngzāng
beschränken	限制	xiànzhì
beschreiben	描写	miáoxiě
beschuldigen	谴责	qiǎnzé
beschützen	保护	bǎohù
beschweren	诉苦	sùkǔ
beseitigen	清除	qīngchú
besetzen	占用	zhànyòng
besichtigen	参观	cānguān
besiegen	战胜	zhànshèng
besitzen	拥有	yōngyǒu
besorgen	弄到	nòngdào
besprechen	讨论	tǎolùn
bestätigen	证实	zhèngshí
bestatten	安葬	ānzàng
bestaunen	钦佩	qīnpèi
bestehen	通过	tōngguò
bestellen	订购	dìnggòu
bestimmen	确定	quèdìng
bestrafen	处罚	chǔfá
bestreiten	争辩	zhēngbiàn
besuchen	拜访	bàifǎng
betätigen	操作	cāozuò
betäuben	麻醉	mázuì
beteiligen	参与	cānyù
beten	祈祷	qídǎo
beteuern	申明	shēnmíng
betonen	强调	qiángdiào
betören	迷住	mízhù
betrachten	观看	guānkàn
betreuen	照管	zhàoguǎn
betrügen	欺骗	qīpiàn
betteln	央求	yāngqiú
beugen	弯曲	wānqū
beunruhigen	使不安	shǐ bù ān
beurteilen	判断	pànduàn
bevorzugen	偏爱	piān ài
bewachen	看守	kānshǒu
bewaffnen	武装	wǔzhuāng
bewältigen	克服	kèfú
bewegen	移动	yídòng
beweisen	证明	zhèngmíng
bewerben	申请	shēnqǐng
bewerten	评价	píngjià

bewirken	导致	dǎozhì
bewohnen	居住在	jūzhù zài
bewundern	欣赏	xīnshǎng
bezahlen	支付	zhīfù
bezeichnen	称作	chēngzuò
bezweifeln	怀疑	huáiyí
biegen	弯曲	wānqū
bieten	出价	chūjià
bilden	形成	xíngchéng
bitten	请求	qǐngqiú
blamieren	使出丑	shǐ chūchǒu
blasen	吹	chuī
bleiben	停留	tíngliú
blenden	使目眩	shǐ mùxuàn
blinken	闪光	shǎnguāng
blinzeln	眨眼	zhǎyǎn
blitzen	闪烁	shǎnshuò
blockieren	封锁	fēngsuǒ
blühen	开花	kāihuā
bluten	出血	chūxiě
bohren	钻孔	zuānkǒng
boxen	拳击	quánjī
boykottieren	抵制	dǐzhì
braten	煎	jiān
brauchen	需要	xūyào
brechen	折断	zhéduàn
bremsen	制动	zhìdòng
brennen	燃烧	ránshāo
bringen	带来	dàilái
bröckeln	弄碎	nòngsuì
brüllen	吼叫	hǒujiào
brummen	咕哝	gūnóng
brüten	孵化	fūhuà
buchen	预订	yùdìng
buchstabieren	拼写	pīnxiě
bücken	弯腰	wānyāo
bügeln	熨烫	yùntàng
bummeln	闲逛	xiánguàng
bürsten	刷	shuā

C

campen	露营 lùyíng
charakterisieren	刻画 kèhuà
chatten	聊天 liáotiān

D

dableiben	留在那里 liú zài nàlǐ
danebenbenehmen	举止不当 jǔzhǐ bùdàng
danken	感谢 gǎnxiè
darstellen	展示 zhǎnshì
dastehen	站在那里 zhàn zài nàlǐ
dauern	持续 chíxù
decken	覆盖 fùgài
dehnen	伸展 shēnzhǎn
dementieren	否认 fǒurèn
demonstrieren	表明 biǎomíng
demütigen	羞辱 xiūrǔ
denken	思考 sīkǎo
deprimieren	使 ... 沮丧 shǐ... jǔsàng
desinfizieren	消毒 xiāodú
deuten	解释 jiěshì
dienen	服务 fúwù
diskriminieren	歧视 qíshì
diskutieren	讨论 tǎolùn
disqualifizieren	取消 ... 的资格 qǔxiāo .. de zīgé
distanzieren	疏远 shūyuǎn
dividieren	除 chú
donnern	雷鸣 léimíng
dosieren	测定剂量 cèdìng jìliàng
downloaden	下载 xiàzài
dramatisieren	把...改写为剧本 bǎ...gǎixiě wéi jùběn
dranbleiben	坚持下去 jiānchí xiàqù

drängeln	挤 jǐ
drängen	挤向 tuīxiàng
drankommen	轮到 lúndào
drehen	转动 zhuàndòng
drohen	威胁 wēixié
drucken	印刷 yìnshuā
drücken	按 àn
ducken	蜷缩身体 quánsuō shēntǐ
duften	发出香味 fāchū xiāngwèi
dulden	容忍 róngrěn
durchdenken	仔细考虑 zǐxì kǎolǜ
durcheinander-bringen	混淆 hùnxiáo
durchführen	执行 zhíxíng
durchsagen	广播通知 guǎngbō tōngzhī
durchschauen	看穿 kànchuān
durchsetzen	得以实现 déyǐ shíxiàn
durchsickern	渐渐传开 jiànjiàn chuánkāi
durchstöbern	搜寻 sōuxún
durchstreichen	划掉 huàdiào
durchwühlen	乱翻乱找 luàn fān luàn zhǎo
durchziehen	把…坚持干到底 bǎ … jiānchí gàn dào dǐ
dürfen	可以 kěyǐ
duschen	淋浴 línyù
duzen	用你称呼 … yòng nǐ chēnghū …

E

ebnen	平整 píngzhěng
ehren	尊敬 zūnjìng
eignen	适合 shìhé
eilen	赶快 gǎnkuài
einatmen	吸气 xīqì
einbilden	想像 xiǎngxiàng
einbrechen	闯入 chuǎngrù
einchecken	办理入住手续 bànlǐ rùzhù shǒuxù
eincremen	抹油 mǒyóu
eindringen	渗透 shèntòu
eindrücken	将 … 压入 jiāng … yārù
einengen	约束 yuēshù
einfädeln	穿针 chuānzhēn
einfahren	进站 jìnzhàn
einfallen	回想起来 huíxiǎng qǐlái
einfangen	捉住 zhuōzhù
einfügen	嵌入 qiànrù
einfühlen	对…能体会 duì … néng tǐhuì
einführen	引进 yǐnjìn
eingeben	输入 shūrù
eingestehen	承认 chéngrèn
eingreifen	干涉 gānshè
eingrenzen	限定 xiàndìng
einholen	赶上 gǎnshàng
einigen	取得一致 qǔdé yīzhì
einkaufen	采购 cǎigòu
einkleben	粘贴 zhāntiē
einklemmen	夹住 jiāzhù

einladen	邀请 yāoqǐng
einleben	适应 shìyìng
einlenken	让步 ràngbù
einleuchten	使 ... 明白 shǐ ... míngbái
einliefern	送到 sòngdào
einloggen	登录 dēnglù
einlösen	兑现 duìxiàn
einmischen	干涉 gānshè
einordnen	分类 fēnlèi
einpacken	包起来 bāo qǐlái
einparken	停车 tíngchē
einpflanzen	种植 zhòngzhí
einplanen	把 ... 计划在内 bǎ ... jìhuà zài nèi
einprägen	记住 jìzhù
einräumen	承认 chéngrèn
einreden	说服 shuōfú
einreiben	涂抹 túmǒ
einreisen	入境 rùjìng
einrosten	锈牢 xiùláo
einschalten	开动 kāidòng
einschätzen	评价 píngjià
einschenken	倒 dào
einschlafen	入睡 rùshuì
einschließen	锁好 suǒhǎo
einschränken	削减 xuējiǎn
einschreiten	干预 gānyù
einschüchtern	恐吓 kǒnghè
einschulen	使（学龄儿童）入学 shǐ(xuélíng értóng) rùxué
einsehen	明白 míngbái
einsetzen	极力主张 jílì zhǔzhāng
einsperren	监禁 jiānjìn
einspringen	替代 tìdài
einstecken	放进 fàngjìn
einsteigen	登上 dēngshàng
einstellen	雇用 gùyòng
einstürzen	倒塌 dǎotā
eintauchen	浸入 jìnrù
einteilen	把...分成 bǎ ... fēnchéng
eintragen	登记 dēngjì
eintreffen	到达 dàodá
eintreten	进入 jìnrù
einwandern	移居入境 yíjū rùjìng
einwechseln	对换 duìhuàn
einweichen	浸泡 jìnpào
einweihen	举行落成典礼 jǔxíng luòchéng diǎnlǐ
einweisen	指导 zhǐdǎo
einwenden	提出异议 tíchū yìyì
einwilligen	同意 tóngyì
einzahlen	存款 cúnkuǎn
eitern	化脓 huànóng
ekeln	感到恶心 gǎndào ěxīn
empfangen	接待 jiēdài
empfehlen	推荐 tuījiàn
empfinden	感受到 gǎnshòu dào
enden	结束 jiéshù
entdecken	发现 fāxiàn

entfachen	点燃 diǎnrán
entfallen	忘记 wàngjì
entfernen	除去 chúqù
entführen	劫持 jiéchí
entgegenbrin-gen	对...表示 duì ... biǎoshì
entgegnen	回答 huídá
entgleisen	出轨 chūguǐ
enthalten	包含 bāohán
entkommen	逃脱 táotuō
entlanggehen	沿着...走 yánzhe ... zǒu
entlassen	解雇 jiěgù
entlasten	减轻负担 jiǎnqīng fùdān
entlaufen	逃跑 táopǎo
entscheiden	决定 juédìng
entschließen	决定 juédìng
entschuldigen	请求原谅 qǐngqiú yuánliàng
entsetzen	恐惧 kǒngjù
entsorgen	清除 qīngchú
entspannen	放松 fàngsōng
entsprechen	符合 fúhé
entstehen	出现 chūxiàn
entstellen	损害 ... 的外形 sunhài ... de wàixíng
enttäuschen	使 ... 失望 shǐ ... shīwàng
entwaffnen	使... 无力反抗 shǐ ... wúlì fǎnkàng
entweichen	漏出 lòuchū
entwerfen	设计 shèjì
entwickeln	开展 kāizhǎn

erben	继承 jìchéng
erbrechen	呕吐 ǒutù
ereignen	发生 fāshēng
erfahren	体验到 tǐyàn dào
erfinden	发明 fāmíng
erforschen	研究 yánjiū
erfrieren	冻死 dòngsǐ
erfrischen	使...凉快 shǐ... liángkuài
erfüllen	成为现实 chéngwéi xiànshí
ergänzen	补充 bǔchōng
ergeben	屈服 qūfú
erhalten	收到 shōudào
erhoffen	盼望 pànwàng
erhöhen	提高 tígāo
erholen	恢复健康 huīfù jiànkāng
erinnern	想起 xiǎngqǐ
erkälten	感冒 gǎnmào
erkennen	认清 rènqīng
erklären	解释 jiěshì
erkundigen	打听 dǎtīng
erlauben	允许 yǔnxǔ
erläutern	讲解 jiǎngjiě
erleben	经历 jīnglì
erledigen	完成 wánchéng
erleichtern	减轻 jiǎnqīng
erlösen	使摆脱 shǐ...bǎituō
ermahnen	劝告 quàngào
ermitteln	确定 quèdìng
ermöglichen	使 ... 能够 shǐ ... nénggòu

ermorden	谋杀 móushā
ermuntern	激励 jīlì
ermutigen	使...鼓起勇气 shǐ...gǔqǐ yǒngqì
ernähren	养活 yǎng huó
ernennen	任命 rènmìng
erneuern	更新 gēngxīn
ernten	收割 shōugē
eröffnen	开设 kāishè
erpressen	勒索 lèsuǒ
erregen	激起 jīqǐ
erreichen	到达 dàodá
erscheinen	出现 chū xiàn
erschrecken	使...害怕 shǐ...hài pà
erschüttern	震动 zhèndòng
erschweren	增加困难 zēngjiā kùnnan
ersetzen	代替 dàitì
erstaunen	使 ... 惊讶 shǐ... jīngyà
ersticken	使...窒息 shǐ... zhìxī
ertappen	抓住 zhuāzhù
ertragen	忍受 rěnshòu
ertrinken	淹死 yānsǐ
erwähnen	提及 tíjí
erwarten	期待 qīdài
erwidern	答复 dáfù
erwürgen	扼死 è sǐ
erzählen	讲述 jiǎngshù
erzeugen	生产 shēngchǎn
erziehen	培养 péiyǎng
erzwingen	强迫 qiǎng pò
essen	吃 chī
existieren	存在 cún zài
explodieren	爆炸 bàozhà

F

fahren	开车 kāichē
fallen	坠落 zhuìluò
fälschen	伪造 wěizào
falten	折叠 zhédié
fangen	抓住 zhuāzhù
färben	染色 rǎnsè
fassen	抓住 zhuāzhù
fasten	禁食 jìnshí
faszinieren	着迷 zháomí
faulen	腐烂 fǔlàn
faulenzen	偷懒 tōulǎn
fechten	击剑 jījiàn
fegen	清扫 qīngsǎo
fehlen	缺乏 quēfá
feiern	庆祝 qìngzhù
feilen	锉削 cuòxuē
fernsehen	看电视 kàn diànshì
fernsteuern	遥控 yáokòng
fertigmachen	使...筋疲力尽 shǐ...jīnpí lìjìn
fesseln	捆住 kǔnzhù
festhalten	坚持 jiānchí
festnehmen	逮捕 dàibǔ
feststehen	肯定 kěndìng
feststellen	查明 chámíng
filmen	拍摄电影 pāishè diànyǐng
filtern	过滤 guòlǜ
finanzieren	为 ... 筹措资金 wéi ... chóucuò zījīn
finden	找到 zhǎodào
flehen	恳求 kěnqiú
flicken	修补 xiūbǔ
fliegen	飞 fēi
fliehen	逃跑 táopǎo
fließen	流动 liúdòng
flimmern	闪烁 shǎnshuò
flirten	调情 tiáoqíng
fluchen	咒骂 zhòumà
flüchten	逃离 táolí
flüstern	轻声低语 qīngshēng dīyǔ
föhnen	吹发 chuīfà
folgen	跟随 gēnsuí
folgern	得出结论 dé chū jiélùn
foltern	折磨 zhémó
fordern	要求 yāoqiú
fördern	支持 zhīchí
formulieren	制定 zhìdìng
forschen	研究 yánjiū
fortbilden	进修 jìnxiū
fortfahren	继续 jìxù
fortsetzen	继续进行 jìxù jìnxíng
fotografieren	拍照 pāizhào
fragen	提问 tíwèn
frankieren	贴邮票 tiē yóupiào
freigeben	开放 kāifàng
freihaben	休假 xiūjià
freilassen	释放 shìfàng
freisprechen	宣告 ... 无罪 xuāngào... wúzuì
fremdgehen	有外遇 yǒu wàiyù

fressen	狼吞虎咽 láng tūn hǔ yàn
freuen	感到高兴 gǎndào gāoxìng
frieren	感到寒冷 gǎndào hánlěng
frühstücken	吃早饭 chī zǎofàn
frustrieren	使 ... 受挫 shǐ ... shòucuò
fühlen	感觉 gǎnjué
führen	带领 dàilǐng
füllen	装满 zhuāngmǎn
funktionieren	正常运转 zhèngcháng yùnzhuǎn
fürchten	担心 dānxīn

G

gähnen	打哈欠 dǎ hāqiàn
garantieren	保证 bǎozhèng
geben	给予 jǐyǔ
gefährden	危及 wēijí
gefallen	使...喜欢 shǐ... xǐhuān
gehen	去 qù
gehorchen	服从 fúcóng
gehören	属于 shǔyú
gelangen	达到 dádào
gelingen	成功 chénggōng
gelten	适用 shìyòng
genehmigen	准许 zhǔnxǔ
genesen	痊愈 quányù
genieren	使...局促不安 shǐ... júcù bùān
genießen	享受 xiǎngshòu
genügen	足够 zúgòu
geschehen	发生 fāshēng
gestatten	允许 yǔnxǔ
gestehen	供认 gòngrèn
gestikulieren	打手势 dǎshǒushì
gewinnen	赢 yíng
gewittern	下雷阵雨 xià léizhènyǔ
gewöhnen	习惯于 xíguànyú
gießen	浇水 jiāoshuǐ
glänzen	发光 fāguāng
glätten	弄平 nòngpíng
glauben	相信 xiāngxìn
gleichen	一样 yīyàng

gleiten	滑翔 huáxiáng
gliedern	划分 huàfēn
glitzern	闪烁 shǎnshuò
glühen	灼热 zhuórè
gönnen	不忌妒 bú jìdù
graben	挖掘 wājué
gratulieren	祝贺 zhùhè
greifen	抓住 zhuāzhù
grenzen	与...毗邻 yǔ ... pílín
grillen	烤 kǎo
grinsen	冷笑 lěngxiào
grübeln	沉思 chénsī
gründen	创立 chuànglì
grunzen	猪发出哼哼声 zhū fāchū hēnghēng shēng
gruseln	(对...) 感到害怕 (duì...) gǎndào hàipà
grüßen	打招呼 dǎ zhāohu
gucken	瞧 qiáo
gurgeln	漱口 shùkǒu
gutmachen	纠正 jiūzhèng

H

haaren	(狗、猫等) 掉毛 (gǒu, māo děng) diàomáo
haben	有 yǒu
hacken	劈柴 pǐchái
hadern	抱怨 bàoyuàn
hageln	下冰雹 xià bīngbáo
häkeln	钩织 gōuzhī
halbieren	平分 píngfēn
halten	拿着 názhe
hämmern	锤击 chuíjī
handeln	行动 xíngdòng
handhaben	运用 yùnyòng
hängen	悬挂 xuánguà
harmonieren	和谐 héxié
hassen	恨 hèn
hauen	(儿童用语) 揍 (értóng yòngyǔ) zòu
heben	举起 jǔqǐ
hecheln	(急促地) 喘息 (jí cù de) chuǎnxī
heften	装订 zhuāngdìng
hegen	保护（动植物） bǎohù (dòng zhí wù)
heilen	治愈 zhìyù
heimfahren	乘车回家 chéngchēhuíjiā
heimzahlen	报复 bàofù
heiraten	结婚 jiéhūn
heißen	叫做 jiàozuò
heizen	给 ... 供暖 gěi ... gōngnuǎn
helfen	帮助 bāngzhù

herausfordern	向...挑战 xiàng ... tiǎozhàn
herrschen	统治 tǒngzhì
hervorrufen	引起 yǐnqǐ
hetzen	追赶 zhuīgǎn
heucheln	假装 jiǎzhuāng
heulen	号哭 háokū
hinken	跛行 bǒxíng
hinrichten	处决 chǔjué
hinterfragen	对...寻根究底 duì ... xúngēnjiūdǐ
hinweisen	向...指出 xiàng ... zhǐchū
hinzufügen	添加 tiānjiā
hobeln	刨平 bàopíng
hocken	蹲 dūn
hoffen	希望 xīwàng
holen	取来 qǔlái
hören	听 tīng
humpeln	一瘸一拐地走 yī qué yī guǎi de zǒu
hungern	挨饿 ái è
hupen	按喇叭 àn lǎbā
hüpfen	跳 tiào
husten	咳嗽 késou
hüten	照料 zhàoliào
hypnotisieren	对 ... 催眠 duì ... cuīmián

I

identifizieren	辨认 biànrèn
ignorieren	忽视 hūshì
impfen	给 ... 接种 gěi ... jiēzhòng
infizieren	感染 gǎn rǎn
informieren	通知 tōngzhī
innehaben	担任 dānrèn
inspirieren	鼓舞 gǔwǔ
installieren	安装 ānzhuāng
integrieren	综合 zōnghé
interessieren	使... 感兴趣 shǐ ... gǎn xìngqù
interpretieren	阐释 chǎnshì
interviewen	采访 cǎifǎng
investieren	投资 tóuzī
irreführen	误导 wùdǎo
irren	弄错 nòngcuò
irritieren	使混乱 shǐ...hùn luàn
isolieren	隔离 gélí

J

jagen	打猎 dǎliè
jammern	诉苦 sùkǔ
joggen	慢跑 mànpǎo
jubeln	欢呼 huānhū
jucken	发痒 fāyǎng

K

kämmen	梳理 shūlǐ
kämpfen	斗争 dòuzhēng
kapitulieren	投降 tóuxiáng
kaputtgehen	破坏 pòhuài
kassieren	收（账、款） shōu (zhàng, kuǎn)
kauen	咀嚼 jǔjué
kauern	蹲 dūn
kaufen	购买 gòumǎi
kehren	打扫 dǎsǎo
kehrtmachen	转身 zhuǎnshēn
kennen	认识 rènshi
kennzeichnen	标记 biāojì
keuchen	喘息 chuǎnxī
kichern	咯咯地笑 gēgē de xiào
kidnappen	绑架 bǎngjià
kitzeln	使发痒 shǐ fāyǎng
klaffen	裂开 lièkāi
klagen	发牢骚 fā láosāo
klammern	夹住 jiāzhù
klappen	进展顺利 jìnzhǎn shùnlì
klappern	发出嗒嗒声 fāchū dādā shēng
klären	澄清 chéngqīng
klargehen	进展顺利 jìnzhǎn shùnlì
klarkommen	能应付 néng yìngfù
klatschen	拍手 pāishǒu
kleben	粘贴 zhāntiē
kleckern	溅上污渍 jiàn shàng wūzì
klettern	攀登 pāndēng

klicken	点击 diǎnjī
klingeln	按铃 àn líng
klingen	发声 fāshēng
klopfen	敲 qiāo
knabbern	轻咬 qīngyǎo
knacken	咔嚓把 ... 敲开 kāchā bǎ ... qiāokāi
knallen	发出砰、啪等声响 fāchū pēng pā děng shēngxiǎng
kneifen	掐 qiā
kneten	揉 róu
knicken	折 zhé
knien	跪 guì
knirschen	发出霍霍声 fāchū huòhuòshēng
knistern	劈啪作响 pīpā zuòxiǎng
knittern	起皱 qǐzhòu
knöpfen	扣上 kòushàng
knurren	低声吼叫 dīshēng hǒujiào
kochen	烹调 pēngtiáo
kombinieren	组合 zǔhé
kommen	来 lái
kommentieren	评论 pínglùn
können	能 néng
konstruieren	设计 shèjì
konsumieren	消费 xiāofèi
kontrollieren	控制 kòngzhì
konzentrieren	集中 jízhōng
kooperieren	合作 hézuò
koordinieren	协调 xiétiáo

kopieren	复制 fùzhì
korrigieren	改正 gǎizhèng
kosten	价格为 jiàgé wéi
krabbeln	爬行 páxíng
krankmelden	请病假 qǐng bìngjià
kratzen	挠 náo
kraulen	轻挠 qīngnáo
kräuseln	卷曲 juǎnqū
kreisen	环绕 huánrào
kreuzen	与 ... 相交 yǔ ... xiāngjiāo
kribbeln	刺痛 cìtòng
kriechen	爬行 páxíng
kriegen	得到 dédào
kritisieren	批评 pīpíng
krümeln	弄碎 nòngsuì
krümmen	弯曲 wānqū
kühlen	使 ... 冷却 shǐ...lěngquè
kümmern	关心 guānxīn
kündigen	辞职 cízhí
kürzen	缩短 suōduǎn
kuscheln	偎依在 wēiyī zài
küssen	吻 wěn

L

lächeln	微笑 wēixiào
lachen	笑 xiào
laden	装载 zhuāngzài
lagern	贮存 zhùcún
lähmen	使 ... 瘫痪 shǐ... tānhuàn
lahmlegen	使 ... 停顿 shǐ... tíng dùn
landen	降落 jiàngluò
langweilen	使 ... 感到无聊 shǐ... gǎndào wúliáo
lassen	让 ràng
lästern	诽谤 fěibàng
lauern	打埋伏 dămáifú
laufen	跑 pǎo
läuten	铃响 língxiǎng
leben	生活 shēnghuó
lecken	舔 tiǎn
leeren	腾空 téngkōng
legen	平放 píngfàng
lehnen	倚靠 yǐkào
lehren	教 jiāo
leiden	受苦 shòukǔ
leihen	借给 jiègěi
leisten	实现 shíxiàn
leiten	领导 lǐngdǎo
lenken	驾驶 jiàshǐ
lernen	学习 xuéxí
lesen	读 dú
leugnen	否认 fǒurèn
lieben	爱 ài
liebkosen	爱抚 àifǔ
liefern	交付 jiāofù
liegen	躺 tǎng
lispeln	咬着舌头发音 yǎo zhe shétóu fāyīn
loben	表扬 biǎoyáng
locken	吸引 xīyǐn
lockern	使松动 shǐ sōngdòng
löffeln	用勺舀 yòng sháo yǎo
lohnen	值得 zhíde
löschen	扑灭 pūmiè
lösen	溶解 róngjiě
losfahren	乘车离开 chéngchē líkāi
loswerden	摆脱 bǎituō
lüften	通风 tōngfēng
lügen	说谎 shuōhuǎng
lutschen	吮 shǔn

M

machen	做 zuò
mahnen	提醒 tíxǐng
mailen	发电邮 fā diànyóu
malen	绘画 huìhuà
manipulieren	操纵 cāozòng
markieren	标记 biāojì
massieren	按摩 ànmó
meditieren	冥想 míngxiǎng
meiden	避免 bìmiǎn
meinen	认为 rènwéi
meistern	掌握 zhǎngwò
melden	报道 bàodào
merken	觉察 juéchá
messen	测量 cèliáng
miauen	喵喵叫 miāomiāo jiào
mieten	租借 zūjiè
mindern	减少 jiǎnshǎo
mischen	混合 hùnhé
missachten	藐视 miǎoshì
missbilligen	不同意 bùtóngyì
missbrauchen	滥用 lànyòng
missen	不用 búyòng
missfallen	使……不喜欢 shǐ...bùxǐhuan
missglücken	失败 shībài
misshandeln	虐待 nüèdài
misslingen	不成功 bù chénggōng
misstrauen	不信任 bùxìnrèn
missverstehen	误解 wùjiě
mitbekommen	注意到 zhùyì dào
mitfahren	搭车 dāchē
mitfühlen	同情 tóngqíng
mitmachen	参加 cānjiā
mitteilen	告诉 gàosu
mixen	搅拌 jiǎobàn
mögen	喜欢 xǐhuān
morden	谋杀 móushā
motivieren	激励 jīlì
multiplizieren	乘 chéng
murmeln	喃喃自语 nánnán zìyǔ
müssen	必须 bìxū
mutmaßen	猜想 cāixiǎng

N

nachahmen	模仿 mófǎng
nachdenken	考虑 kǎolǜ
nachgeben	让步 ràngbù
nachholen	弥补 míbǔ
nachkommen	随后来 suíhòu lái
nachtragen	对…耿耿于怀 duì … gěnggěngyúhuái
nagen	啃 kěn
nahekommen	亲近 qīnjìn
nahen	渐近 jiànjìn
nähen	缝 féng
nähern	接近 jiējìn
nahestehen	亲近 qīnjìn
naschen	爱吃甜食 ài chī tiánshí
necken	戏弄 xìnòng
nehmen	拿 ná
neiden	妒忌 dùjì
neigen	使倾斜 shǐ qīngxié
nennen	叫做 jiàozuò
nerven	使心情烦躁 shǐ xīnqíng fánzào
nicken	点头 diǎntóu
niederknien	跪下 guìxià
niederlassen	安家落户 ānjiā luòhù
nieseln	下毛毛雨 xià máomaoyǔ
niesen	打喷嚏 dǎ pēntì
nörgeln	埋怨 mányuàn
nummerieren	给 … 编号 gěi … biānhào
nuscheln	咕哝 gūnóng

O

öffnen	开 kāi
ölen	上油 shàngyóu
operieren	操作 cāozuò
opfern	牺牲 xīshēng
ordnen	整理 zhěnglǐ
organisieren	组织 zǔzhī
orientieren	给 … 定方向 gěi … dìng fāngxiàng

P

packen	打包 dǎbāo
paddeln	划桨 huájiǎng
parken	停车 tíngchē
passen	合身 héshēn
passieren	发生 fāshēng
petzen	告状 gàozhuàng
pfeffern	加胡椒粉 jiā hújiāofěn
pfeifen	吹口哨 chuī kǒushào
pflanzen	种植 zhòngzhí
pflegen	护理 hùlǐ
pflücken	摘 zhāi
picknicken	野餐 yěcān
piepen	吱吱喳喳 zhīzhī chāchā
piepsen	吱吱声 zhīzhī shēng
plagen	折磨 zhémó
planen	计划 jìhuà
planschen	戏水 xìshuǐ
plappern	喋喋不休 diédié bùxiū
platzen	爆裂 bàoliè
platzieren	安放 ānfàng
plaudern	闲聊 xiánliáo
pleitegehen	破产 pòchǎn
pokern	打扑克 dǎ pūkè
posieren	摆姿势 bǎi zīshì
prägen	铸造 zhùzào
prahlen	吹牛 chuīniú
prallen	猛烈碰撞 měngliè pèngzhuàng
präsentieren	呈献 chéngxiàn
pressen	挤压 jǐyā
probieren	尝试 chángshì
protestieren	抗议 kàngyì
provozieren	激怒 jīnù
prüfen	检查 jiǎnchá
prügeln	打架 dǎjià
pupsen	放屁 fàngpì
pusten	吹 chuī
putzen	清洁 qīngjié

Q

quaken	嘎嘎 gāgā
quälen	折磨 zhémó
qualmen	冒烟 màoyān
quengeln	哭闹纠缠 kūnào jiūchán
quieken	吱吱尖叫 zhīzhī jiānjiào
quietschen	发出刺耳声 fāchū cìěrshēng

R

rächen	报仇 bàochóu
radeln	骑自行车 qí zìxíngchē
rascheln	发出沙沙声 fāchū shāshāshēng
rasen	飞驰 fēichí
rasieren	刮胡子 guā húzi
rasseln	发出丁零当郎声 fāchū dīngling-dānglāng shēng
raten	猜测 cāicè
rätseln	使迷惑 shǐ míhuò
rattern	发出咔哒声 fāchū kādāshēng
rauben	掠夺 lüèduó
rauchen	抽烟 chōuyān
rauschen	沙沙作响 shāshā zuòxiǎng
räuspern	清嗓 qīngsǎng
rausschmeißen	扔出 rēngchū
reagieren	反应 fǎnyìng
realisieren	实现 shíxiàn
rebellieren	反叛 fǎnpàn
rechnen	计算 jìsuàn
rechtfertigen	辩解 biànjiě
recyceln	回收利用 huíshōu lìyòng
reden	说话 shuōhuà
regeln	调整 tiáozhěng
regen	移动 yídòng
regieren	统治 tǒngzhì
registrieren	登记 dēngjì
regnen	下雨 xiàyǔ
reiben	摩擦 mócā

reichen	足够 zúgòu
reimen	押韵 yāyùn
reinigen	清洁 qīngjié
reinlegen	欺骗 qīpiàn
reisen	旅游 lǚyóu
reißen	撕 sī
reiten	骑 qí
reizen	诱惑 yòuhuò
rekeln	伸懒腰 shēn lǎnyāo
rennen	奔跑 bēnpǎo
renovieren	修复 xiūfù
reparieren	修理 xiūlǐ
reservieren	预订 yùdìng
respektieren	尊重 zūnzhòng
retten	挽救 wǎnjiù
revanchieren	回报 huíbào
richtigstellen	更正 gēngzhèng
riechen	闻 wén
riskieren	使...冒风险 shǐ...mào fēngxiǎn
rollen	滚 gǔn
röntgen	用X光检查 yòng X-guāng jiǎnchá
rosten	生锈 shēngxiù
rubbeln	搓 cuō
rückerstatten	偿还 chánghuán
rudern	划船 huáchuán
rufen	叫 jiào
ruhen	休息 xiūxi
rühren	搅动 jiǎodòng
ruinieren	毁坏 huǐhuài
rutschen	打滑 dǎhuá
rütteln	摇动 yáodòng

S

sagen	说	shuō
sägen	锯	jù
salzen	加盐	jiā yán
sammeln	收集	shōují
säubern	清洗	qīngxǐ
saugen	吮吸	shǔnxī
schaden	损害	sǔnhài
schaffen	完成	wánchéng
schälen	剥皮	bāopí
schalten	切换	qiēhuàn
schämen	感到惭愧	gǎndào cánkuì
schätzen	估计	gūjì
schauen	看	kàn
schaufeln	铲	chǎn
schaukeln	荡秋千	dàng qiūqiān
schäumen	起泡	qǐpào
scheinen	好像	hǎoxiàng
scheitern	失败	shībài
schenken	赠送	zèngsòng
scherzen	开玩笑	kāi wánxiào
scheuchen	把…吓走	bǎ…xià zǒu
scheuen	畏惧	wèijù
schicken	寄送	jìsòng
schieben	推	tuī
schiefgehen	失败	shībài
schielen	斜视	xiéshì
schießen	射	shè
schildern	描述	miáoshù
schimmeln	发霉	fāméi
schimpfen	责骂	zémà
schlafen	睡觉	shuìjiào
schlagen	打	dǎ
schlecken	舔食	tiǎnshí
schleichen	蹑手蹑脚	nièshǒu nièjiǎo
schleppen	拖	tuō
schließen	关闭	guānbì
schluchzen	抽泣	chōuqì
schlucken	吞咽	tūnyàn
schlüpfen	滑脱	huátuō
schmarotzen	吃白食	chībáishí
schmatzen	吧嗒嘴吃饭	bādā zuǐ chīfàn
schmecken	尝	cháng
schmeißen	扔	rēng
schmelzen	熔化	rónghuà
schmerzen	使疼痛	shǐ téngtòng
schminken	化妆	huàzhuāng
schmollen	赌气	dǔqì
schmücken	装饰	zhuāngshì
schmunzeln	抿嘴一笑	mǐnzuǐ yī xiào
schnarchen	打鼾	dǎhān
schnauben	发出鼻息声	fāchū bíxī shēng
schnaufen	喘气	chuǎnqì
schneiden	切	qiē
schneien	下雪	xiàxuě
schnurren	发出嗡嗡声	fāchū wēngwēngshēng
schocken	使 … 休克	shǐ … xiūkè
schockieren	震惊	zhènjīng

schonen	爱惜 àixī
schrauben	拧 nǐng
schreiben	写 xiě
schreien	喊 hǎn
schubsen	推挤 tuījǐ
schummeln	作弊 zuòbì
schütteln	摇晃 yáohuàng
schütten	倾倒 qīngdào
schützen	保护 bǎohù
schwächen	减弱 jiǎnruò
schwanken	踉跄 liàngqiàng
schwänzen	旷课 kuàngkè
schwärmen	痴迷 chīmí
schwarzfahren	无票乘车 wúpiào chéngchē
schweben	漂浮 piāofú
schweigen	沉默 chénmò
schwerfallen	使 ... 感到困难 shǐ ... gǎndào kùnnán
schwimmen	游泳 yóuyǒng
schwindeln	撒谎 sāhuǎng
schwingen	摆动 bǎidòng
schwirren	发出呼呼声 fāchū hūhūshēng
schwitzen	出汗 chūhàn
schwören	宣誓 xuānshì
segeln	乘坐帆船 chéngzuò fānchuán
sehen	看见 kànjiàn
sehnen	渴望 kěwàng
sein	是 shì
senden	发送 fāsòng
senken	降低 jiàngdī
servieren	端上 duānshàng
setzen	坐下 zuòxià
seufzen	叹气 tànqì
sichergehen	确保 quèbǎo
sichern	保障 bǎozhàng
sicherstellen	保证 bǎozhèng
siegen	获胜 huòshèng
siezen	对...使用敬语 duì ... shǐyòng jìngyǔ
simsen	发短信 fā duǎnxìn
singen	歌唱 gēchàng
sinken	下挫 xiàcuò
sitzen	坐 zuò
skaten	滑滑板 huá huábǎn
sollen	应该 yīnggāi
sonnen	晒太阳 shài tàiyáng
sorgen	担忧 dānyōu
sortieren	分类整理 fēnlèi zhěnglǐ
sparen	节省 jiéshěng
spaßen	开玩笑 kāi wánxiào
spazieren	漫步 mànbù
speichern	存储 cúnchǔ
speisen	用餐 yòngcān
spekulieren	推测 tuīcè
spenden	捐赠 juānzèng
sperren	封锁 fēngsuǒ
spiegeln	反射 fǎnshè
spielen	玩耍 wánshuǎ
spinnen	异想天开 yìxiǎng tiānkāi
spitzen	把 ... 弄尖 bǎ ... nòng jiān

spotten	嘲笑	cháoxiào
sprechen	讲话	jiǎnghuà
spreizen	张开	zhāngkāi
sprengen	爆破	bàopò
sprießen	发芽	fāyá
springen	跳跃	tiàoyuè
spritzen	喷洒	pēnsǎ
sprudeln	冒泡	màopào
sprühen	喷淋	pēnlín
spucken	吐口水	tǔ kǒushuǐ
spuken	闹鬼	nàoguǐ
spülen	冲洗	chōngxǐ
spüren	感到	gǎndào
stammen	源于	yuán yú
stapeln	堆放	duīfàng
stärken	加强	jiāqiáng
starren	凝视	níngshì
starten	发动	fādòng
stattfinden	发生	fāshēng
staunen	惊奇	jīngqí
stechen	刺	cì
stecken	插在	chāzài
stehen	站	zhàn
stehlen	偷窃	tōuqiè
steigen	攀登	pāndēng
steigern	增加	zēngjiā
stellen	放	fàng
sterben	过世	guòshì
steuern	操纵	cāozòng
stieren	凝视	níngshì
stillen	给 ... 喂奶	gěi ... wèinǎi
stillhalten	保持不动	bǎochí bù dòng
stillliegen	停工	tínggōng
stimmen	正确	zhèngquè
stinken	发臭	fāchòu
stöbern	搜寻	sōuxún
stocken	停顿	tíngdùn
stöhnen	呻吟	shēnyín
stolpern	绊倒	bàndǎo
stoppen	停住	tíngzhù
stören	打扰	dǎrǎo
stoßen	推	tuī
stottern	口吃	kǒuchī
strafen	处罚	chǔfá
straffen	绷紧	bēngjǐn
strahlen	闪闪发光	shǎnshǎn fāguāng
strampeln	双脚乱动	shuāngjiǎo luàndòng
strapazieren	使 ... 过度劳累	shǐ ... guòdù láolèi
sträuben	抗拒	kàngjù
streben	追求	zhuīqiú
strecken	伸展	shēnzhǎn
streicheln	爱抚	àifǔ
streichen	涂刷	túshuā
streifen	掠过	lüèguò
streiken	罢工	bàgōng
streiten	争论	zhēnglùn
streuen	散布	sànbù
stricken	针织	zhēnzhī

studieren	学习 xuéxí
stürmen	刮大风 guā dàfēng
stürzen	跌倒 diēdǎo
stutzen	犹豫 yóuyù
stützen	支撑 zhīchēng
subtrahieren	减 jiǎn
suchen	寻找 xúnzhǎo
summen	发出嗡嗡声 fāchū wēngwēng shēng
sündigen	犯过失 fàn guòshī
surfen	冲浪 chōnglàng
süßen	加糖 jiā táng

T

tadeln	责备 zébèi
tanken	加油 jiāyóu
tanzen	跳舞 tiàowǔ
tapezieren	裱糊 biǎohú
tappen	摸索 mōsuǒ
tarnen	伪装 wěizhuāng
tasten	摸 mō
tauchen	潜水 qiánshuǐ
tauen	融化 rónghuà
taufen	为 ... 举行洗礼 wéi ... jǔxíng xǐlǐ
taugen	对...合适 duì ... héshì
taumeln	跌跌撞撞地行走 diēdiē zhuàngzhuàng de xíng zǒu
tauschen	互换 hùhuàn
täuschen	迷惑 míhuò
teilen	分享 fēnxiǎng
teilnehmen	参加 cānjiā
telefonieren	打电话 dǎ diànhuà
testen	试验 shìyàn
ticken	发出滴答声 fāchū dīdashēng
tippen	打字 dǎzì
toben	狂怒 kuángnù
tolerieren	容忍 róngrěn
töten	杀死 shāsǐ
totfahren	轧死 yàsǐ
totschießen	枪杀 qiāngshā
totschlagen	打死 dǎsǐ

tragen	携带 xiédài
trainieren	锻炼 duànliàn
trampeln	践踏 jiàntà
tränen	流泪 liúlèi
transportieren	运输 yùnshū
trauen	信任 xìnrèn
trauern	悲哀 bēiāi
träumen	做梦 zuòmèng
treffen	遇见 yùjiàn
trennen	隔开 gékāi
treten	踢 tī
trinken	喝 hē
trocknen	使干燥 shǐ...gānzào
trödeln	磨蹭 mócèng
trommeln	敲鼓 qiāogǔ
tröpfeln	滴漏 dīlòu
tropfen	滴下 dīxià
trösten	安慰 anwèi
trotzen	抗拒 kàngjù
trügen	迷惑 míhuò
tun	做 zuò
turnen	做体操 zuò tǐcāo
tyrannisieren	欺压 qīyā

U

üben	练习 liànxí
überan-strengen	使过度劳累 shǐ guòdù láolèi
überarbeiten	修改 xiūgǎi
überblicken	一目了然 yī mù liǎo rán
überbringen	送交 sòngjiāo
überbrücken	消除 xiāochú
überdenken	深思熟虑 shēnsī shúlǜ
überein-stimmen	同意 tóngyì
überfahren	轧过 yàguò
überfallen	袭击 xíjī
überfordern	苛求 kēqiú
übergeben	呕吐 ǒu tù
überholen	超车 chāochē
überhören	不理会 bù lǐhuì
überlappen	重叠 chóngdié
überlassen	出让 chūràng
überleben	存活 cúnhuó
überlegen	考虑 kǎolǜ
überlisten	用计骗过 yòng jì piàn guò
übernachten	过夜 guòyè
übernehmen	承担 chéngdān
überprüfen	审查 shěnchá
überqueren	横越 héngyuè
überraschen	使 ... 诧异 shǐ ... chàyì
überreden	说服 shuōfú
überreichen	递交 dìjiāo

überschatten	使 ... 蒙上阴影 shǐ ... méngshàng yīnyǐng
überschätzen	过高评价 guògāo píngjià
überschlagen	翻滚 fāngǔn
überschnappen	发疯 fāfēng
überschneiden	相交 xiāngjiāo
überschütten	大量给予 dàliànge jǐyǔ
über-schwemmen	淹没 yānmò
übersehen	忽视 hūshì
übersetzen	翻译 fānyì
überspielen	掩饰 yǎnshì
übersteigen	超过 chāoguò
überstrapa-zieren	使 ... 过度疲劳 shǐ...guòdù píláo
überstürzen	匆忙行事 cōngmáng xíngshì
übertragen	转让 zhuǎnràng
übertreffen	胜过 shèngguò
übertreiben	夸张 kuāzhāng
überwachen	监督 jiāndū
überwältigen	压倒 yādǎo
überweisen	汇款 huìkuǎn
überwiegen	占优势 zhàn yōushì
überwinden	克服 kèfú
überzeugen	使 ... 信服 shǐ ... xìnfú
überziehen	盖上 gàishàng
umarmen	拥抱 yōngbào
umbauen	改建 gǎijiàn
umbenennen	改名 gǎimíng
umblättern	翻转 fānzhuǎn
umbringen	杀死 shāsǐ
umdrehen	转动 zhuǎndòng
umfallen	跌倒 diēdǎo
umfassen	包含 bāohán
umgehen	绕开 ràokāi
umhängen	披上 pīshàng
umkehren	折回 zhé huí
umkippen	翻倒 fāndǎo
umklammern	抓紧 zhuājǐn
umkommen	丧生 sàngshēng
umleiten	使 ... 改道 shǐ ... gǎidào
umräumen	重新布置 chóngxīn bùzhì
umreißen	勾画 gōuhuà
umrühren	搅拌 jiǎobàn
umschalten	转换 zhuǎnhuàn
umsehen	环顾 huángù
umsetzen	把...付诸实施 bǎ ... fùzhū shíshī
umsteigen	换乘 huànchéng
umstimmen	说服 shuōfú
umstürzen	推翻 tuīfān
umtauschen	兑换 duìhuàn
umwerfen	弄翻 nòng fān
umziehen	搬家 bānjiā
unterbrechen	中断 zhōngduàn
unterdrücken	镇压 zhènyā
untergehen	下落 xiàluò
unterhalten	谈话 tánhuà
unterlassen	克制 kèzhì
unternehmen	进行 jìnxíng

unterrichten	讲课 jiǎngkè
untersagen	禁止 jìnzhǐ
unterschätzen	低估 dīgū
unterscheiden	区分 qūfēn
unterschreiben	签字 qiānzì
unterstellen	假设 jiǎshè
unterstreichen	强调 qiángdiào
unterstützen	支持 zhīchí
untersuchen	调查 diàochá
untertauchen	隐匿 yǐn nì
unterteilen	细分 xìfēn
urteilen	判断 pànduàn

V

verabreden	约定 yuēdìng
verabschieden	告辞 gàocí
verachten	鄙视 bǐshì
verallgemeinern	把 ... 一般化 bǎ ... yībānhuà
verändern	变化 biànhuà
verängstigen	吓唬 xiàhu
verantworten	负责 fùzé
verarbeiten	加工 jiāgōng
verärgern	惹恼 rěnǎo
verarzten	医治 yīzhì
verbergen	隐藏 yǐncáng
verbessern	改善 gǎishàn
verbeugen	躬身 gōngshēn
verbiegen	扭弯 niǔwān
verbieten	禁止 jìnzhǐ
verbinden	连接 liánjiē
verbleiben	逗留 dòuliú
verbluten	流血而死 liúxuè ér sǐ
verbrauchen	使用 shǐyòng
verbreiten	传播 chuánbō
verbrennen	燃烧 ránshāo
verbringen	度过 dùguò
verdächtigen	怀疑 huáiyí
verdanken	归功于 guīgōng yú
verdauen	消化 xiāohuà
verdecken	掩盖 yǎngài
verderben	蹧蹋 zāotà
verdeutlichen	解释 jiěshì

verdienen	挣 zhèng
verdoppeln	使 ... 加倍 shǐ... jiābèi
verdrängen	抑制 yìzhì
verdursten	渴死 kěsǐ
verehren	崇拜 chóngbài
vereinbaren	约定 yuēdìng
vereinen	统一 tǒngyī
vereinfachen	简化 jiǎnhuà
vereinheitlichen	规范化 guīfànhuà
vereinigen	联合 liánhé
verfallen	衰落 shuāiluò
verfälschen	歪曲 wāiqū
verfassen	写作 xiězuò
verfaulen	腐烂 fǔlàn
verfehlen	未打中 wèi dǎzhòng
verfeinern	使 ... 精致 shǐ ... jīngzhì
verfluchen	诅咒 zǔzhòu
verfolgen	跟踪 gēnzōng
verfügen	命令 mìnglìng
verführen	引诱 yǐnyòu
vergehen	消逝 xiāoshì
vergelten	报答 bàodá
vergessen	忘记 wàngjì
vergeuden	浪费 làngfèi
vergewaltigen	强奸 qiángjiān
vergewissern	核实 héshí
vergiften	毒害 dúhài
vergleichen	对比 duìbǐ
vergnügen	娱乐 yúlè
vergraben	掩埋 yǎnmái
vergrößern	扩大 kuòdà
verhaften	拘捕 jūbǔ
verhalten	对待 duìdài
verhandeln	协商 xiéshāng
verhängen	强制实行 qiángzhì shíxíng
verharmlosen	轻视 qīngshì
verharren	保持 bǎochí
verheilen	愈合 yùhé
verheimlichen	隐瞒 yǐnmán
verherrlichen	赞扬 zànyáng
verhexen	使 ... 中魔 shǐ ... zhòngmò
verhindern	防止 fángzhǐ
verhören	审问 shěnwèn
verhüllen	掩盖 yǎngài
verhungern	饿死 èsǐ
verhüten	预防 yùfáng
verirren	迷路 mílù
verjagen	驱逐 qūzhú
verkaufen	出售 chūshòu
verklagen	控告 kònggào
verkleiden	装扮 zhuāngbàn
verkleinern	缩小 suōxiǎo
verknoten	把 ... 打成结 bǎ ... dǎchéngjié
verknüpfen	联系 liánxì
verkommen	荒废 huāngfèi
verkörpern	体现 tǐxiàn
verkraften	应付 yìngfù
verkrampfen	变得紧张 biàn de jǐnzhāng

verkümmern	枯萎	kūwěi
verkürzen	缩短	suōduǎn
verlangen	要求	yāoqiú
verlängern	延长	yáncháng
verlangsamen	放慢	fàngmàn
verlassen	离开	líkāi
verlaufen	迷路	mílù
verleihen	借给	jiègěi
verlernen	忘却	wàngquè
verletzen	伤害	shānghài
verleugnen	否认	fǒurèn
verleumden	诋毁	dǐhuǐ
verlieben	爱上	àishàng
verlieren	沉醉于	chénzuì yú
verloben	订婚	dìnghūn
vermehren	增加	zēngjiā
vermeiden	避开	bìkāi
vermieten	出租	chūzū
vermischen	混合	hùnhé
vermissen	想念	xiǎngniàn
vermitteln	调解	tiáojiě
vermuten	猜测	cāicè
vernach-lässigen	忽视	hūshì
vernehmen	审问	shěnwèn
verneigen	鞠躬	jūgōng
verneinen	对...做否定回答	duì ... zuò fǒudìng huídá
vernichten	毁坏	huǐhuài
veröffentlichen	发表	fābiǎo
verordnen	开处方	kāi chǔfāng
verpacken	包装	bāozhuāng
verpassen	错过	cuòguò
verpflichten	承担义务	chéngdān yìwù
verprügeln	痛打	tòngdǎ
verraten	背叛	bèipàn
verrechnen	算错	suàncuò
verreisen	外出旅行	wàichū lǚxíng
verrenken	扭伤	niǔshāng
verriegeln	闩上	shuānshàng
verringern	减少	jiǎnshǎo
versagen	不起作用	bù qǐ zuòyòng
versammeln	聚集	jùjí
versäumen	耽误	dānwù
verschenken	赠送	zèngsòng
verschicken	寄送	jìsòng
verschieben	推迟	tuīchí
verschimmeln	发霉	fāméi
verschlafen	睡过头	shuì guòtóu
verschlechtern	变坏	biànhuài
verschließen	关闭	guānbì
verschlimmern	使变坏	shǐ biànhuài
verschlucken	呛着	qiāngzhao
verschmutzen	弄脏	nòngzāng
verschonen	宽恕	kuānshù
verschönern	美化	měihuà
verschütten	泼出	pōchū
verschweigen	隐瞒	yǐnmán
verschwenden	浪费	làngfèi

verschwimmen	变模糊 biàn móhu
verschwinden	消失 xiāoshī
verschwören	密谋 mìmóu
versenden	寄发 jìfā
versetzen	移动 yídòng
verseuchen	污染 wūrǎn
versichern	保证 bǎozhèng
versickern	渗入 shèn rù
versinken	陷入 xiàn rù
versöhnen	使 ... 和解 shǐ... héjiě
versorgen	照顾 zhàogù
verspäten	迟到 chídào
versperren	障碍 zhàngài
verspotten	嘲笑 cháoxiào
versprechen	允诺 yǔnnuò
verspüren	感到 gǎndào
verständigen	通知 tōngzhī
verstärken	加固 jiāgù
verstauben	落满灰尘 luòmǎn huīchén
verstauchen	扭伤 niǔshāng
verstecken	隐藏 yǐncáng
verstehen	理解 lǐjiě
versteigern	拍卖 pāimài
verstellen	调整 tiáozhěng
verstopfen	堵塞 dǔsāi
verstoßen	违犯 wéifàn
verstreichen	涂抹 túmǒ
verstummen	沉默 chénmò
versuchen	试图 shìtú

versüßen	使 ... 变甜 shǐ ... biàn tián
vertagen	推迟 tuīchí
vertauschen	混淆 hùnxiáo
verteidigen	保卫 bǎowèi
verteilen	分配 fēnpèi
vertiefen	加深 jiāshēn
vertragen	耐受 nàishòu
vertrauen	信任 xìnrèn
vertreiben	驱逐 qūzhú
vertreten	代替 dàitì
vertrocknen	干涸 gānhé
vertrödeln	虚度 xūdù
vertrösten	敷衍 fūyǎn
vertuschen	掩饰 yǎnshì
verübeln	怨恨 yuànhèn
verüben	犯 fàn
verunglücken	遇难 yùnàn
verunsichern	使 ... 不安 shǐ ... bù ān
verunstalten	使变丑 shǐ ... biànchǒu
verursachen	导致 dǎozhì
verurteilen	判处 pànchù
verwechseln	混淆 hùnxiáo
verweigern	拒绝 jùjué
verwelken	枯萎 kūwěi
verwenden	使用 shǐyòng
verwirklichen	实现 shíxiàn
verwirren	使困惑 shǐ ... kùnhuò
verwischen	把...擦模糊 bǎ...cā móhu
verwöhnen	娇惯 jiāoguàn

verwunden	使 ... 受伤 shǐ ... shòushāng
verzaubern	使 ... 着迷 shǐ ... zháomí
verzehren	消耗 xiāohào
verzeichnen	记录 jìlù
verzeihen	原谅 yuánliàng
verzerren	歪曲 wāiqū
verzichten	放弃 fàngqì
verzieren	装饰 zhuāngshì
verzögern	使延迟 shǐ yánchí
verzweifeln	绝望 juéwàng
voraussagen	预报 yùbào
vorbeifahren	开车经过 kāichē jīngguò
vorbereiten	准备 zhǔnbèi
vorbeugen	预防 yùfáng
vordrängeln	向前挤 xiàng qián jǐ
vorenthalten	扣留 kòuliú
vorfallen	突然发生 tūrán fāshēng
vorfinden	发现 fāxiàn
vorgeben	假装 jiǎzhuāng
vorhaben	打算 dǎsuàn
vorhersehen	预见 yùjiàn
vorkommen	出现 chūxiàn
vorlesen	朗读 lǎngdú
vormachen	用...欺骗自己 yòng ... qīpiàn zìjǐ
vornehmen	计划 jìhuà
vorschlagen	建议 jiànyì
vorschreiben	规定 guīdìng
vorsorgen	预先防备 yùxiān fángbèi
vorstellen	设想 shèxiǎng
vortäuschen	冒充 màochōng
vortragen	陈述 chénshù
vorübergehen	走过 zǒuguò
vorweisen	具有 jùyǒu
vorwerfen	责备 zébèi
vorzeigen	出示 chūshì
vorziehen	更喜欢 gèng xǐhuān

W

wachsen	生长 shēngzhǎng
wackeln	晃动 huàngdòng
wagen	冒…的险 mào … de xiǎn
wählen	选择 xuǎnzé
wahrnehmen	发觉 fājué
wandern	徒步旅行 túbù lǚxíng
warnen	警告 jǐnggào
warten	等候 děnghòu
waschen	洗涤 xǐdí
wechseln	更换 gēnghuàn
wecken	唤醒 huànxǐng
wegfahren	驶离 shǐlí
wegfallen	废除 fèichú
weggehen	离去 líqù
weglassen	省略 shěnglüè
wegnehmen	拿走 názǒu
wegrennen	跑开 pǎokāi
wegschicken	寄出 jìchū
wegschmeißen	丢掉 diūdiào
wehren	抵抗 dǐkàng
weigern	拒绝 jùjué
weinen	哭泣 kūqì
welken	枯萎 kūwěi
wellen	使 … 成波浪形 shǐ … chéng bōlàng xíng
wenden	翻转 fānzhuǎn
werden	成为 chéngwéi
werfen	扔 rēng
wetten	打赌 dǎdǔ
wickeln	包尿布 bāoniàobù
widerlegen	驳斥 bóchì
widersetzen	抵抗 dǐkàng
widerspiegeln	反映 fǎnyìng
widerstehen	抵住 dǐzhù
widmen	致力于 zhìlì yú
wiedergeben	归还 guīhuán
wiederholen	重复 chóngfù
wiederkehren	回来 huílái
wiederkommen	归来 guīlái
wiedersehen	再见 zàijiàn
wiegen	称重 chēngzhòng
wiehern	嘶叫 sījiào
wimmeln	密集 mìjí
wimmern	啜泣 chuòqì
winden	缠绕 chánrào
winken	招手 zhāoshǒu
winseln	悲嚎 bēiháo
wippen	玩跷跷板 wán qiāoqiāobǎn
wirken	似乎 sìhū
wischen	擦 cā
wispern	私语 sīyǔ
wissen	知道 zhīdào
wohnen	居住 jūzhù
wollen	要 yào
wundern	使吃惊 shǐ chījīng
wünschen	希望 xīwàng
würdigen	评价 píngjià

würfeln	掷色子 zhì shǎizi
würgen	噎住 yēzhù
würzen	给...调味 gěi ... Tiáowèi

Z

zahlen	支付 zhīfù
zählen	清点 qīngdiǎn
zähmen	驯服 xùnfú
zanken	争吵 zhēngchǎo
zappeln	令 ... 烦躁不安 lìng ... fánzào bùān
zaubern	变魔术 biàn móshù
zeichnen	画 huà
zeigen	出示 chūshì
zelten	露营 lùyíng
zerbrechen	断裂 duànliè
zerdrücken	压碎 yāsuì
zerfallen	瓦解 wǎjiě
zerkleinern	切碎 qiēsuì
zerknüllen	揉皱 róuzhòu
zerkratzen	擦坏 cāhuài
zerkrümeln	捏碎 niēsuì
zerreißen	撕裂 sīliè
zerren	拉扯 lāchě
zerschlagen	打破 dǎpò
zerspringen	破碎 pòsuì
zerstören	毁坏 huǐhuài
zertreten	践踏 jiàntà
zertrümmern	粉碎 fěnsuì
ziehen	拉 lā
zielen	瞄准 miáozhǔn
zieren	装饰 zhuāngshì
zischen	发出嘶嘶声 fāchū sīsīshēng

zittern	发抖 fādǒu
zögern	犹豫 yóuyù
zoomen	把镜头拉近 bǎ jìngtóu lājìn
zubeißen	咬住 yǎozhù
zubereiten	烹调 pēngtiáo
zubinden	系牢 jìláo
zublinzeln	对 ... 眨眼 duì ... zhǎyǎn
zucken	抽搐 chōuchù
zücken	抽出 chōuchū
zudecken	盖上 gàishàng
zudrehen	关上 guānshàng
zufriedengeben	满意 mǎn yì
zufriedenlassen	不打扰 bù dǎrǎo
zufügen	使 ... 遭受 shǐ ... zāoshòu
zugeben	招认 zhāorèn
zugreifen	多吃点 duō chī diǎn
zugucken	观看 guānkàn
zuhören	倾听 qīngtīng
zujubeln	向 ... 欢呼 xiàng ... huānhū
zuknöpfen	扣上 kòushàng
zulächeln	向 ... 微笑 xiàng ... wēixiào
zulassen	容许 róngxǔ
zumachen	关上 guānshàng
zumuten	过高期望 guògāo qīwàng
zünden	点燃 diǎnrán
zunehmen	增长 zēngzhǎng
zunichte-machen	使 ... 破灭 shǐ ... pòmiè
zunicken	向 ... 点头 xiàng ... diǎntóu
zuordnen	归入 guīrù
zupacken	抓牢 zhuāláo
zupfen	拔 bá
zurechtfinden	能应付 néng yìngfù
zurücknehmen	取回 qǔhuí
zurufen	向...喊叫 xiàng...hǎnjiào
zusagen	接受 jiēshòu
zusammen-hängen	与 ... 有关 yǔ ... yǒuguān
zusammen-prallen	相撞 xiāngzhuàng
zusammen-schreiben	连写 liánxiě
zuschicken	寄给 jìgěi
zuschlagen	使劲关上 shǐjìn guānshàng
zuschließen	锁上 suǒshàng
zuschrauben	拧上 nǐngshàng
zusehen	观望 guānwàng
zusichern	确保 quèbǎo
zuspielen	传递 chuándì
zuspitzen	加剧 jiājù
zustimmen	赞同 zàntóng
zustoßen	遭遇 zāoyù
zutrauen	敢于 gǎnyú
zutreffen	是正确的 shì zhèngquè de
zuvorkommen	比 ... 先采取行动 bǐ ... xiāncǎiqǔ xíngdòng
zuwenden	把 ... 转向 bǎ ... zhuǎnxiàng
zuziehen	拉上 lāshàng
zwängen	挤进 jǐjìn

zweifeln	怀疑 huáiyí
zwicken	掐 qiā
zwingen	强迫 qiǎngpò
zwinkern	眨眼 zhǎyǎn

INDEX DEUTSCH – 德文目录 déwén mùlù

INDEX CHINESISCH – 中文目录 zhōngwén mùlù

INDEX DEUTSCH – 索引 ドイツ語 sakuin doitsugo

C

G

H

L

M

N

Q

R

S

T

U

V

W

INDEX CHINESISCH – 中文目录 zhōngwén mùlù

C

H

J

N

T

U

W

BILDNACHWEIS

* – © Fotolia.com

14 */Csaba Peterdi, **16** */Alexander Raths, **16** */Jeanette Dietl, **16** */Forgiss, **16** */paulmz, **16** */fotodesign-jegg.de, **16** */mimage-photos, **16** */Syda Productions, **16** */iko, **16** */Jeanette Dietl, **16** */drubig-photo, **16** */oocoskun, **17** */damato, **17** */vbaleha, **17** */Rido, **17** */Ljupco Smokovski, **17** */Jeanette Dietl, **17** */Janina Dierks, **17** */Valua Vitaly, **17** */Rido, **17** */Andres Rodriguez, **17** */Syda Productions, **17** */Valua Vitaly, **18** */Dmitry Lobanov, **18** */Samuel Borges, **18** */DenisNata, **18** */Pavel Losevsky, **18** */Gabriel Blaj, **18** */WONG SZE FEI, **18** */vgstudio, **18** */Picture-Factory, **18** */Ariwasabi, **19** */endostock, **19** */mma23, **19** */Jasmin Merdan, **19** */Tom Wang, **19** */Michael Gray, **19** */JanMika, **19** */BeTa-Artworks, **19** */michaeljung, **19** */Savannah1969, **19** */patpitchaya, **19** */Sabphoto, **19** */Cello Armstrong, **19** */eyetronic, **20** */Danilo Rizzuti, **20** */Ruth Black, **20** */Smileus, **20** */chesterF, **20** iStockphoto/Catherine Yeulet, **20** */DenisNata, **20** */Melinda Nagy, **20** */Kaarsten, **20** */MISHELA, **20** */Eray, **20** */Unclesam, **20** */satin_111, **20** */Michael Fritzen, **21** */yanlev, **21** */BeTa-Artworks, **21** */Margit Power, **21** */Brenda Carson, **21** */Africa Studio, **21** */Piotr Marcinski, **21** */Fotowerk, **21** */AVRORA, **21** */stockyimages, **21** */Tyler Olson, **21** */ExQuisine, **21** */Glenda Powers, **21** Thinkstock/iStockphoto, **22** */Valua Vitaly, **22** */codiarts, **23** */Jaimie Duplass, **23** */krimar, **23** */magann, **23** */Stefan Balk, **23** */Kaponia Aliaksei, **23** */koji6aca, **23** */yuriyzhuravov, **23** */yuriyzhuravov, **23** */Ermolaev Alexandr, **23** */V.R.Murralinath, **23** */badmanproduction, **23** */Anton Zabielskyi, **23** */auremar, **23** */koji6aca, **24** */mimagephotos, **24** */Tiler84, **24** */velazquez, **24** */giorgiomtb, **24** */apops, **24** */dusk, **24** */Knut Wiarda, **24** */stokkete, **24** */Taiga, **24** */Taiga, **24** */Taiga, **24** */Taiga, **25** */Karramba Production, **25** */Robert Kneschke, **25** */cantor pannatto, **25** */Garrincha, **25** */Picture-Factory, **25** */bevangoldswain, **25** */WavebreakMediaMicro, **25** */Rido, **25** */Minerva Studio, **25** */cantor pannatto, **25** */Fotowerk, **25** */Fotowerk, **26** */Gelpi, **26** */stockyimages, **26** */WavebreakmediaMicro, **26** */pathdoc, **26** */Ilike, **26** */pathdoc, **26** */Andres Rodriguez, **26** */Garrincha, **26** */cantor pannatto, **26** */pressmaster, **26** */vladimirfloyd, **26** */Elnur, **26** */Klaus Eppele, **27** */boumenjapet, **27** */Vera Anistratenko, **27** */carol_anne, **27** */Andrey Armyagov, **27** Thinkstock/NikolayK, **27** */srdjan111, **27** */Zbyszek Nowak, **27** */Pamela Uyttendaele, **27** */Michaela Pucher, **27** */Katrina Brown, **28** */ghoststone, **28** */nito, **28** */zhekos, **28** */chiyacat, **28** */Alexandra Karamyshev, **28** */BEAUTYofLIFE, **28** */Lucky Dragon, **29** */Karramba Production, **29** */BEAUTYofLIFE, **29** */Khvost, **29** */Khvost, **29** */Elnur, **29** */Popova Olga, **29** */Artem Gorohov, **29** */Elnur, **29** */Ruslan Kudrin, **29** */Gordana Sermek, **29** */Alexandra Karamyshev, **30** */alaterphotog, **30** */Elnur, **30** */Elnur, **30** */Ruslan Kudrin, **30** */Alexandra Karamyshev, **30** */Alexandra Karamyshev, **30** */Oliver Preißner, **30** */Robert Lehmann, **30** */Alexandra Karamyshev, **31** */mimagephotos, **31** */Alexandra Karamyshev, **31** */Alexandra Karamyshev, **31** */ludmilafoto, **31** */okinawakasawa, **31** Thinkstock/Alexandru Chiriac, **31** */cedrov, **31** */Khvost, **31** */hifashion, **31** */Alexandra Karamyshev, **31** */Alexandra Karamyshev, **32** */Little_wine_fly, **32** */Jiri Hera, **32** */rangizzz, **32** */Jiri Hera, **32** */Andrew Buckin, **32** Thinkstock/Danny Chan, **32** */Artem Merzlenko, **32** */Cobalt, **32** */fotomatrix, **32** */Rozaliya, **32** */adisa, **32** */Kira Nova, **32** */Shariff Che'Lah, **32** */venusangel, **32** */Unclesam, **32** */srki66, **33** */adisa, **33** */adisa, **33** */lalouetto, **33** */PRILL Mediendesign, **33** */Africa Studio, **33** */adisa, **33** */Andrey Bandurenko, **33** */Nadinelle, **33** */design56, **33** */Sergey Rusakov, **33** */Jiri Hera, **33** */gemenacom, **33** */Andre Plath, **33** */Alexander Raths, **33** */Liaurinko, **33** */thaikrit, **33** */humbak, **34** */wiedzma, **34** */kontur-vid, **34** */Tharakorn, **34** */picsfive, **34** */pattarastock, **34** */NilsZ, **34** */picsfive, **34** */picsfive, **34** */ksena32, **34** */cristi180884, **34** */bpstocks, **34** */nito, **34** */Tarzhanova, **34** */bpstocks, **34** */terex, **34** */ibphoto, **35** */Gennadiy Poznyakov, **36** */stockone, **38** */JSB, **38** */stocker1970, **38** */photo 5000, **38** */Tiberius Gracchus, **38** */Ralf Gosch, **38** */visivasnc, **38** */Lasse Kristensen, **38** */Speedfighter, **38** */Bokicbo, **38** */typomaniac, **38** */O.M., **38** */designsstock, **38** */Tatty, **39** */Kurhan, **39** */selensergen, **39** */Brilliant Eagle, **39** */Iriana Shiyan, **39** */terex, **39** */Sashkin, **39** */bcdesign, **39** */pyzata, **39** */Thomas Aumann, **39** */Tiberius Gracchus, **39** */Igor Kovalchuk, **39** */Maksym Yemelyanov, **39** */pabijan, **40** */Magda Fischer, **41** */Kasia Bialasiewicz, **41** */bennnn, **41** */Bert Folsom, **41** */Aleksandar Jocic, **41** */yevgenromanenko, **41** */Aleksandr Ugorenkov, **42** */Iriana Shiyan, **42** */luchshen, **42** */sokrub, **42** */sokrub, **42** */okinawakasawa, **43** */pics721, **43** */Delphimages, **43** */arteferretto, **43** */Kitch Bain, **43** */Chris Brignell, **44** */stock_for_free, **44** */kornienko, **45** */mrgarry, **45** */mariocigic, **45** Thinkstock/Hemera, **45** */Alexander Morozov, **45** */Denis Gladkiy, **45** */Sergii Moscaliuk, **45** */sutsaiy, **45** */sutsaiy, **45** */okinawakasawa, **45** */Alexander Morozov, **45** */venusangel, **45** */bergamont, **45** */Alexander Morozov, **45** */sutsaiy, **45** */manipulateur, **45** */kmiragaya, **46** */fotyma, **46** */Denisa V, **46** */jonnysek, **46** */Kitch Bain, **46** */pholien, **46** */Alona Dudaieva, **46** */M.R. Swadzba, **46** Thinkstock/iStockphoto, **46** */bennyartist, **46** */Nikola Bilic, **46** */cretolamna, **46** */Igor Syrbu, **46** */Piotr Pawinski, **47** */cretolamna, **47** */Harald Biebel, **47** */gavran333, **47** */M.R. Swadzba, **47** */IrisArt, **47** */Diana Taliun, **47** */cretolamna, **47** */M S, **47** */nito, **47** */Bombaert Patrick, **47** */scol22, **47** */cretolamna, **47** */picsfive, **48** */Sunshine Pics, **48** */VRD, **48** */petrsalinger, **48** */cretolamna, **48** */gavran333, **48** */Uwe Landgraf, **48** */nito, **48** */Schwoab, **48** */cretolamna, **48** */Stefan Balk, **48** */karandaev, **48** */Lucky Dragon, **48** */PhotoSG, **49** */2mmedia, **50** */Andres Rodriguez, **50** */simmittorok, **50** */Liliia Rudchenko, **50** */venusangel, **50** */Ljupco Smokovski, **50** */Maksim Kostenko, **50** Thinkstock/Stockbyte, **50** */Xuejun li, **50** */Ljupco Smokovski, **50** */Coprid, **50** */Yingko, **51** */poligonchik, **52** */arsdigital, **53** */adpePhoto, **53** */Africa Studio, **53** */Tiler84, **53** */NilsZ, **53** */Africa Studio, **53** */Coprid, **54** */magraphics.eu, **54** */sommersby, **54** */ermess, **54** */AndG, **55** */ILYA AKINSHIN, **55** */Lusoimages, **55** */HamsterMan, **55** */jlcst, **55** */Foto-Ruhrgebiet, **55** */Dmytro Akulov, **55** */picsfive, **55** */ibphoto, **55** */Jonathan Stutz, **55** */Jackin, **55** */ganko, **55** */artmim, **55** */Klaus Eppele, **56** */Sashkin, **56** */Creatix, **56** */Andreja Donko, **56** */Katrina Brown, **56** */Ljupco Smokovski, **57** */Okea, **58** */kmit, **58** */luckylight, **58** */tuja66, **58** */tuja66, **58** */corund, **58** */tuja66, **58** */Rynio Productions, **58** */mick20, **58** */Denis Dryashkin, **58** */tuja66, **58** */claudio, **58** */CE Photography, **58** */tuja66, **58** */Бурдюков Андрей, **58** */vav63, **59** */Rynio Productions, **59** */Rynio Productions, **59** */Rynio Productions, **59** */PRILL Mediendesign, **59** */fefufoto, **59** */antonsov85, **60** */andersphoto, **60** */scis65, **60** */venusangel, **60** */Coprid, **60** */f9photos, **60** */tuja66, **60** */Konovalov Pavel, **60** */Freer, **60** */Nik, **60** */chungking, **60** */mariusz szczygieł, **61** */auremar, **61** */Africa Studio, **61** */ankiro, **61** */Ionescu Bogdan, **61** */piai, **61** */Denys Rudyi, **62** */Nomad_Soul, **62** */gradt, **62** */twister025, **62** */egorovvasily, **62** */womue, **62** Thinkstock/

iStockphoto, **62** Thinkstock/iStockphoto, **62** */cherezoff, **62** */by-studio, **63** */coco, **63** */D. Ott, **63** */D. Ott, **63** */federicofoto, **63** */babsi_w, **63** */Stibat Studio, **63** */Kara, **63** */Jeanette Dietl, **63** */sonne fleckl, **63** */keller, **63** */miket, **63** */WoGi, **63** */M. Schuppich , **63** */Marco Becker , **63** */kobra78 , **63** */Kalle Kolodziej, **64** */mallivan, **64** */Zbyszek Nowak, **64** */opasstudio, **64** */hsagencia, **64** */photka , **64** */photka , **64** */photka , **64** */photka , **64** */Gerald Bernard , **64** */Jaimie Duplass , **64** */steamroller , **64** */tompet80 , **64** */schankz, **64** */keerati, **65** */hopfi23, **65** */Alex Petelin, **65** */Patryssia, **65** */D. Ott, **65** */Horticulture, **65** */Kasia Bialasiewicz, **65** */mopsgrafik, **65** */B. Wylezich, **65** */fotoschab, **65** */Miredi, **65** */udra11, **65** */NinaMalyna, **65** */rupbilder, **66** */mates, **68** */unpict, **68** */Teamarbeit, **68** */Christian Jung, **68** Dreamstime/Christianjung, **68** */HLPhoto, **68** */ExQuisine , **68** */rdnzl, **68** */uckyo, **68** */ExQuisine, **68** */lefebvre_jonathan, **68** */Cornerman, **68** */Mara Zemgaliete, **68** iStockphoto/Vasko, **68** */Diana Taliun, **68** Thinkstock/Alena Dvorakova, **68** Shutterstock/marco mayer, **69** */ExQuisine, **69** */ExQuisine, **69** */fotomaster, **69** */Eric Isselée, **69** */boguslaw, **69** */Eric Isselée, **69** */nito, **69** */Irina Khomenko, **69** */Viktor, **69** */Oran Tantapakul, **69** */lightpoet, **70** */Rémy MASSEGLIA, **70** */Natalia Merzlyakova, **70** Dreamstime/Witoldkr1, **70** */Picture Partners, **70** */antonio scarpi, **70** */Gaetan Soupa, **70** */o.meerson, **70** */ExQuisine, **70** Dreamstime/Pipa 100, **70** */lunamarina, **70** */HelleM, **70** */Dalmatin.o , **70** */Witold Krasowski, **70** */Andrei Nekrassov, **70** */Dionisvera, **70** */Dionisvera, **71** */angorius, **71** */Dani Vincek, **71** */felinda, **71** */Andrey Starostin, **71** */pedrolieb, **71** */ExQuisine, **71** Dreamstime/Onepony, **71** */dulsita, **71** */Giuseppe Lancia, **71** */margo555, **71** */BSANI , **71** */womue, **71** */Jiri Hera, **72** */ExQuisine, **72** Dreamstime/Sethislav, **72** */volff , **73** */dimakp, **73** Shutterstock/Multiart, **73** Shutterstock/Krzysztof Slusarczyk, **73** */Daddy Cool, **73** */Brad Pict, **73** Dreamstime/Jack14, **73** */cynoclub, **73** */Picture Partners, **73** */Lsantilli , **73** */Coprid, **73** */Fotofermer, **73** */Brad Pict, **73** */Mara Zemgaliete, **74** */Dani Vincek , **74** */Natika, **74** */Luis Carlos Jiménez, **74** */angorius, **74** */marrfa, **74** */Natika, **74** */fotogal, **74** */Shawn Hempel, **74** */Jessmine, **74** */Daorson, **74** */Jérôme Rommé, **74** */gcpics, **74** */Picture Partners, **75** */valeriy555, **75** */valeriy555, **75** */Barbara Pheby, **75** */volga1971, **75** Dreamstime/Robynmac, **75** */Anna Kucherova, **76** */jerome signoret, **76** */boguslaw, **76** */fotomatrix, **76** */World travel images, **76** */margo555 , **76** */margo555 , **76** */margo555 , **76** */margo555 , **76** */Wolfgang Jargstorff, **77** */valeriy555, **77** */silencefoto, **77** */valeriy555, **77** */valeriy555, **77** */silencefoto, **77** */valeriy555, **77** */photocrew, **77** */valeriy555, **77** */Anna Kucherova, **77** */valeriy555, **77** */Malyshchyts Viktar, **77** */charlottelake, **77** */valeriy555, **78** */tycoon101, **78** */Zbyszek Nowak, **78** */M.R. Swadzba, **78** */Schlierner, **78** */Ekaterina Lin, **78** */Andrey Starostin, **79** */azureus70, **79** */azureus70, **79** */valeriy555, **79** */Dionisvera, **79** Thinkstock/anna1311, **79** */valeriy555, **79** */Andrea Wilhelm, **79** */valeriy555, **79** */valeriy555, **79** */valeriy555, **79** */valeriy555, **79** */valeriy555, **79** */valeriy555, **79** */Anna Kucherova, **80** */Malyshchyts Viktar, **80** */Malyshchyts Viktar, **80** */Malyshchyts Viktar, **80** */Malyshchyts Viktar, **80** */Malyshchyts Viktar, **80** */Malyshchyts Viktar, **80** */Malyshchyts Viktar, **80** */Malyshchyts Viktar, **80** */Malyshchyts Viktar, **80** */Malyshchyts Viktar, **80** */Natika, **80** */Malyshchyts Viktar, **80** */Malyshchyts Viktar, f9photos, **80** */Malyshchyts Viktar, **80** */Oleksiy Ilyashenko, **80** */Tim UR, **80** */valeriy555, **80** */valeriy555, **80** */Natika, **80** */valeriy555, **81** Dreamstime/Skyper1975, **81** */Werner Fellner, **81** */marilyn barbone, **81** */nblxer, **81** */goodween123, **82** */Popova Olga, **82** */Popova Olga, **82** */mates, **82** */Popova Olga, **82** */Popova Olga, **82** */Popova Olga, **82** */Popova Olga, **82** */Popova Olga, **82** */pimponaco, **82** */Schlierner, **82** */svl861, **82** */svl861, **82** Dreamstime/Margouillat, **83** */Team 5, **83** MDB/seli8, **83** */unpict, **83** */Tomboy2290, **83** */nbriam, **83** */Vera Kuttelvaserova, **83** */Vesna Cvorovic, **83** */Maceo, **83** */scis65, **84** Thinkstock/iStockphoto, **84** Thinkstock/iStockphoto, **84** Thinkstock/iStockphoto, **84** Thinkstock/iStockphoto, **84** Thinkstock/iStockphoto, **84** Thinkstock/iStockphoto, **84** Thinkstock/iStockphoto, **84** Thinkstock/iStockphoto, **84** */Popova Olga, **84** Thinkstock/iStockphoto, **84** Thinkstock/iStockphoto, **84** Thinkstock/iStockphoto, **84** Thinkstock/iStockphoto, **84** Thinkstock/iStockphoto, **84** Thinkstock/iStockphoto, **84** Thinkstock/iStockphoto, **85** Dreamstime/Sergioz, **85** */Africa Studio, **85** */Orlando Bellini, **85** */Inga Nielsen, **85** */Inga Nielsen, **85** */Inga Nielsen, **85** */Boris Ryzhkov, **86** */Popova Olga, **86** */Popova Olga, **86** */Popova Olga, **86** */Popova Olga, **86** */Popova Olga, **86** */Popova Olga, **86** */Popova Olga, **86** */Popova Olga, **86** */Popova Olga, **86** */Popova Olga, **86** */Popova Olga, **86** */Popova Olga, **86** */Popova Olga, **86** */Popova Olga, **86** */Elena Schweitzer, **86** */Picturefoods.com, **87** Dreamstime/Jirkaejc, **87** Dreamstime/Glasscuter, **87** */Andrzej Tokarski, **87** Dreamstime/Pryzmat, **87** */Stefano Neri , **87** */Roxana, **87** */enzo4, **87** */Stefano Neri, **87** */akulamatiau, **87** */zorandim75, **87** */marilyn barbone, **88** */pico, **88** */Sergejs Rahunoks, **88** Dreamstime/Givaga, **88** */Piovanello, **88** */Piovanello, **88** */the_pixel, **88** */Liaurinko, **88** */nemez210760, **88** */midosemsem, **88** */Jiri Hera, **88** */juri semjonow, **88** */Brad Pict, **88** Dreamstime/Travelling-light, **88** Dreamstime/Synchronista, **88** */Julian Weber, **88** */IrisArt , **89** */BeTa-Artworks, **89** */Sergii Moscaliuk, **89** */Diana Taliun, **89** */Daniel Wiedemann, **89** Dreamstime/Nagme, **89** */lantapix, **89** */0legich, **89** */scis65, **89** */Vidady, **89** */komar.maria, **90** */Petrov Vadim, **90** */unpict, **90** */Smart7, **90** */tycoon101, **90** */M. Schuppich, **90** */digifood, **90** */Schwoab, **90** */photocrew, **90** */chrisdorney, **90** */anakondasp, **90** */unpict, **90** */sorcerer11, **90** */Lucky Dragon, **91** */MarFot, **91** */ppi09, **91** */Kesu, **91** */Andrea Wilhelm, **91** */kehr design, **91** */gtranquillity, **91** */Corinna Gissemann, **91** */Lucky Dragon, **91** */Jiri Hera, **91** */sergojpg, **91** */Daryl Musser, **91** */robysaba, **91** */unpict, **92** */Jiri Hera, **92** */Nitr, **92** */Nitr, **92** */ExQuisine, **92** */Natika , **92** */Inga Nielsen, **92** */Nitr, **92** */Nitr, **92** */Taffi, **92** */karandaev, **92** */unpict, **92** */baibaz, **92** */Africa Studio, **93** */pabijan, **93** */amenic181, **93** */Viktor, **93** */blende40, **93** */Fotofermer, **93** */Rob Stark, **93** */gtranquillity, **93** */gtranquillity, **93** */gtranquillity, **93** */gtranquillity, **93** */gtranquillity, **93** */Inga Nielsen, **94** Thinkstock/puchkovo48, **94** */neirfy, **94** */Nitr, **94** */Nitr, **94** */Nitr, **94** */Taffi, **94** */Taffi, **94** */Taffi, **94** */Taffi, **94** */karandaev, **94** */karandaev, **94** */karandaev, **95** */Hemeroskopion, **95** */Hemeroskopion, **95** */Hemeroskopion, **95** */Hemeroskopion, **95** */Hemeroskopion, **95** */Hemeroskopion, **95** */Hemeroskopion, **95** */Hemeroskopion, **95** */Hemeroskopion, **95** */Hemeroskopion, **95** */Hemeroskopion, **95** */Hemeroskopion, **95** */Hemeroskopion, **96** */kab-vision, **96** Shutterstock/Multiart - Shutterstock.com, **96** */Volodymyr Shevchuk, **96** */Sergejs Rahunoks, **96** */sspice, **96** */Corinna Gisseman, **96** */azureus70, **96** */Popova Olga, **96** */baibaz, **97** */Whitebox Media, **97** */angorius, **97** */Andrea Wilhelm, **97** Dreamstime/Margouillat, **97** */Viktor, **97** */Kesu, **97** */Peredniankina, **97** */margo555, **97** */Aleksandar Jocic, **98** */Jiri Hera, **98** */victoria p., **98** */djama, **98** */vagabondo, **98** */Jiri Hera, **98** */scis65, **98** */blende40, **98** */MUNCH!, **98** */Africa Studio, **98** */arinahabich, **98** */Marius Graf, **98** */Marius Graf, **98** */Marius Graf, **98** */Liaurinko, **98** */Brad Pict, **98** */juniart, **99** */Dmytro Sukharevskyy, **99** */Dmytro Sukharevskyy, **99** */Dmytro Sukharevskyy, **99** */Sergejs Rahunoks, **99** */canoncam, **99** */uckyo, **99** */torsakarin, **99** */Thibault Renard, **99** */eyewave, **99** */Orlando Bellini, **99** */Blue Wren, **99** */Dmytro Sukharevskyy, **99** */Dmytro Sukharevskyy, **100** */Jacek

Chabraszewski, **100** */Inga Nielsen, **100** */dusk, **100** */Road King, **100** */Jack Jelly, **100** Dreamstime/Tomislav Pinter, **100** */Jacek Chabraszewski, **100** */ExQuisine, **100** */aktifreklam, **100** */zhekos , **100** */Jess Yu, **100** */illustrez-vous, **100** */Andrea Wilhelm, **101** */Minerva Studio, **101** */Boris Ryzhkov, **101** */Nitr, **101** */unpict, **101** */Jacek Chabraszewski, **101** */photocrew, **101** */Viktor, **101** */eyewave, **101** Dreamstime/Lightzoom, **101** iStockphoto/Gordana Sermek, **102** */Africa Studio, **102** */Vitaly Korovin, **102** */Coprid, **102** */Schlierner, **102** */Fotofermer, **103** */ashka2000, **103** */womue, **103** */EM Art, **103** */ExQuisine, **103** */photocrew, **103** */jeehyun, **103** */reineg, **103** */reineg, **103** */reineg, **103** */reineg, **103** */Subbotina Anna, **103** */rangizzz, **103** */sjhuls, **104** */Fotofermer, **106** Thinkstock/Keith Levit Photography, **106** Thinkstock/iStockphoto, **106** Thinkstock/iStockphoto, **106** Thinkstock/iStockphoto, **106** Thinkstock/iStockphoto, **106** Thinkstock/iStockphoto, **106** Thinkstock/iStockphoto, **106** Thinkstock/iStockphoto, **106** Thinkstock/Fuse, **107** Thinkstock/Fuse, **107** Thinkstock/iStockphoto, **107** Thinkstock/iStockphoto, **107** Thinkstock/iStockphoto, **107** Thinkstock/Comstock, **107** */Alexandra Gl, **108** */leremy, **108** */leremy, **108** */leremy, **108** */leremy, **108** */leremy, **108** */leremy, **108** */mrtimmi, **108** */mrtimmi, **108** */mrtimmi, **108** */mrtimmi, **108** */mrtimmi, **108** */mrtimmi, **108** */Bobo, **108** */leremy, **108** */leremy, **108** */FelixCHH, **109** Thinkstock/iStockphoto, **109** */Eisenhans, **109** Thinkstock/iStockphoto, **109** Thinkstock/iStockphoto, **109** Thinkstock/Hemera, **109** Thinkstock/Hemera, **109** Thinkstock/Hemera, **109** */Bombaert Patrick, **109** */algre, **109** Thinkstock/Hemera, **109** Thinkstock/iStockphoto, **109** Thinkstock/Hemera, **110** */Vladimir Kramin, **110** */algre, **111** */algre, **111** */apttone, **112** Thinkstock/iStockphoto, **112** */Jenny Thompson, **112** */Aaron Amat, **112** */overthehill, **112** */eldadcarin, **112** */Michael Seidel, **113** Thinkstock/iStockphoto, **113** */gradt, **113** */Lasse Kristensen, **113** */Željko Radojko, **113** */golandr, **114** Thinkstock/iStockphoto, **114** Thinkstock/Stockbyte, **115** Thinkstock/iStockphoto, **115** Thinkstock/Hemera, **115** Thinkstock/iStockphoto, **115** Thinkstock/iStockphoto, **115** Thinkstock/iStockphoto, **115** */Bikeworldtravel, **116** */Idelfoto, **116** Thinkstock/iStockphoto, **116** Thinkstock/Hemera, **116** Thinkstock/Hemera, **116** Thinkstock/Hemera, **117** Thinkstock/iStockphoto, **117** Thinkstock/iStockphoto, **117** Thinkstock/iStockphoto, **118** Thinkstock/iStockphoto, **119** Thinkstock/Hemera, **119** Thinkstock/iStockphoto, **119** Thinkstock/iStockphoto, **119** Thinkstock/iStockphoto, **119** Thinkstock/iStockphoto, **119** Thinkstock/iStockphoto, **119** Thinkstock/iStockphoto, **119** Thinkstock/iStockphoto, **119** Thinkstock/iStockphoto, **119** Thinkstock/iStockphoto, **119** Thinkstock/iStockphoto, **119** Thinkstock/iStockphoto, **119** Thinkstock/iStockphoto, **119** Thinkstock/iStockphoto, **119** Thinkstock/Hemera, **119** Thinkstock/iStockphoto, **120** Thinkstock/iStockphoto, **120** Thinkstock/Hemera, **120** Thinkstock/Photos.com, **120** Thinkstock/iStockphoto, **120** */photo 5000, **120** Thinkstock/iStockphoto, **120** Thinkstock/iStockphoto, **120** Thinkstock/Hemera, **120** Thinkstock/Hemera, **121** */Eisenhans, **121** Thinkstock/iStockphoto, **121** Thinkstock/iStockphoto, **121** Thinkstock/Stockbyte, **121** Thinkstock/Hemera, **121** Thinkstock/iStockphoto, **121** Thinkstock/Julio de la Higuera Rodrigo, **121** */DeVIce, **121** */Artem Gorohov, **121** */Lukas Sembera, **121** Thinkstock/iStockphoto, **121** Thinkstock/iStockphoto, **121** */Eisenhans, **121** Thinkstock/iStockphoto, **121** Thinkstock/iStockphoto, **121** */auremar, **122** */laurenthuet, **122** */Nikolai Sorokin, **122** */Dmitry Vereshchagin, **122** */Ettore, **122** */tr3gi, **122** */12ee12, **122** Thinkstock/Vladimir Arndt, **123** */Fotito, **123** */mschick, **123** */BlueSkyImages, **123** */contrastwerkstatt, **123** Thinkstock/iStockphoto, **123** Thinkstock/Hemera Technologies, **124** */Okea, **124** */Marcus Lindström - iStockphoto.com, **125** */CandyBox Images, **125** */TMAX, **125** */michaeljung, **125** */Maygutyak, **125** */Steve Mann, **125** */nui7711, **125** */Jörg Hackemann, **126** */Sashkin, **126** */virtabo, **126** Thinkstock/iStockphoto, **126** */Ben Chams, **126** */Ben Chams, **126** */Ben Chams, **126** */mindscanner , **126** */swx, **126** */michaeljung, **126** */alexmillos, **126** Thinkstock/iStockphoto, **126** */Bergringfoto, **126** Thinkstock/iStockphoto, **126** */chalabala, **126** */Ben Burger, **127** */Tupungato, **127** */Pink Badger, **127** */HappyAlex, **127** */monticellllo, **127** */monticellllo, **127** */monticellllo, **128** */Masyanya, **128** */Dmitry Vereshchagin, **128** */Dmitry Vereshchagin, **128** */Dmitry Vereshchagin, **128** */Photobank kiev, **129** */vichie81, **129** */Uschi Hering, **129** */skampixelle, **129** */DOC RABE Media, **129** */Nadine Klabunde, **129** */AndreasJ. **130** */Farinoza, **132** */Marco2811, **132** */phant, **132** */Crobard, **132** */A.Karnholz, **132** */ermess, **133** */sborisov, **133** */XtravaganT, **133** */Mihai-Bogdan Lazar, **133** */jacek_kadaj, **133** */ArTo, **133** */hansenn, **133** */Marcel Schauer, **133** Thinkstock/iStockphoto, **133** */Jörg Lantelme, **133** */vaitekune, **133** */apops, **133** */motivation1965, **133** */steschum, **133** Thinkstock/iStockphoto, **133** Thinkstock/iStockphoto, **133** */HaywireMedia, **134** */Scanrail, **134** */anshar73, **134** */XtravaganT, **134** Thinkstock/iStockphoto, **134** Thinkstock/iStockphoto, **134** */A_Lein, **134** Thinkstock/iStockphoto, **134** */jovannig, **134** */Patryk Kosmider, **134** */Max, **134** Thinkstock/Getty Images, **134** */miket, **134** */Ciaobucarest, **134** */Paul Liu, **134** Thinkstock/iStockphoto, **134** */Adrian v. Allenstein, **135** */Pabkov, **135** Thinkstock/iStockphoto, **135** Thinkstock/iStockphoto, **135** Thinkstock/photodisc/David De Lossy, **135** */Anchels, **135** Thinkstock/Ingram Publishing, **135** */Ichbins11, **135** */MIMOHE, **135** */blas, **135** */Franz Pfluegl, **135** */Petra Beerhalter, **135** */davidundderriese, **136** */contrastwerkstatt, **136** */Berni, **136** */Berni, **136** */Berni, **136** */slava296, **136** */Berni, **136** */Berni, **136** */xy, **136** */lunamarina, **136** */Berni, **137** Thinkstock/Hemera, **137** */oranhall, **137** */Kzenon, **137** Thinkstock/iStockphoto, **137** */Margo Harrison, **137** Thinkstock/iStockphoto, **137** Thinkstock/iStockphoto, **137** */JackF, **137** */Africa Studio, **137** */Hirurg, **137** */stockyimages, **138** */qech, **138** */contrastwerkstatt, **138** Thinkstock/iStockphoto, **138** Thinkstock/iStockphoto, **138** Thinkstock/photodisc/Keith Brofsky, **138** */LVDESIGN, **138** */Santiago Cornejo, **139** */eyewave, **139** */jogyx, **139** */Joop Hoek, **139** */T. Michel, **139** Thinkstock/iStockphoto, **139** */dextroza, **139** Thinkstock/iStockphoto, **139** */lowtech24, **139** Thinkstock/iStockphoto, **139** Thinkstock/iStockphoto, **139** Thinkstock/Comstock, **139** */Picture-Factory, **139** Thinkstock/iStockphoto, **140** Thinkstock/iStockphoto, **140** Thinkstock/iStockphoto, **140** */zhu difeng, **140** */Gina Sanders, **140** */Bauer Alex, **140** */Andres Rodriguez, **140** */Kzenon, **140** */Alex Tihonov, **140** */Alex Tihonov, **140** */Christophe Fouquin, **140** */Sven Weber, **140** */mediagram, **140** */bradleyhebdon, **140** */Africa Studio, **140** */paul prescott, **140** */Tyler Olson, **141** */shotsstudio, **141** */luanateutzi, **141** */adisa, **141** */scaliger, **141** Thinkstock/Fuse, **141** Thinkstock/Andrey Burmakin, **141** Thinkstock/Digital Vision/RL Productions, **141** */Pumba, **141** */lightpoet, **141** Thinkstock/Fuse, **141** Thinkstock/iStockphoto, **141** */chamillew, **141** */gemenacom, **141** */mangostock, **141** */Tyler Olson, **141** */Kzenon, **142** */photocreo, **142** Thinkstock/photodisc/Siri Stafford, **142** */T. Michel, **142** */filtv, **142** */apops, **142** */Monkey Business, **143** */JJAVA, **143** */JJAVA, **143** */JackF, **143** */Pavel Losevsky, **143** */Pavel Losevsky, **143** */erwinova, **143** */JJAVA, **143** */Art Allianz, **143** */Sam Spiro, **143** */adisa, **143** */JackF, **143** */JackF, **143** */rufeh, **143** Thinkstock/Hemera, **143** */M. studio, **143** Thinkstock/iStockphoto, **144** */Minerva Studio, **144** */eyetronic, **144** */paul prescott, **144** */corepics, **144** */AlienCat, **144** */Thomas Francois, **144** */ag visuell, **144** */Minerva Studio, **144** */contrastwerkstatt, **145** */Art Allianz, **145** */adisa, **145** */Pumba, **145** */adisa, **145** */Vitaly Maksimchuk, **145** Thinkstock/iStockphoto, **145** */amlet, **145** Thinkstock/Brand X Pictures, **145** */

Joshhh, **145** */karandaev, **145** */808isgreat, **145** Thinkstock/iStockphoto, **145** */Andres Rodriguez, **146** */ruigsantos, **146** */Pixel & Création, **146** Thinkstock/iStockphoto, **146** */robert, **146** Thinkstock/Ingram Publishing, **146** */by-studio, **146** Thinkstock/Digital Vision, **146** */viperagp, **146** */OlegDoroshin, **146** */Pixelwolf2, **146** */VL@D, **146** */rekemp, **146** */Natalia Merzlyakova, **146** */spaxiax, **146** */Sunshine Pics, **146** */eyewave, **147** */nicknick_ko, **147** Thinkstock/iStockphoto, **147** Thinkstock/iStockphoto, **147** */Mingis, **147** */nyul, **147** Thinkstock/iStockphoto, **147** */Africa Studio, **147** */Minerva Studio, **147** Thinkstock/iStockphoto, **147** */fottoo, **147** */Africa Studio, **147** Thinkstock/iStockphoto, **147** */Digitalpress, **148** Thinkstock/Hemera, **148** Thinkstock/iStockphoto, **148** */cottonfioc, **148** */goodluz, **148** */Alen Ajan, **148** */Artur Bogacki, **148** */leungchopan, **148** */Paul Vinten, **148** Thinkstock/Jupiterimages, **148** */amarok17wolf, **148** */Scott Griessel, **148** */fxegs, **148** */terex, **149** */kameraauge, **149** */LianeM, **149** */XtravaganT, **149** */vom, **149** */dbvirago, **149** */Stuart Monk, **149** */legeartispics, **149** */phant, **149** */ArTo, **149** */Sorry, **149** */bbourdages, **149** */Furan, **149** */bluclementine, **150** Thinkstock/iStockphoto, **150** */AV, **150** Thinkstock/Mikhail Markovskiy, **150** */DragonImages, **150** */piccaya, **150** */Leonid Tit, **150** */ArtHdesign, **150** */womue, **150** */Maurizio Malangone, **151** */alex200464, **151** Thinkstock/iStockphoto, **151** */Arkady Chubykin, **151** Thinkstock/iStockphoto, **151** */djama, **151** */Schulz-Design, **151** */Martinan, **151** */Ammentorp, **151** */Gerhard Seybert, **151** Thinkstock/Digital Vision, **151** */travis manley, **152** */Nika Novak, **154** */Gennadiy Poznyakov, **154** */sdenness, **154** */contrastwerkstatt, **154** */Monkey Business, **154** */Robert Kneschke, **154** */shock, **154** */Monkey Business, **154** Thinkstock/iStockphoto, **154** */Cozyta, **154** Thinkstock/Comstock, **154** */tiero, **154** */contrastwerkstatt, **154** */hues, **155** */Gennadiy Poznyakov, **155** */kritchanut, **156** */luminastock, **156** */robert, **156** */yeyen, **156** */auremar, **156** */Javier Castro, **156** */peshkova, **156** */Gennadiy Poznyakov, **156** */Kzenon, **156** */sunabesyou, **156** */gemenacom, **156** */shock, **156** */Jürgen Fälchle, **156** */Nosvos, **156** */luminastock, **156** */kartos, **156** */peshkova, **157** */Olga Galushko, **157** */AVAVA, **157** */Tyler Olson, **157** */Sven Bähren, **157** */alco81, **157** */paylessimages, **157** */Robert Kneschke, **157** */auremar, **157** */ayutaroupapa, **157** */Aiwendyl, **157** */kmiragaya, **157** */contrastwerkstatt, **157** */Tomasz Trojanowski, **158** Thinkstock/iStockphoto, **158** */Africa Studio, **158** */Zerbor, **158** */dkimages, **158** */babimu, **158** */phloxii, **158** */Africa Studio, **158** */Vlad Ivantcov, **158** */Vladyslav Danilin, **159** */ThorstenSchmitt, **159** Thinkstock/PhotoObjects.net, **159** */lily, **160** Thinkstock/iStockphoto, **160** */leszekglasner, **160** */Mat Hayward, **160** */Konstantin L, **160** */josje71, **160** */xy, **160** */Creativa, **160** */Monkey Business, **160** */Monkey Business, **160** */aidaricci, **161** Thinkstock/iStockphoto, **161** */Marius Graf, **161** */muro, **161** */BEAUTYofLIFE, **161** */ia_64, **161** */lu-photo, **162** */Jörg Lantelme, **162** */Berni, **162** */Jeanette Dietl, **162** Thinkstock/Brand X Pictures, **162** */Randall Reed, **162** */Minerva Studio, **162** */trotzolga, **162** */johannesspreter, **162** */Africa Studio, **162** */Alexander Raths, **162** */contrastwerkstatt, **162** */agenturfotografin, **162** */lightpoet, **163** Thinkstock/James Woodson, **163** */CandyBox Images, **163** */Igor Mojzes, **163** */WavebreakmediaMicro, **163** */Africa Studio, **163** */Andres Rodriguez, **163** */xy, **163** */apops, **163** */pearl, **163** */Robert Kneschke, **163** */Markus Haack, **163** */lightpoet, **164** */Minerva Studio, **164** */WavebreakmediaMicro, **164** */goodluz, **164** */lightpoet, **164** */goodluz, **164** */Kzenon, **164** */CandyBox Images, **164** */Fuse, **164** */goodluz, **164** */pearl, **164** */mangostock, **164** Thinkstock/iStockphoto, **164** Thinkstock/Digital Vision, **165** */contrastwerkstatt, **165** */A_Bruno, **165** */WavebreakmediaMicro, **165** */Geo Martinez, **165** */Geo Martinez, **165** */endostock, **166** */Minerva Studio, **166** */apops, **166** */bevangoldswain, **166** */Adam Gregor, **166** */Kzenon, **166** */Kzenon, **166** */michaeljung, **166** */contrastwerkstatt, **166** */Tyler Olson, **166** */Valentina R., **166** */contrastwerkstatt, **166** */Iurii Sokolov, **166** */Kzenon, **166** */Picture-Factory, **166** */Rido, **166** */nyul, **167** */goodluz, **167** */Kadmy, **167** */Peter Atkins, **167** */jörn buchheim, **167** */Kadmy, **167** */Kurhan, **167** */krizz7, **167** */Kadmy, **167** */ikonoklast_hh, **167** */Maren Wischnewski, **167** */apops, **167** */goodluz, **167** */Cyril Comtat, **167** Thinkstock/Andriy Fomenko, **167** */manu, **167** */peterl2, **168** */Monika Wisniewska, **168** Thinkstock/iStockphoto, **168** */goodluz, **168** */Minerva Studio, **168** */Kzenon, **168** */Kzenon, **168** Thinkstock/Photodisc, **168** */Kzenon, **168** */Claudia Nagel, **168** */Minerva Studio, **168** */Kzenon, **168** */contrastwerkstatt, **168** */CandyBox Images, **168** */Kzenon, **168** */Kzenon, **168** */Kurhan, **169** */goodluz, **169** */contrastwerkstatt, **169** */Igor Mojzes, **169** */mezzotint, **169** */claudiaveja, **169** */Andrey Kiselev, **169** */WavebreakmediaMicro, **169** */Elnur, **169** */diego cervo, **169** */Africa Studio, **169** */Africa Studio, **169** */berc, **169** */Natali_ua, **169** Thinkstock/Fuse, **169** */lightpoet, **169** */contrastwerkstatt, **172** */terex, **172** Thinkstock/iStockphoto, **172** */nikkytok, **172** */marcoprati, **172** */eyewave, **172** */Africa Studio, **173** */Africa Studio, **173** */Diana Taliun, **173** */Rulan, **173** */inter-klicks, **173** Thinkstock/iStockphoto, **173** Thinkstock/iStockphoto, **173** */Corwin, **173** */fangizzz, **173** */monstersparrow, **174** */Picture-Factory, **174** */Carlos Caetano, **174** */vda_82, **174** */vetkit, **174** */Jacek Fulawka, **174** */masterzphotofo, **175** */Viorel Sima, **175** */Mi.Ti., **175** */Brian Jackson, **175** */juniart, **175** */Oksana Kuzmina, **175** */Marcin Sadlowski, **176** */Gelpi, **178** */TAlex, **178** */karandaev, **179** */Maksym Yemelyanov, **179** */Vitas, **179** */romantiche, **179** */rawcaptured, **179** */AVD, **179** */Sergey Dashkevich, **179** Thinkstock/iStockphoto, **179** */Artur Synenko, **179** */dimakp, **179** */heigri, **179** */Lusoimages, **179** */Apart Foto, **179** */sonne fleckl, **179** */Manuela Fiebig, **179** */Klaus Eppele, **179** */Artur Synenko, **180** */Gina Sanders, **180** */snyfer, **180** */snyfer, **180** */Iurii Timashov, **180** */Iurii Timashov, **180** */Iurii Timashov, **180** */Iurii Timashov, **180** */Iurii Timashov, **180** */Iurii Timashov, **180** */WonderfulPixel, **180** */Iurii Timashov, **180** */Iurii Timashov, **180** */Iurii Timashov, **181** */WonderfulPixel, **181** */WonderfulPixel, **181** */WonderfulPixel, **181** */WonderfulPixel, **181** */WonderfulPixel, **181** */vasabii, **181** */grgroup, **181** */Skipio, **181** */vector_master, **181** */Scanrail, **181** */Vectorhouses, **181** */Vectorhouses, **181** */Vectorhouses, **182** */Metin Tolun, **182** */inal09, **182** */electriceye, **182** */Do Ra, **182** */Do Ra, **182** */Do Ra, **182** */Do Ra, **182** */Do Ra, **182** */Do Ra, **182** */Do Ra, **182** */Palsur, **182** */marog-pixcells, **182** */Palsur, **183** */mtkang, **183** */Taffi, **183** */pizuttipics, **183** */by-studio, **183** */Scanrail, **183** */RTimages, **183** */Aleksandr Bryliaev, **183** */JcJg Photography, **183** */Coprid, **183** */tanatat, **183** */Palsur, **183** */Andrew Barker, **184** */ashumskiy, **184** */Gewoldi, **184** */Vitas, **184** */singkham, **185** */Sebalos, **185** */tomispin, **185** */manaemedia, **185** */Niceregionpics, **185** */thanomphong, **185** */Lusoimages, **186** Thinkstock/Alexander Podshivalov, **186** */wellphoto, **186** */Stefan Körber, **186** */Pavel Losevsky, **187** */TrudiDesign, **187** */WavebreakmediaMicro, **187** */ArtHdesign, **187** */valdis torms, **187** */cirquedesprit, **187** */Alexandra Gl, **187** */Sergey Nivens, **187** */imkenneth, **187** */WavebreakMediaMicro, **188** */jfv, **188** */pressmaster, **188** */jminso679, **188** */Marco2811, **188** */Johanna Mühlbauer, **188** */A_Bruno, **189** */pedrosala, **189** */fotomatrix, **189** */Uwe Bumann, **189** */robert, **189** */Milan Surkala, **189** */the_builder, **189** */reich, **190** */Scanrail, **190** */Dron, **190** */drubig-photo, **190** */mirabella, **190** */gradt, **191** */gradt, **191** Thinkstock/iStockphoto, **191** */JiSIGN, **191** */JiSIGN, **191** */JiSIGN, **191** */Rido, **191** */auremar, **192** */Elenathewise, **194** */mirpic, **194** */KB3, **194** Thinkstock/Stockbyte, **195** */lesniewski, **195** */Lario Tus, **195** */Melinda Nagy, **195** */kostasaletras, **195** */contrastwerkstatt, **195** */

beachboyx10, **196** Thinkstock/iStockphoto, **196** */Val Thoermer, **197** Thinkstock/Dorling Kindersley RF, **197** */snaptitude, **198** */Pavel Losevsky, **198** */.shock, **198** */Nicholas Piccillo, **198** Thinkstock/Photodisc, **198** Thinkstock/Photodisc, **198** Thinkstock/Photoobjects.net, **198** */.shock, **198** */micromonkey, **199** */kromkrathog, **199** Thinkstock/Fuse, **199** */Stian Iversen, **200** */Tan Kian Khoon, **200** */modestil, **200** */Igor Sokolov, **200** */piai, **200** */Will Hughes, **200** */Actionpics, **200** */Kelpfish, **200** */Africa Studio, **200** */Brocreative, **200** */karaboux, **200** */Lance Bellers, **200** */Sean Gladwell, **200** */by-studio, **201** */kanate, **201** */by-studio, **201** */Michael Pettigrew, **201** Thinkstock/Ingram Publishing, **202** */Katya Constantine, **202** */Nicholas Piccillo, **203** */Dmitry Vereshchagin, **203** */PinkBlue, **203** */PinkBlue, **203** */PinkBlue, **204** */Kris Strach, **204** */Kzenon, **204** */Kzenon, **205** */Quasarphoto, **205** */sumnersgraphicsinc, **205** */sumnersgraphicsinc, **205** */Veniamin Kraskov, **205** */Apart Foto, **205** */RTimages, **206** */zozulinskyi, **206** */Stefan Schurr, **206** */berc, **206** */mezzotint, **206** */ekarin, **206** Thinkstock/Digital Vision, **207** */Sportlibrary, **207** */lilufoto, **207** */roibu, **207** Thinkstock/TongRo Images, **207** */lilufoto, **207** Thinkstock/iStockphoto, **207** Thinkstock/iStockphoto, **207** */Michael Rosskothen, **207** */Oscar Brunet, **207** */Oscar Brunet, **207** Thinkstock/Comstock/JupiterImages, **208** */alessandro0770, **208** */Stefan Schurr, **208** */Maridav, **208** Thinkstock/moodboard, **208** */endostock, **208** */lightpoet, **208** */yanlev, **208** Thinkstock/Fuse, **208** */Wong Hock Weng, **209** */Andres Rodriguez, **209** */goldenangel, **209** */wellphoto, **209** Thinkstock/Digitial Vision, **209** */wellphoto, **209** */Cpro, **209** */Cpro, **209** */Birgit Reitz-Hofmann, **209** */Kitch Bain, **209** */Tony Taylor Stock, **209** */xy, **210** */marsyk, **210** */Sportlibrary, **210** */agentur2728.de, **210** Thinkstock/Hemera @ Getty Images, **211** Thinkstock/iStockphoto, **211** Thinkstock/iStockphoto, **211** Thinkstock/Comstock, **212** Thinkstock/iStockphoto, **212** */dima266f, **212** */Maridav, **212** */Anion, **212** */beatrice prève, **212** Thinkstock/Hemera, **212** */EpicStockMedia, **212** Thinkstock/iStockphoto, **212** Thinkstock/iStockphoto, **212** Thinkstock/Monkey Business, **213** Thinkstock/Fuse, **213** Thinkstock/iStockphoto, **213** Thinkstock/Pixland, **213** */attltibi, **213** */attltibi, **213** */belinka, **213** */Andrey Kiselev, **213** */auremar, **213** */tunedin, **213** Thinkstock/Hemera, **213** */Dmitry Vereshchagin, **213** */Elnur, **214** */Kseniya Abramova, **215** */Thierry RYO, **215** */Kseniya Abramova, **215** */Kseniya Abramova, **215** Thinkstock/Thomas Northcut @ Getty Images, **215** */Margo Harrison, **215** */fifranck, **215** */hosphotos, **215** */Heike und Hardy, **215** Thinkstock/iStockphoto, **215** */PackShot, **215** */auremar, **216** */Ljupco Smokovski, **216** */SS1001, **216** */Vadim Bukharin, **216** */Dmitry DG, **217** */ftlaudgirl, **217** */U. Woell, **217** */Anton Gvozdikov, **217** */project1photography, **217** */Volker Skibbe, **217** */Marcelo Dufflocq, **217** Thinkstock/iStockphoto, **217** */roblan, **217** */andreshka, **217** */stoonn, **217** */daseaford, **217** */sablin, **217** */garry_images, **218** */dell, **218** */Silvano Rebai, **218** */dell, **218** */victor zastol'skiy, **218** */mradlgruber, **218** Thinkstock/iStockphoto, **218** */© Olympixel, **218** */Val Thoermer, **218** */terranova_17, **219** Thinkstock/iStockphoto, **219** Thinkstock/moodboard, **219** */Galina Barskaya, **219** Thinkstock/Hemera, **219** */Dreef, **219** */Steeve ROCHE, **219** Thinkstock/iStockphoto, **219** Thinkstock/Photodisc/Ryan McVay, **219** */corepics, **219** */Lsantilli, **220** Thinkstock/iStockphoto, **220** */Netzer Johannes, **220** */Stefan Schurr, **220** */inigocia, **220** */Netzer Johannes, **220** */Jan Kranendonk, **220** */monster85, **220** */Avantgarde, **220** */photomag, **220** */storm, **220** */Fotoimpressionen, **220** */Marco2811, **220** */yanlev, **220** */lassedesignen, **220** */Stefan Schurr, **220** */Grigorenko, **221** */lilufoto, **221** */3dmentat, **221** */maxoidos, **221** */Bergringfoto, **221** */Marin Conic, **221** */Dimitar Marinov, **221** */just2shutter, **221** Thinkstock/iStockphoto, **221** */Shmel, **221** */olly, **221** Thinkstock/iStockphoto, **221** Thinkstock/Cameron Spencer @ Getty Images, **221** */ChantalS, **221** */Felix Mizioznikov, **221** Thinkstock/Digital Vision, **221** */artjazz, **222** Thinkstock/iStockphoto, **222** */okinawakasawa, **222** */VIPDesign, **222** */okinawakasawa, **222** */starush, **222** */Hetizia, **223** Thinkstock/Wavebreak Media, **223** */Lerche & Johnson, **223** */Lerche & Johnson, **223** */Lerche & Johnson, **223** */Lerche & Johnson, **223** Thinkstock/iStockphoto, **223** Thinkstock/iStockphoto, **223** */Lerche & Johnson, **223** */Wisky, **223** */nito, **223** */Kzenon, **224** */Africa Studio, **226** Thinkstock/iStockphoto, **226** Thinkstock/Digital Vision, **226** Thinkstock/iStockphoto, **226** Thinkstock/Purestock, **226** Thinkstock/iStockphoto, **226** */Andrey Burmakin, **226** */Andrey Burmakin, **226** */Nejron Photo, **226** Thinkstock/JupiterImages © Getty Images, **227** Thinkstock/Digital Vision, **227** Thinkstock/Digital Vision, **227** Thinkstock/Digital Vision, **228** Thinkstock/iStockphoto, **228** */Africa Studio, **228** */Kalim, **228** Thinkstock/iStockphoto, **228** */ysbrandcosijn, **229** */Klaus Eppele, **229** */scalaphotography, **229** */cynoclub, **229** */Brian Jackson, **229** */mekcar, **229** */by-studio, **229** */Henry Schmitt, **229** */Henry Schmitt, **229** */alephcomo1, **229** */Henry Schmitt, **229** */deusexlupus, **229** */apops, **229** */MUE, **229** */MUE, **229** */MUE, **229** thinkstock/Hemera (Cagri Oner), **230** */ReMuS, **230** */soerenkuhrt, **230** */Maruba, **230** */cjansuebsri, **230** Thinkstock/iStockphoto, **230** */Constantinos, **230** */ILYA AKINSHIN, **230** */dvs71, **230** */Jürgen Fälchle, **230** */Uros Petrovic, **230** */Distrikt3, **230** */Lucky Dragon USA, **230** */Denis Ivatin, **230** */photlook, **230** */Klaus Eppele, **230** */venusangel, **231** Thinkstock/iStockphoto, **231** */visivasnc, **231** */sumnersgraphicsinc, **231** */ArtFamily, **231** Thinkstock/iStockphoto, **231** */ysbrandcosijn, **231** */jehafo, **232** */Andrey Armyagov, **232** Thinkstock/iStockphoto, **232** */G.Light, **232** Thinkstock/Digital Vision/A J James, **232** Thinkstock/iStockphoto, **232** */bizoo_n, **233** */Bombaert Patrick, **233** */tuja66, **233** */Giuseppe Porzani, **233** */ILYA AKINSHIN, **233** */jiggo, **234** */starman963, **234** */Kirill Zdorov, **234** */tobago77, **234** */Steve Mann, **234** */Michael Flippo, **234** Thinkstock/iStockphoto, **234** */Martina Berg, **234** */st-fotograf, **234** */imagika, **234** Thinkstock/iStockphoto, **234** */WavebreakMediaMicro, **234** */jillchen, **234** */Alexander Raths, **235** */Warren Millar, **235** Thinkstock/Stockbyte, **235** Thinkstock/iStockphoto, **235** Thinkstock/iStockphoto, **235** Thinkstock/iStockphoto, **235** Thinkstock/iStockphoto, **235** */ksena32, **235** Thinkstock/iStockphoto, **235** */AllebaziB, **235** */Barbara Pheby, **235** Thinkstock/Hemera, **235** */womue, **235** */Liliia Rudchenko, **235** Thinkstock/iStockphoto, **235** */jogyx, **235** */Marius Graf, **236** */Regina Jersova, **236** */bittedankeschön, **236** Thinkstock/iStockphoto, **236** */franzgustincich, **236** */openlens, **236** */bruniewska, **236** */Amid, **236** Thinkstock/iStockphoto, **236** */Gino Santa Maria , **236** Thinkstock/iStockphoto, **236** */krimzoya46, **236** */sandis94, **236** */tsaplia, **236** */tigger11th, **236** */neirfy, **236** */bahrialtay, **237** */akekoksom, **238** Thinkstock/iStockphoto, **238** Thinkstock/iStockphoto, **238** */Sergiogen, **238** Thinkstock/iStockphoto, **238** */babimu, **239** */uckyo, **239** */RTimages, **239** */Africa Studio, **239** */Africa Studio, **239** */luiscarceller, **239** */Neyro, **239** */kornienko, **239** Thinkstock/thinstock Ablestock.com @ Getty Images, **239** */Mushy, **239** */maestria_diz, **239** Thinkstock/iStockphoto, **239** */U. Hardberck, **239** */Andreja Donko, **239** */koosen, **239** Thinkstock/iStockphoto, **239** Thinkstock/Hemera @ Getty Images, **240** */Printemps, **240** */Africa Studio, **240** Thinkstock/iStockphoto, **240** */shooarts, **240** */Vyacheslav Plyasenko, **240** */Artranq, **240** Thinkstock/JupiterImages © Getty Images, **240** */Firma V, **240** */ronstik, **240** */lunamarina, **240** */iampuay, **240** */Kuzmick, **240** */marysa03, **241** Thinkstock/Fuse, **241** Thinkstock/Creatas Images, **241** Thinkstock/Fuse, **241** */Kzenon, **241** */nyul, **241** */

Sergey Nivens, **241** */Nejron Photo, **242** */Robert Neumann, **242** */ratana_k, **242** */Marius Graf, **242** Thinkstock/iStockphoto, **242** */Unclesam, **242** */indigolotos, **242** */Birgit Reitz-Hofmann, **242** */fotomanu21, **242** */Hamik, **243** */Lichtmaler, **243** */Cmon, **243** Thinkstock/iStockphoto, **243** */DoraZett, **243** */NoName, **243** */RTimages, **243** */avtor_ep, **243** Thinkstock/Comstock, **243** */Dan Race, **243** Thinkstock/Digital Vision/Ryan McVay, **243** Thinkstock/Ingram Publishing, **243** Thinkstock/iStockphoto, **243** */seen, **244** Thinkstock/Zoonar, **244** */donfiore, **244** Thinkstock/iStockphoto, **244** */eldadcarin, **244** */eldadcarin, **244** */Anja Roesnick, **244** */Anja Roesnick, **244** */Anja Roesnick, **244** */Africa Studio, **244** */Foto-Ruhrgebiet, **244** Thinkstock/Zoonar, **244** */eldadcarin, **244** */STUDIO12, **245** Thinkstock/iStockphoto, **245** */sergign, **245** */schoki_01, **245** */aleciccotelli, **245** */Fyle, **245** */frank peters, **245** */Christer Tvedt, **246** */benjaminnolte, **246** Thinkstock/iStockphoto, **246** Thinkstock/Digital Vision/Alexander Hassenstein, **246** */Aleksandar Todorovic, **247** Thinkstock/iStockphoto, **247** */f9photos, **247** Thinkstock/iStockphoto, **247** */photocrew, **247** Thinkstock/iStockphoto, **247** */Aleksandar Todorovic, **247** */mikesch112, **247** */rangizzz, **247** */chulja, **247** Thinkstock/iStockphoto, **247** */pressmaster, **247** Thinkstock/iStockphoto, **247** */arnau2098, **248** */B. Wylezich, **248** */philipus, **248** */Angus , **248** */od - pictureworks, **248** */bergamont , **248** */risto0, **248** */full image, **248** */Coprid, **248** */f9photos, **248** */sss78, **248** */federicofoto, **249** */Africa Studio, **249** */Ljupco Smokovski, **249** */Danicek, **249** Thinkstock/iStockphoto, **249** */Alexey Potapov, **249** */scphoto48 , **249** */tolism, **250** */babimu, **252** */CLIPAREA.com, **252** */CLIPAREA.com, **253** */CLIPAREA.com, **253** */CLIPAREA.com, **254** Thinkstock/Zoonar, **254** Thinkstock/Hemera @ Getty Images, **254** Thinkstock/iStockphoto, **255** */mrgarry, **255** */turhanerbas, **256** */adimas, **257** */adimas, **258** */pixelcaos, **259** */3drenderings, **259** */3drenderings, **259** */3drenderings, **259** */3drenderings, **259** */3drenderings, **259** */3drenderings, **259** */arsdigital, **259** */pixelcaos, **260** */pixelcaos, **261** */pixelcaos, **261** */Diana Taliun, **262** */vectorus, **262** */Lsantilli, **262** */Sven Bähren, **262** */Tyler Olson, **262** */GordonGrand, **262** */iStockphoto, **263** */reflektastudios, **263** Thinkstock/oksun70, **263** */Robert Angermayr, **263** */silverrobert, **263** */Popova Olga, **263** */gradt, **264** */Alexander Raths, **264** */fhmedien_de, **264** */Creativa, **264** */ISO K° - photography, **264** */Sashkin, **264** */Africa Studio, **265** */Monkey Business, **265** */dalaprod, **265** */drubig-photo, **265** */drubig-photo, **265** */vladimirfloyd, **266** */Africa Studio, **266** */iko, **266** */DoraZett, **266** */Creativa, **266** */Gina Sanders, **266** */Subbotina Anna, **266** */drubig-photo, **266** */Ocskay Bence, **266** */detailblick, **266** */Kurhan, **267** */Creativa, **267** */underdogstudios, **267** */Dmitry Lobanov, **267** */rangizzz, **267** */Dan Race, **267** */Eisenhans, **267** */smikeymikey1, **268** Thinkstock/iStockphoto, **268** */Guido Grochowski, **268** */Dmitry Vereshchagin, **268** */HBK, **268** */treetstreet, **268** */Peter Atkins, **268** */Bandika, **268** */wckiw, **269** */ksena32, **269** */Igor Mojzes, **269** */st-fotograf, **269** */Vidady, **269** */Maridav, **269** Thinkstock/iStockphoto, **269** Thinkstock/iStockphoto, **269** */Kondor83, **269** */Gelpi, **269** */Volker Witt, **269** */apops, **269** */juefraphoto , **269** */Joss, **270** */CandyBox Images, **270** */alswart, **270** */hitdelight, **270** */unclepodger, **271** */Igor Zakowski, **271** */Rade Lukovic, **271** */draw05, **271** */blende40, **271** */Kurhan, **271** */Jessmine, **271** */contrastwerkstatt, **271** */apops, **272** */Alexandr Mitiuc, **272** Thinkstock/iStockphoto, **272** */Tyler Olson, **272** */Africa Studio, **273** */malajscy, **273** */Gerhard Brée, **273** */ep stock, **273** */ksl, **274** */Gennadiy Poznyakov, **274** */Tobilander, **274** */malajscy, **274** */starman963, **274** */Jim Vallee, **275** */danutelu, **275** */spotmatikphoto, **275** */Robert Kneschke, **275** */Dmitry Vereshchagin, **275** */itsmejust, **275** */Robert Kneschke, **275** */WONG SZE FEI, **276** */Africa Studio, **276** */Africa Studio, **276** */contrastwerkstatt, **276** */khuntapol, **276** */Coprid, **276** */Anatoly Repin, **276** */adisa, **276** */Borys Shevchuk, **276** */Manuel Schäfer, **276** */Nataraj, **277** */Gordon Saunders, **277** */seen, **277** */only4denn, **277** Thinkstock/Hemera, **277** */Coprid, **277** */blondina93, **277** */by-studio, **277** */Jiri Hera, **277** */Johanna Goodyear, **277** */Nazzu, **277** */Tharakorn, **277** */Tarzhanova, **277** */terex, **278** */Tatjana Balzer, **278** */Tyler Olson, **278** */Schlierner, **278** */Kzenon, **278** */modul_a, **278** */Nikki Zalewski, **278** */Khorzhevska, **278** */bertys30, **278** */Tran-Photography, **278** */Zdenka Darula, **278** */WONG SZE FEI, **278** */pearl, **278** */Taffi, **279** */Gennadiy Poznyakov, **279** */ecobo, **279** */pukall-fotografie, **279** */goodluz, **279** Thinkstock/Dorling Kindersley RF, **279** Thinkstock/iStockphoto, **279** */Artem Merzlenko, **280** */Han van Vonno, **282** */CandyBox Images, **282** */Roman Milert, **282** */Volker Witt, **282** */AK-DigiArt, **282** */Dario Lo Presti, **282** */benjaminnolte, **283** */Michael Schütze, **283** */brozova, **283** */Rodja, **283** Thinkstock/iStockphoto, **283** */cristi180884, **283** */Lisa F. Young, **284** Thinkstock/iStockphoto, **284** Thinkstock/Photodisc, **284** */VRD, **284** */Andre Bonn, **284** */shutswis, **285** */Lukas Sembera, **285** Thinkstock/liquidlibrary, **285** */marog-pixcells, **285** Thinkstock/iStockphoto, **285** */koszivu, **285** */Photographee.eu, **285** Thinkstock/iStockphoto, **285** */Monkey Business, **285** */Photographee.eu, **285** */Gerhard Seybert, **285** */Artem Furman, **286** */PictureArt, **286** */Pavel Losevsky, **286** */davis, **286** */Arcady, **286** */playstuff, **286** */beermedia, **286** */Lucky Dragon USA, **286** */Igor Kovalchuk, **287** */Christa Eder, **287** */Svetlana Gryankina, **287** */creAtive, **287** */Berry, **287** */Maygutyak, **287** */WoGi, **287** */Tobboo, **287** */jogyx, **287** */rouakcz, **287** */Silvano Rebai, **288** */Fiedels, **288** */nupsik284, **288** */Birgit Reitz-Hofmann, **288** */Claudio Divizia, **288** */GP, **288** */S.Kobold, **288** */amorfati.art, **288** */CPJ Photography, **288** */Zacarias da Mata, **288** */Hugh McKean, **288** */aquapix, **288** */Eric Gevaert, **289** */andrewburgess, **289** Thinkstock/iStockphoto, **289** */lassedesignen, **289** */Heinz Waldukat, **289** */Sergey Kamshylin, **289** */Nazzalbe, **289** */Kalle Kolodziej, **289** */Roy Pedersen, **289** */MacX, **289** */reeel, **289** */marqs, **289** */william87, **290** */Igor Kovalchuk, **292** Thinkstock/iStockphoto, **292** */Artenauta, **293** */fergregory, **294** */Jürgen Fälchle, **294** */peresanz, **294** */magann, **294** */vencav, **294** */virtua73, **294** */Kovalenko Inna, **294** */creatifixus, **294** */cbpix, **294** */Florent DIE, **294** */ping han, **294** */peresanz, **294** */kevron2001, **294** */peresanz, **295** */jeremyculpdesign, **297** */Arid Ocean, **298** */artalis, **299** */jokatoons, **299** */Thomas Röske, **299** */jokatoons, **299** */jokatoons, **299** */jokatoons, **299** */jokatoons, **299** */jokatoons, **299** */jokatoons, **299** */jokatoons, **299** */jokatoons, **299** */jokatoons, **299** */jokatoons, **299** */jokatoons, **299** */jokatoons, **299** */jokatoons, **299** */jokatoons, **300** */jokatoons, **300** */jokatoons, **300** */jokatoons, **300** */jokatoons, **300** */jokatoons, **300** */jokatoons, **300** */jokatoons, **300** */jokatoons, **300** */jokatoons, **300** */jokatoons, **300** */jokatoons, **300** */jokatoons, **300** */jokatoons, **300** */jokatoons, **300** */jokatoons, **300** */jokatoons, **301** */jokatoons, **301** */jokatoons, **301** */Thomas Röske, **301** */jokatoons, **301** */jokatoons, **301** */Pekchar, **301** */jokatoons, **301** */jokatoons, **301** */jokatoons, **301** */jokatoons, **301** */jokatoons, **301** */jokatoons, **301** */jokatoons, **302** Thinkstock/Hemera, **302** Thinkstock/Hemera, **302** Thinkstock/Hemera, **302** Thinkstock/Hemera, **302** Thinkstock/Hemera, **302** Thinkstock/Hemera, **302** Thinkstock/Hemera, **302** Thinkstock/Hemera, **302** Thinkstock/Hemera, **302** Thinkstock/Hemera, **302** Thinkstock/Hemera, **302** Thinkstock/Hemera, **302** Thinkstock/Hemera, **302** */Route66, **302** Thinkstock/Hemera, **302** Thinkstock/Hemera, **303** Thinkstock/Hemera, **303** Thinkstock/Hemera, **303** Thinkstock/Hemera, **303** Thinkstock/Hemera, **303**

Thinkstock/Hemera, **303** Thinkstock/Hemera, **303** Thinkstock/Hemera, **303** Thinkstock/iStockphoto, **303** Thinkstock/iStockphoto, **303** Thinkstock/iStockphoto, **303** Thinkstock/iStockphoto, **303** Thinkstock/iStockphoto, **303** Thinkstock/iStockphoto, **303** Thinkstock/iStockphoto, **303** Thinkstock/iStockphoto, **304** Thinkstock/iStockphoto, **304** Thinkstock/iStockphoto, **304** Thinkstock/iStockphoto, **304** Thinkstock/iStockphoto, **304** */romantiche, **304** */romantiche, **304** */romantiche, **304** */romantiche, **304** */romantiche, **304** */romantiche, **304** */romantiche, **304** */romantiche, **304** */romantiche, **304** */romantiche, **304** */romantiche, **304** */romantiche, **305** */romantiche, **305** */romantiche, **305** */romantiche, **305** */romantiche, **305** */romantiche, **305** */romantiche, **305** */romantiche, **305** */romantiche, **305** */romantiche, **305** */romantiche, **305** */romantiche, **305** */romantiche, **305** */romantiche, **305** */romantiche, **305** */romantiche, **305** */romantiche, **306** */romantiche, **306** */romantiche, **306** */romantiche, **306** */romantiche, **306** */romantiche, **306** */romantiche, **306** */romantiche, **306** */romantiche, **306** */romantiche, **306** */romantiche, **306** */romantiche, **306** */romantiche, **306** */romantiche, **306** */romantiche, **306** */romantiche, **306** */romantiche, **307** */romantiche, **307** */romantiche, **307** */romantiche, **307** */romantiche, **307** */romantiche, **307** */romantiche, **307** */romantiche, **307** */romantiche, **307** */romantiche, **307** */romantiche, **307** */petra b., **307** */petra b., **307** */petra b., **307** */petra b., **308** */petra b., **308** */petra b., **308** */petra b., **308** */petra b., **308** */petra b., **308** */petra b., **308** */petra b., **308** */petra b., **308** */petra b., **308** */petra b., **308** */petra b., **308** */petra b., **308** */petra b., **308** */petra b., **308** */petra b., **308** */petra b., **309** */petra b., **309** */petra b., **309** */petra b., **309** */petra b., **309** */petra b., **309** */petra b., **309** */petra b., **309** */Yotama, **309** */petra b., **309** */petra b., **309** */petra b., **309** */petra b., **309** */petra b., **309** */petra b., **309** */petra b., **309** */petra b., **310** */petra b., **310** */petra b., **310** */petra b., **310** */petra b., **310** */petra b., **310** */petra b., **310** */petra b., **310** */petra b., **310** */Pekchar, **310** */megastocker, **310** Thinkstock/iStockphoto, **310** */Thomas Röske, **310** Thinkstock/iStockphoto, **310** Thinkstock/iStockphoto, **310** Thinkstock/iStockphoto, **310** Thinkstock/iStockphoto, **311** Thinkstock/iStockphoto, **311** */Thomas Röske, **311** Thinkstock/iStockphoto, **311** Thinkstock/iStockphoto, **311** Thinkstock/iStockphoto, **311** Thinkstock/iStockphoto, **311** Thinkstock/iStockphoto, **311** */jokatoons, **311** */yannik LABBE, **311** */Dream Cursor, **311** */sunt, **311** Thinkstock/iStockphoto, **311** */Andreas Meyer, **311** */DomLortha, **312** */Elena Petrova, **312** */Christian Pedant, **312** */Tomas Sereda, **312** Thinkstock/Fuse, **312** */Masson, **312** */Alliance, **312** */marog-pixcells, **312** */byheaven, **312** */joda, **312** */Miredi, **312** */momanuma, **312** */pictureguy32, **312** */bugphai, **313** */Nathan Jaskowiak, **313** */Vera Kuttelvaserova, **313** */rangizzz, **313** Thinkstock/Image Source, **313** */Leonid Tit, **313** */hjschneider, **313** */tiplyashina, **313** */Serg Zastavkin, **313** */Vera Kuttelvaserova, **313** */Vera Kuttelvaserova, **313** */RyszardStelmachowicz, **313** */Hamik, **313** */rangizzz, **314** */Sunny Forest, **314** Thinkstock/iStockphoto, **314** */Minerva Studio, **314** Thinkstock/iStockphoto, **314** */steffendia, **314** */FrankBirds, **314** */Sunshine Pics, **314** */Christophe Fouquin, **314** Thinkstock/iStockphoto, **314** */lassedesignen, **314** Thinkstock/iStockphoto, **314** Thinkstock/iStockphoto, **314** */Maygutyak, **314** */mario beauregard, **314** */victor zastol'skiy, **314** */macky_ch, **315** */scattomatto74, **315** */Sabine Kipus, **315** */Cmon, **315** */Dario Bajurin, **315** */jacare35, **315** */kohy, **316** */nni94, **316** Thinkstock/Ingram Publishing, **316** */ollirg, **316** */Martin M303, **316** */mrks_v, **316** */doris oberfrank-list, **316** Thinkstock/iStockphoto, **316** */steffus, **316** */smereka, **316** */Ben Burger, **316** */kentauros, **316** */Bernd S., **316** */Dario Bajurin, **316** */acceleratorhams, **316** */Fyle, **316** */Alena Stalmashonak, **317** */siimsepp, **317** */siimsepp, **317** */siimsepp, **317** */siimsepp, **317** */siimsepp, **317** */Tyler Boyes, **317** */siimsepp, **317** */Tyler Boyes, **317** */vvoe, **317** */wlad074, **317** */Tyler Boyes, **317** */iraries, **317** */Ekaterina Fribus, **317** */Ekaterina Fribus, **317** */marcel, **317** */siimsepp, **318** */boykung, **318** */Alexander Hoffmann, **318** */Alexander Hoffmann, **318** */Atiketta Sangasaeng, **318** */byjeng, **318** */Alexander Hoffmann, **318** */Alexander Hoffmann, **318** */apttone, **318** */Alexander Hoffmann, **318** */bigjo, **318** */Rozaliya, **318** */VL@D, **318** */Alexander Hoffmann, **318** */Alex Shadrin, **318** */Alexander Hoffmann, **318** */Alexander Hoffmann, **318** */Digipic, **318** */volff, **318** */Alexander Hoffmann, **318** */Alexander Hoffmann, **319** */Alexander Potapov, **319** */Tiler84, **319** */Tiler84, **319** */Tiler84, **319** */Tiler84, **319** */lamax, **320** */vladimirkim3722, **320** */k_kron, **320** Thinkstock/iStockphoto, **320** */iko, **320** */ürgen Fälchle, **320** */ondrej83, **320** */Heinz Waldukat, **320** */termis1983, **320** */Tom, **320** */mubus, **320** */veneratio, **320** */Roman Pyshchyk, **320** */Picture-Factory, **320** */Omika, **320** */funnycreature, **320** */Almgren, **321** */Nik, **321** */Tonanakan, **321** */motorlka, **321** */Pavlo Vakhrushev, **321** */Miroslawa Drozdowski, **321** */pia-pictures, **322** */Gang, **322** */Africa Studio, **322** */felinda, **322** */sergio37_120, **322** */eyetronic, **322** */sergio37_120, **322** */VICUSCHKA, **322** */tr3gi, **322** */Tim UR, **322** */alfastudiofoto, **322** */sergio37_120, **322** */lenkusa, **322** */sergio37_120, **322** */Friedberg, **322** */Africa Studio, **322** */Roxana, **323** */anankkml , **323** */Daniel Strauch, **323** */Stefan Körber, **323** */hans klein, **323** */juiceteam2013, **323** */audioscience, **323** */keller , **323** */flucas , **323** */ijacky , **323** */Tomashko , **323** */Serghei Velusceac , **323** */Andrea Wilhelm, **323** */tab62, **323** */Ichbins11, **323** */Studio Barcelona, **323** */volkerr, **324** */Farinoza, **324** */Eric Isselée, **324** */jagodka, **324** */Azaliya Elya Vatel, **324** */Eric Isselée, **324** */Uros Petrovic, **324** */Katrina Brown, **324** */eastmanphoto, **324** */nn-fotografie, **324** */cynoclub, **324** */biglama, **324** */Eric Isselée, **324** */grafikplusfoto, **325** Thinkstock/iStockphoto, **325** */Eric Isselée, **325** */JackF, **325** */Eric Isselée, **325** */Eric Isselée, **325** */Aaron Amat, **325** */Eric Isselée, **325** */Eric Isselée, **325** */anekoho, **325** */Christian Musat, **325** */Eric Isselée, **325** */Eric Isselée, **325** */Christian Musat, **325** */ILYA AKINSHIN, **325** */Eric Isselée, **325** */Eric Isselée, **326** */Eric Isselée, **326** */StarJumper, **326** */Eric Isselée, **326** */Anatolii, **326** */Vera Kuttelvaserova, **326** */Eric Isselée, **326** */Coprid, **326** */Eric Isselée, **326** */JackF, **326** */nexusseven, **326** */EwaStudio, **326** */cynoclub, **326** */anankkml, **326** */tiero, **326** */Taalvi, **326** */Eric Isselée, **327** */Alexander Potapov, **327** */Eric Isselée, **327** */Eric Isselée, **327** */Eric Isselée, **327** Thinkstock/iStockphoto, **327** Thinkstock/iStockphoto, **327** */Mike Price, **327** */Roman Samokhin, **327** */Eric Isselée, **327** */Eric Isselée, **327** Thinkstock/iStockphoto, **327** */maz12, **327** */Eric Isselée, **327** */Smileus, **327** */XK, **327** */anankkml, **328** */Eric Isselée, **328** */Steve Byland, **328** */Eric Isselée, **328** */Eric Isselée, **328** */Eric Isselée, **328** */Eric Isselée, **328** */Eric Isselée, **328** */fotomaster, **328** */jakgree, **328** */Farinoza, **328** */Farinoza, **328** Thinkstock/iStockphoto, **328** */Eric Isselée, **329** */Uryadnikov Sergey, **329** */phant, **329** */Eric Isselée, **329** */Eric Isselée, **329** */ILYA AKINSHIN, **329** */Janis Smits, **329** */Aaron Amat, **329** */ILYA AKINSHIN, **329** */Eric Isselée, **329** */fotomaster, **329** */Roman Samokhin, **329** */shishiga, **329** */Nicolette Wollentin, **329** */sval7, **329** */Eric Isselée, **329** */Eric Isselée, **330** */eastmanphoto, **330** */eastmanphoto, **330** */Smileus, **330** */Daniel Nimmervoll, **330** */kurapy, **330** */Eric Isselée, **330** */jagodka, **330** */Richard Carey, **330** */Anatolii, **330** */antpkr, **330** Thinkstock/iStockphoto, **330** */Eric Isselée, **330** */eastmanphoto, **331** */Irochka, **331** */Giuseppe Porzani, **331** */eyeblink, **331** */manuart, **331** */Eric Isselée, **331** */lunamarina, **331** */pistol7, **331** */Richard Carey, **331** */Witold Krasowski, **331** Thinkstock/Hemera, **331** Thinkstock/

iStockphoto, **331** */Coprid, **331** */tongdang, **332** */Oliver Klimek, **332** */Valeriy Kirsanov, **332** */defun, **332** */Alekss, **332** */JPS, **332** */Gewoldi, **332** */Henrik Larsson, **332** */vnlit, **332** */Klaus Eppele, **332** */xiaoliangge, **332** */VRD, **332** */Alekss, **332** */Marco Uliana, **332** */morelia1983, **332** */Zbyszek Nowak, **332** */npps48, **333** Thinkstock/iStockphoto, **333** */defun, **333** */Cosmin Manci, **333** Thinkstock/Hemear, **333** */fancyfocus, **333** */gertrudda, **333** */xjbxjhxm, **333** Thinkstock/iStockphoto, **333** */defun, **333** */emer, **333** */chungking, **333** */Coprid, **333** Thinkstock/iStockphoto, **333** */eastmanphoto, **333** */Carola Schubbel, **333** */natara, **334** */tescha555, **336** */DDRockstar, **336** */Denys Prykhodov, **336** */Denys Prykhodov, **336** */Denys Prykhodov, **336** */Denys Prykhodov, **336** */Denys Prykhodov, **336** */Denys Prykhodov, **336** */Africa Studio, **336** */Africa Studio, **336** */Africa Studio, **336** */DB, **339** */robert, **340** */magann, **340** */magann, **340** */magann, **340** */magann, **340** */magann, **340** */magann, **340** */magann, **340** */magann, **340** */magann, **340** */magann, **340** */magann, **340** */magann, **340** */magann, **341** */magann, **341** */magann, **341** */magann, **341** */magann, **341** */magann, **341** */magann, **341** */magann, **341** */magann, **341** */magann, **341** */magann, **341** */magann, **341** */vvoe, **341** */Lucky Dragon, **342** */tomreichner, **342** */Marco2811, **342** */merydolla, **342** */in-foto-backgrounds, **342** */Reicher, **342** */ARochau, **342** */Yahya Idiz, **342** */motorradcbr, **342** */Beboy, **342** */Dmytro Smaglov, **342** */Anton Gvozdikov, **342** */sborisov, **342** */Netzer Johannes, **343** Stockphoto/Juffin, **344** */Juulijs, **344** */m.u.ozmen, **344** */lucato, **344** */www.strubhamburg.de, **344** */guynamedjames, **344** */Jörg Hackemann, **344** */MaxWo, **345** */AI, **345** */hayo, **345** */ufotopixl10, **345** */vector icon, **345** */vector icon, **345** */vector icon, **345** */vector icon

Frisch Weiterlernen mit PONS Bildwörterbüchern:

ISBN 978-3-12-516084-2
9,99 € **[D/A]**

ISBN 978-3-12-516085-9
9,99 € **[D/A]**

ISBN 978-3-12-516080-4
9,99 € **[D/A]**

ISBN 978-3-12-516081-1
9,99 € **[D/A]**

ISBN 978-3-12-516109-2
9,99 € **[D/A]**

ISBN 978-3-12-516083-5
9,99 € **[D/A]**

ISBN 978-3-12-516111-5
9,99 € **[D/A]**

ISBN 978-3-12-516121-4
12,99 € **[D]** 13,40 € **[A]**

ISBN 978-3-12-516101-6
9,99 € **[D/A]**

PONS

Bildwörterbuch
Chinesisch-Deutsch

Bearbeitet von: A.C.T. Fachübersetzungen GmbH, Andreas Rodemann; Anette Dralle

1. Auflage 2018 (1,01 - 2018)

www.pons.de
E-Mail: info@pons.de

Projektleitung: Christiane Mackenzie
Gestaltung: Petra Michel, Essen
Umschlaggestaltung: Anne Helbich, Stuttgart
Satz: Satzkasten, Stuttgart
Umschlagfotos von links nach rechts: Thinkstock/swyz; Thinkstock/Hemera Technologies; Thinkstock/LIgorko
Logoentwurf: Erwin Poell, Heidelberg
Logoüberarbeitung: Sabine Redlin, Ludwigsburg
Druck und Bindung: Publikum d.o.o.

ISBN: 978-3-12-516148-1